"新师范"建设丛书

广东省基础教育 优秀在线教学案例集

陈文海　熊建文　赵艺 ◎ 主编

·广州·

内容简介

2020年4月，华南师范大学依托广东省"新师范"建设指导委员会，组织召开了"华南师大－中小学"协同发展联盟优秀在线教学案例云分享会，优中选优，筛选出14个学科的101个教学案例结集成册，分为上、下两册出版。本书为上册，分为语文篇、英语篇、政治篇、历史篇、地理篇和音体美心理篇6篇，共50个教学案例，大部分案例附有视频资源。这些优秀教学案例和课例视频，可帮助广大基础教育一线教师提升在线教学水平，促进信息技术与学科教学的深度融合；可供中小学教师交流在线教学经验和方法，促进在线教学技术创新发展。全书架构清晰，示例丰富，适合作为中小学教师、教学研究者的在线教学方法参考用书。

图书在版编目（CIP）数据

广东省基础教育优秀在线教学案例集．上册/陈文海，熊建文，赵艺主编．—广州：广东高等教育出版社，2021.2

（"新师范"建设丛书）

ISBN 978－7－5361－6901－2

Ⅰ．①广⋯ Ⅱ．①陈⋯ ②熊⋯ ③赵⋯ Ⅲ．①中小学－网络教育－教案（教育） Ⅳ．①G632.421

中国版本图书馆 CIP 数据核字（2020）第 202034 号

出版发行	广东高等教育出版社
	社址：广州市天河区林和西横路
	邮编：510500 营销电话：(020) 87553335
	http://www.gdgjs.com.cn
印　刷	广州市怡升印刷有限公司
开　本	787毫米×1 092毫米 1/16
印　张	20.5
字　数	500千
版　次	2021年2月第1版
印　次	2021年2月第1次印刷
定　价	63.00元

（版权所有，翻印必究）

序　言

荀子有言："国将兴，必贵师而重傅；贵师而重傅，则法度存。"教师队伍的建设，事关国家和民族的兴衰成败。2018 年，中共中央、国务院颁布《关于全面深化新时代教师队伍建设改革的意见》。同年，广东作为教育大省在全国率先出台《广东"新师范"建设实施方案》，助推全省乃至全国的教育现代化建设。该方案明确提出，要办好一批高水平、有特色的师范院校和师范类专业，形成在全国具有影响力的教师教育广东新模式。2019 年，广东省教育厅专门组建广东省"新师范"建设指导委员会，秘书处设在华南师范大学。

华南师范大学是一所以教师教育为特色和传统的高等学府，其最初的源头是 1921 年创立的广州市立师范学校。1933 年，以这所师范学校为基础，成立勷勤大学师范学院。在随后数十年中，学校数易其名，最终于 1982 年定名为华南师范大学。经过近百年的探索与积累，如今的华南师范大学已经成为我国南方的教师教育"重镇"。近年来，以"新师范"建设为契机，华南师范大学聚焦国家重大发展战略和广东基础教育发展需求，制定出台了《"新师范"建设行动计划（2018—2022 年）》，以培养新时代"四有"好教师为目标，为粤港澳大湾区输送了一批又一批兼具家国情怀和国际视野的卓越人才，在打造大湾区文化教育共同体、引领基础教育改革与发展等方面做出了积极贡献。

2020 年是《教育信息化十年发展规划（2011—2020 年）》和《教育信息化"十三五"规划》收官之年，也是深入推进《教育信息化 2.0 行动计划》、加快发展"互联网+教育"的教育创新之年。在抗击新冠肺炎疫情的特殊背景下，广大一线教育工作者响应教育部"停课不停学"号召，淬炼教育信息技术，全面开展线上教学，并由此涌现出一批饱含教育激情和教育智慧的优秀在线教学案例。为总结、巩固、引领和继续深化基础教育在线教学成果，华南师范大学依托广东省"新师范"建设指导委员会、"华南师大-中小学"协同发展联盟平台，于2020年4月开展了面向中小学的语文、数学、英语、政治、历史、地理、物理、化学、生物等14个学科的在线教学案例征集和评选，并举行线上云分享会，有100多所学校的6 000多名教师在线参加了这次活动。

本次活动共征集到各类在线教学案例1 229个，经过专家认真评选，从中评出一等奖123个。在这123个教学案例中，我们优中选优，选取了其中101个案例入编成集。这套优秀在线教学案例集具有鲜明的时代特色：第一，发挥优秀教学案例的示范性，分篇收录了14个学科的优秀在线教学案例，量足质优，兼顾覆盖面和典型性；第二，发挥大学学科教研力量的引领性，每篇均设有学科导言，并在每个案例后附有学科专家有针对性的精要点评，从学科角度指引现代教育技术与学科教学深度融合的可能途径和先进模式；第三，呈现方式新颖，体现出新型图书的特点，兼具图文和视频，阅读体验更佳。

在这次史无前例、世无前例的大规模在线教育实验中，全国亿万师生开展大规模在线教育，这对运用信息化手段推进教育教学方式改革具有革命性意义。广东省的教育战线工作者们戮力同心，践行使命，取得了不少值得总结和推广的成果。衷心希望本教学案例集能给同行者以鼓舞，能给后继者以启发。让我们继往开来，共创中国现代教育新华章。

陈文海
于华南师范大学
2020年6月12日

目　录

语　文　篇

解密东坡黄州行
　　——苏轼黄州代表作研讨在线教学案例
　　　　………………………………… 广州市协和中学　雷素郁（ 3 ）
《林黛玉进贾府》之王熙凤形象分析 ………… 云浮市云浮中学　傅　琳（ 8 ）
线上的语文学习任务群设计
　　——以中国古代散文欣赏之"书"专题为例
　　　　………………………… 广州市天河外国语学校　李梓笛（ 15 ）
粤教版选修一《唐诗宋词元散曲》第六课
　　——"边塞战争诗四首"教学案例
　　　　………………………………… 广州市第九十七中学　吴文芬（ 21 ）
线上教学《乡土中国》阅读指导 ……… 深圳市翠园中学　肖　佳（ 26 ）
春夜宴从弟桃花园序 ……………… 佛山市顺德第一中学　林柔莹（ 30 ）
"文化抒怀，共同战疫"学生优秀作品线上展示活动
　　…………………… 广东省陆丰市林启恩纪念中学　郑旺吉（ 35 ）
史铁生《命若琴弦》整本书阅读导读在线教学案例
　　——没有力量可以阻挡过程的精彩
　　　　………………………… 湛江市坡头区第一中学　李莫兰（ 39 ）
瞻前顾后，厘清"谁"与"做"
　　——高三语文阶段性考试文言文翻译 …… 广州市协和中学　方　诚（ 45 ）

写出人物的精神
　　——记录抗"疫"中的普通人······ 广州市天河外国语学校　陈慧菲（52）
线上共读《昆虫记》·················· 广州市第九十七中学　詹优美（58）
战"疫"英雄联盟········· 广州市越秀区农林下路小学　王　婉　陈少静（66）

英　语　篇

Reading：KEEP IT UP XIE LEI（阅读与分析）····· 广东广雅中学　邱　玲（77）
The Great Gatsby 整本书阅读读后鉴赏
　　——聚焦人物分析、情节梳理，探索小说主题
　　　　　　　　　　　　　　·········· 东莞市东莞中学　郭淑敏（82）
在线教学中的"先学后教"教学模式探讨
　　——北师大模块七 Unit 19 L1 Language Learning
　　　　　　　　　　　　　　········ 佛山市顺德第一中学　王彩霞（88）
微课：Skills for Story Retelling
　　——高考英语听说考试"故事复述"微技能指导
　　　　　　　　　　　　　　·········· 汕头市聿怀中学　吴怡文（94）
非谓语动词作定语
　　——描述英雄 ·················· 东莞市第一中学　苏　烨（98）
The Awareness of Discourse in Gap Filling
　　——七选五之语篇意识 ············ 东莞市万江中学　廖海燕（106）
高中英语书面表达之提高篇
　　——高分作文赏析 ·············· 广东高州中学　何玉玲（112）
牛津沪教版八年级下册 Unit 4 Listening & Speaking
　　······ 广州市铁一中学　周　瑜/广州市铁一中学外国语学校　李　敏（118）
粤教牛津英语八年级下册 U3 Listening and Speaking 教学案例
　　　　　　　　　　　　　　········ 广州市天河外国语学校　傅　莹（124）
多模态助力中国传统文化理解 ········· 广州市天河外国语学校　王文琛（131）
沪教版九年级下册"Unit 1 Great Explorations"话题复习
　　　　　　　　　　　　　　·········· 广州市执信中学　刘敏莉（140）
用定语从句讲述魅力肇庆 ·········· 肇庆市高要区第一中学　李国斐（145）

政 治 篇

"在疫情防控中感悟社会主义核心价值观"在线教学案例
　　……………………………………… 汕头市聿怀中学　杨　佳（153）
实践是认识的基础 ……………………… 广东广雅中学　张雅博（160）
"用联系的观点看问题"议题式教学设计
　　……………………………………… 广州市第九十七中学　翟　霞（164）
新冠疫情下，请教给学生这六堂哲学课 ……… 东莞市石龙中学　冯春柳（169）
精准扶贫，促进社会公平 ………………… 东莞市东莞中学　陈观胜（174）
初中《道德与法治》电视课堂教学探究
　　——以八年级下册"公民基本义务"为例
　　…………………………………… 广州市天河外国语学校　王海英（179）
"高三复习专题三　市场、政府"之核心考点：新时代和新理念
　　…………………………………… 汕头市达濠华侨中学　刘银萍（185）
从"口罩"看我国的基本经济制度
　　——线上教学如何坚持以生为本的教学实践
　　……………………………………… 广州市铁一中学　林肖坛（193）

历 史 篇

"抗日战争"在线教学案例 ……………… 揭阳第一中学　林桂锋（201）
中国古代的经济政策
　　——重农抑商 ……………………… 佛山市顺德第一中学　吴浪思（207）
素养本位，效率优先
　　——"鲜活的法律，永久的生命：罗马法的起源与发展"复习课案例
　　……………………………………… 广东仲元中学　谭方亮（213）
基于唯物史观的历史解释
　　——"古希腊民主政治"的再评析 ……… 东莞市石龙中学　江晓道（219）
冲击·变化·反应
　　——高三二轮中国近代史（1840—1919）专题复习
　　……………………………………… 中山市小榄中学　毕贤明（225）

好好读材料

——2017—2019年全国历史Ⅰ卷改革题评讲

·· 佛山市顺德第一中学　甘成质（233）

地 理 篇

基于线上教学情况下进行核心素养中综合思维的培养

——以人教版高中地理必修二"季风水田农业"教学内容为案例

·· 广东广雅中学　刘　韫（243）

人类面临的主要环境问题 ············· 佛山市顺德第一中学　蒋　美（249）

"工业地域的形成"在线教学案例 ········ 开平市第一中学　潘彤辉（256）

从地理视角看应急医院建设

——以武汉火神山医院为例 ············ 广州中学　唐元鹏（262）

区域地理典型案例

——黄土高原 ············· 佛山市顺德第一中学　王　畅（269）

微专题：黄土高原 ············· 广东广雅中学　曾海明（274）

世界最大的黄土堆积区

——黄土高原 ············· 广州市天河外国语学校　马　凤（281）

音体美心理篇

以不变应万变

——追寻生命的确定性 ············ 广州市铁一中学　郑晓虹（289）

第一单元"神州古韵"第2课时：音乐故事系列之二

·· 广州市天河外国语学校　吴跃芳（296）

京韵大鼓的基础鼓点 ············· 肇庆市端州中学　刘　丹（302）

"宅家泳"教学课程（一）

············· 肇庆市端州中学　张　健/肇庆市第十二中学　谢文颂（310）

我们怎样运用自己的眼睛 ············· 佛山市顺德第一中学　杜永强（314）

语文篇

语文线上教学的可能性

华南师范大学文学院　周小蓬

突如其来的疫情打乱了原本井然有序的教学计划，让教师们纷纷变身"网络主播"，实施"线上教学"，以响应国家"停课不停学"的号召。但是，"互联网＋教学"的新模式给教师和学生都带来了巨大挑战，包括硬件设施不全、课堂管理难度大、教师备课压力大等问题。

当今是信息化时代，学校教育也必须融入社会信息化发展的浪潮中，疫情在无形中成为学校信息化教学的一大推手。《基础教育课程改革纲要（试行）》中提到要"大力推进信息技术在教学过程中的普遍应用，促进信息技术与学科课程的整合，逐步实现教学内容的呈现方式、学生的学习方式、教师的教学方式和师生互动方式的变革"。教师也在"兵荒马乱"的线上教学中发现了传统教学之外的多种可能性，不断地拓宽语文教学的深度和广度。

线上教学让我们认识到语文的另一种可能性：在新媒体的帮助下，语文的读写讲演有了更为丰富的内涵。课堂上，教师给学生提供微信公众号、百度、知乎等新媒体的文章，阅读不再局限于课文和纸质学案，而延伸到社会新闻、评论、百科等更广阔的范畴。写作不再仅限于完成作文，学生可以用课文人物的口吻编写朋友圈、整合素材做PPT展示，同样体现着写作能力。学生通过连麦做展示，各个化身小主播，他们在镜头面前滔滔不绝、口吐莲花，精彩程度绝不亚于站在讲台上演讲。语文教师们独具匠心的活动设计不仅"接地气",也让学生意识到语文存在于日常生活的方方面面——看推送、逛论坛、发朋友圈、做主播等现代时髦的社交活动,这些都是语文的新形式。语文不是束之高阁的老古董,不是考卷上冰冷的分数,它有深度、广度,更有温度。线上教学让语文从纸质走到线上,从单纯的文字到各种自媒体的展示,激发学生的想象力和创造力,进一步散发语文的魅力。

　　线上教学也为教学提供了另一种可能,让教学活动更为异彩纷呈。问卷星发布小测试,使教师更好地把握学情;共享图片、音频、视频,让单调的课堂活跃起来;学生检索信息、协作学习,线上展示学习成果,充分调动学生课堂参与的积极性。师生在网络的同一语境下平等对话,拉近彼此距离;多媒体创设情境,使抽象知识可视化、形象化,激发学生的学习热情。教师充分发挥线上教学的优势,为学生的学习和发展提供丰富多彩的教育环境和有力的学习工具,增加学习的趣味性。

　　语文教学与信息技术的融合是语文发展的趋势。网课来得突然,一线教师被迫走上直播岗位,新媒体、新技术是对习惯于传统课堂的教师的一次考验,唯有不断学习,才能赶上变化。在这个快速变化的时代,教师需要教到老、学到老,学习先进的教育信息技术,熟练运用多种媒体,也要更新观念,以开放、包容的心去了解学生,与学生对话。

　　我们要乐于接受教学上的可能性,"可能"打破了经验上的确定,是对能力的挑战;"可能"更是希望,指引着未来教育的新方向,每个教师都要敢于拥抱无限的可能。

解密东坡黄州行
——苏轼黄州代表作研讨在线教学案例

广州市协和中学 雷素郁

一、案例简介

本教学案例面向高一学生，以学生在初中已学的苏轼黄州期间代表作品、粤教版教材中的苏轼黄州期间作品以及部分网络资源为研讨内容，在品读鉴赏苏轼作品的基础上，师生共同走进苏轼的世界，以学生为线上课堂主体，追寻东坡足迹，体悟东坡心路历程，探求黄州行对其人生和创作的意义。本教学案例共3个课时，每个课时约20分钟，分为读作品探东坡心路、寻好友识东坡生活、用慧眼解东坡突围三个板块，需要学生深入阅读与鉴赏苏轼代表作、广泛利用网络查阅资料、参与线上表达与交流活动才能完成。在此教学过程中，着眼于学生阅读与鉴赏、表达与交流、梳理与探究能力的训练与提升，培养学生积极向上的人生观。

二、教学设计

第一课时 读作品探东坡心路

【学习目标】

（1）结合苏轼作品，感受苏轼形象，体悟苏轼谪居黄州时期的心路历程。

（2）学习苏轼身处逆境依旧乐观豁达的人生态度。

【学习资源】

（1）教材资源：《记承天寺夜游》《卜算子·黄州定慧院寓居作》《赤壁赋》《念奴娇·赤壁怀古》《定风波·莫听穿林打叶声》。

（2）网络资源：

①苏轼在黄州期间的其他作品（学生通过网络搜索，自选两篇）。

②C30学习平台（作业发布、上交等）、腾讯QQ群（学习资料发放、课后辅导答疑等）、腾讯会议（在线教学使用）。

【学习形式】
在线直播课。

【学习活动过程】

▶ 课前活动

（1）教师利用 C30 学习平台，线下提前布置学习任务。具体学习任务：请同学们按照时间顺序，梳理已学过的苏轼黄州期间代表作品，填写下列表格。

（注：苏轼黄州期间其他作品自选篇目由各位同学通过网络搜索确定完成，将作品内容附在表格后）

表 1

篇目	时间	地点	作品内容	我遇见的苏轼（概括形象特点）
《记承天寺夜游》	1080 年	承天寺		
《卜算子·黄州定慧院寓居作》	1080 年	定慧院		
《定风波·莫听穿林打叶声》	1082 年	沙湖道中		
《念奴娇·赤壁怀古》	1082 年	赤壁		
《赤壁赋》	1082 年	赤壁		
自选篇目一				
自选篇目二				

（2）学生完成学习任务后，将已填好的表格拍照上传至 C30 学习平台，供教师查阅批改。

（3）教师批阅学生作业后，提前做好课件，在 QQ 学习群发布课堂学习指引、课件，师生做好直播前准备。

▶ 在线直播课堂

（1）教师和全体学生提前登录"腾讯会议"，课代表和小组长负责考勤。

（2）教师在线直播，利用共享屏幕播放教学课件，导入新课。

导入语：自乌台诗案后，苏轼被贬黄州。黄州，一个长江边的小城，作为苏轼人生的转折站，它在中国文化史上留下光辉灿烂的一页。苏轼在黄州四年零两个月的时间里，创作了诗近 200 首，文近 500 篇，词约 100 首。（教师课件展示苏轼创作、人生曲线图）黄州永远是苏轼生命中最为浓墨重彩的一笔。接下来，我们跟随苏轼在黄州的足迹，到作品中遇见不同的苏轼。

（3）学生连麦，自由发言，在线交流梳理研学苏轼作品的成果。

此环节交流内容的主题是："我遇见的苏轼"。教师利用共享屏幕，与其他同学在线分享发言学生的作业。其他同学可在聊天区进行点评、互动。

（4）根据苏轼在作品中内心情感的变化，师生共同探求苏轼在黄州期间的心路历程。

此环节主要是通过师生对话完成，对话形式主要是语音，其他同学可以在聊天区进行补充。

（5）教师在线直播，利用共享屏幕播放教学课件，进行课堂小结。

小结：在贬谪到黄州的初期，苏轼是低沉、苦闷的，但他很快从中逃离出来。面对人生的困境，他没有颓废，没有逃避，而是以一种积极乐观的心态去面对、去挑战、去突围。所以，他战胜了生活、战胜了自我，实现了突围。黄州时期的苏轼是一个无畏风雨、笑看坎坷的潇洒之人，是一个超然物外、随遇而安的旷达之人。

> 课后活动

（1）教师利用平台录播课堂内容，可将本堂课视频发送至 QQ 学习群，学生可下载回看本课内容。

（2）师生利用 QQ 学习群，就本课内容进行在线辅导答疑。

第二课时　寻好友识东坡生活

【学习目标】

（1）利用学习资源，了解东坡的黄州生活。

（2）学习苏轼身处逆境依旧乐观豁达的人生态度。

【学习资源】

（1）教材资源：《赤壁赋》《念奴娇·赤壁怀古》《定风波·莫听穿林打叶声》等代表作。

（2）网络资源：

①教师提供相关文章：丁启阵《苏东坡开垦黄州东坡》、苏轼《答秦太虚书》。

②百度、知网、微信公众号等资源。

③腾讯 QQ 群、腾讯会议（在线教学使用）、微信朋友圈。

【学习形式】

在线直播课。

【学习活动过程】

> 课前活动

（1）学生从苏轼作品中寻找三位苏轼在黄州期间的好友。

（2）学生以小组为单位，为苏轼设计一个微信头像和个性签名，然后以苏轼的名义发送一条内容为"朋友们，你们了解我的黄州生活吗？"的信息到他的微信朋友圈，最后分别以朋友圈中各人物的身份回复一条消息。

（3）各小组成员分工合作，制作课件，选好发言人，做好展示自己的设计的准备。（展示时间不超过 4 分钟）

（4）教师收集各小组的课件，进行相关指导。

> 在线直播课堂

（1）教师和全体学生提前登录"腾讯会议"，课代表和小组长负责考勤。

（2）各小组利用共享屏幕播放课件，派代表连麦发言，交流展示设计成果。

（3）师生在聊天区进行点评、互动。

> 课后活动

（1）每位学生写一段不少于200字的活动感言，上传至QQ学习群，师生利用QQ学习群交流活动感受。

（2）利用腾讯QQ，进行网络投票，选出本次最佳设计小组。

第三课时　用慧眼解东坡突围

【学习目标】

（1）利用学习资源，探求东坡突围的方法。

（2）学习苏轼身处逆境依旧乐观豁达的人生态度。

【学习资源】

网络资源：
①教师推荐阅读文章、书籍：余秋雨的《东坡突围》、王水照和朱刚的《苏轼评传》。
②知网相关论文资源。
③自制微视频、腾讯QQ群。

【学习形式】

在线自主学习，观看视频。

【学习活动过程】

> 课前活动

（1）教师将电子版学习资源发送至QQ学习群。

（2）学生利用学习资源，完成题为"我看东坡突围"的小论文写作，利用学习平台上交。

（3）教师批阅小论文，挑选出优秀作品。

（4）教师指导优秀论文的写作者，录制小视频，内容主要是分享论文写作过程及论文内容。（视频时长5~8分钟）

（5）教师收集学生录制视频，统一在课前发送至QQ学习群。

> 在线自主学习

（1）学生从QQ群下载视频，在指定时间内进行自主学习，记笔记。

（2）优秀论文写作者面向全班同学，在线进行交流和答疑。

> 课后活动

（1）学生再次修改自己的小论文，并提交至学习平台。

（2）教师收集学生小论文，以班为单位，制作成学生作品电子文集，分享在QQ学习群。

三、教学成效与反思

本次3个课时的在线教学，笔者在教学设计上进行了大胆的改革和创新。首先，以学生为课堂主体，充分利用网络资源，调动了学生上网课的积极性，取得了不错的教学效果。相比于传统的面对面课堂教学，在线教学首先要充分调动学生上网课的兴趣，不仅要抓住教学的趣点引入，还要在课堂形式上运用在线课堂的优势，如直观的共享屏幕、聊天区的讨论等，让全员积极主动参与到课堂学习中来。其次，受在线教学时长的限制，对于在线教学内容的选择与设定，教师要在线下做好充分的准备，根据学生的学情，充分利用有限的在线教学时间，解决学生学习中最主要的问题。本次在线教学基于学生已经充分阅读和了解苏轼作品的基础上进行，旨在探讨和展示交流学习成果。因此，在线下，笔者的教学工作量并没有比平时减少，与学生的交流与沟通也比传统的课堂教学要更多。最后，在线教学中，必须牢记的是——学生依然是课堂主体。他们的主体地位体现在教师要把在线课堂的时间留给他们发言、交流，让师生、生生之间有思维的碰撞；也可以通过角色扮演，让他们成为视频课的主角，成为镜头前的小老师、主播。云端教学，只是一种教学形式的改变，相信教师们只要从学生学情出发，以学生为课堂主体，云端教学也能拥有无限的教学魅力。

作者简介

雷素郁，广州市协和中学语文高级教师，荔湾区优秀青年语文教师，曾荣获全国各类大赛优秀指导老师等称号，其"优课"被评为2016—2017年度广东省"一师一优课、一课一名师"活动省级"优课"。

专家点评

本教学案例的优点体现在三方面：其一，本教学案例分三个任务进行，任务层次分明，彼此之间逻辑关联紧密且能逐层递进，活动整体设计严谨。其二，教学设计符合了学生的年龄特点，在一个大任务之下引导学生逐渐深入探究，充分尊重了学生的学习需要，体现了新课标生本教育的要求。其三，本教学合理利用了网络的学习资源，将网络学习的优势具体化，促使线上学习和线下生活的联系。其四，本活动从多种角度去进行学习，鼓励学生采取更多的资源进行更多方面的学习，有助于学生个性化发展。

——华南师范大学文学院　王萍

《林黛玉进贾府》之王熙凤形象分析

云浮市云浮中学　傅　琳

一、案例简介

响应国家"停课不停学"的号召,线上教学开展已经有一个多月,网络资源非常丰富,本应更有利于教学的开展,但在这个教学过程中笔者却发现,线上教学受到设施设备,如电脑、网络等限制,难以让学生很好地参与到教学中,教师与学生的互动也很难开展,因此学生的表达积极性受到了限制。为了让学生能够更好地参与到教学活动中来,笔者在设计分析《林黛玉进贾府》中王熙凤的形象时,让学生通过小组在线合作的方式参与到王熙凤的形象分析中,提高学生课堂参与的积极性,让学生更好地走进课本,走进课堂,更有效地掌握阅读小说的方法和鉴赏人物形象的方法。

二、教学设计

（一）教学目标

通过把握课文中对人物肖像、语言、动作、心理等的描写,鉴赏王熙凤的人物形象特点。

（二）教学内容与教材分析

本节课为《林黛玉进贾府》第三课时——王熙凤形象分析。《林黛玉进贾府》是高中语文必修三第一单元小说单元的第一篇课文,选自《红楼梦》第三回。本文通过一个从未进过贾府的少女林黛玉的眼光,对贾府的环境和主要人物进行了细致的描绘。课文以林黛玉进贾府这一事件为中心,在迎客声中让众多人物登场亮相。人物描写先后适宜,详略得当,虚实并用。王熙凤就是其中描写尤为精妙的一位人物,值得我们细细品味。

（三）学情分析

学生在初中已经接触过小说阅读,之前也已经学习了鲁迅先生的《祝福》这篇小说,分析了祥林嫂这一主要人物形象,基本掌握了小说阅读的方法和鉴赏人物形象的方法,具有独立鉴赏小说中人物形象的能力。

（四）教学工具与手段

（1）通过PPT在线编辑功能，小组合作制作PPT。

（2）使用录屏软件，小组制作王熙凤人物形象分析的微课。

（3）通过钉钉直播进行分享。

（五）教学过程（见图1）

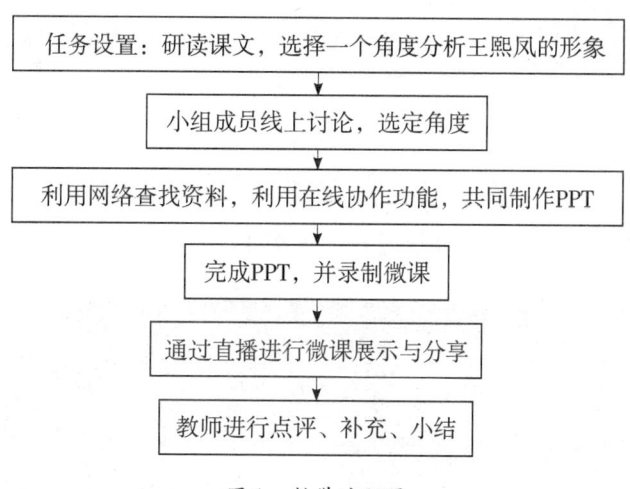

图1　教学过程图

（六）教学实施

1. 导入

这篇课文以"林黛玉进贾府"这一事件为中心，在迎客声中让众多人物登场亮相。其中描写最为出彩又与众不同的当属王熙凤。现在就让我们走进文本，看看贾府的这位实际大管家究竟是怎样的一个人。

2. 王熙凤形象分析

课前教师提出课题任务，要求学生以小组的形式自由选择一个角度对王熙凤这一人物形象进行分析，制作PPT并录制成微课（见图2）。

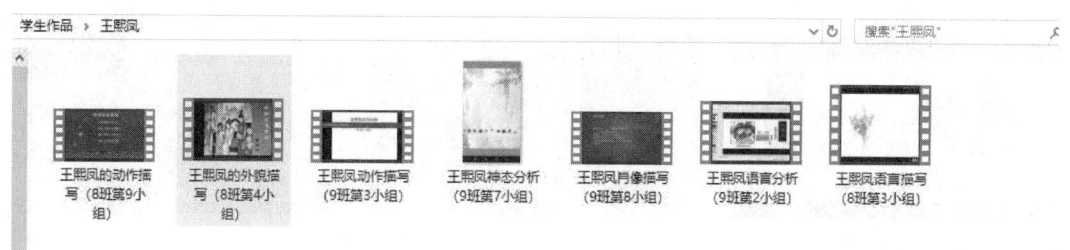

图2　学生制作的微课

课堂展示，分享学生对王熙凤的形象分析：

（1）王熙凤的外貌描写。

> 高一8班第4小组同学的分享展示（见图3）

（1）　　　　　　　　（2）　　　　　　　　（3）

图3　分享展示1

> 高一9班第8小组同学的分享展示（见图4）

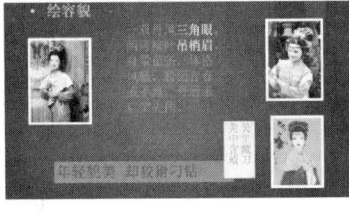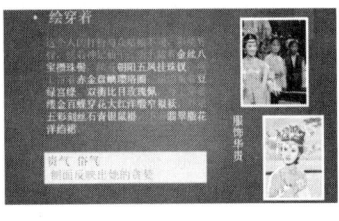

（1）　　　　　　　　（2）　　　　　　　　（3）

图4　分享展示2

> 教师对学生微课进行点评

8班第4小组和9班第8小组的同学都主要从王熙凤服饰和容貌的描写分析其贪婪、刁钻、狡猾的形象，不足的地方在于同学们虽然在课文中找到了文段，但却没有在分析的时候落实到文本中的字词句进行分析。

（2）王熙凤的语言描写。

> 高一9班第2小组同学的分享展示（见图5）

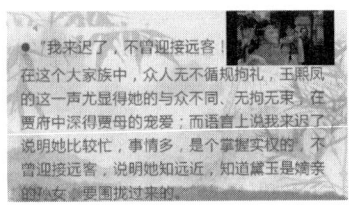

（1）　　　　　　　　（2）　　　　　　　　（3）

图5　分享展示3

▶ 高一8班第3小组同学的分享展示（见图6）

（1）　　　　　　　　　　　　　　　（2）

图6　分享展示4

▶ 教师对学生微课进行点评

两个小组的同学对语言描写找得很全也分析得很详细，我们还可以对王熙凤的语言进行归纳分类，这样思路可能会更清晰一些。

①出场：一语未了，只听后院中有人笑声，说："我来迟了，不曾迎接远客！"可见其放诞，也彰显了她在贾家得宠、有权。

②夸黛玉："天下真有这样标致的人物，我今儿才算看见了！况且这通身的气派，竟不像老祖宗的外孙女，竟是个嫡亲的孙女，怨不得老祖宗天天口头心头一时不忘……"可见其世故圆滑。

③问黛玉："妹妹几岁了？可也上过学？现吃什么药？在这里不要想家，想要什么吃的，什么玩的，只管告诉我；丫头老婆们不好了，也只管告诉我。"彰显其在贾府的地位与权势。

④回王夫人：又见二舅母问他："月钱放过了不曾？"熙凤道："月钱已放完了。才刚带着人到后楼上找缎子，找了这半日，也并没有见昨日太太说的那样的，想是太太记错了？"王夫人道："有没有，什么要紧。"因又说道："该随手拿出两个来给你这妹妹去裁衣裳的，等晚上想着叫人再去拿罢，可别忘了。"熙凤道："这倒是我先料着了，知道妹妹不过这两日到的，我已预备下了，等太太回去过了目好送来。"可见其善解人意、果断能干。

（3）王熙凤的动作描写。

▶ 高一9班第3小组同学的分享展示（见图7）

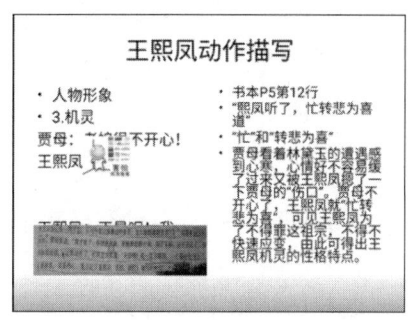

图7　分享展示5

▶ 高一8班第9小组同学的分享展示（见图8）

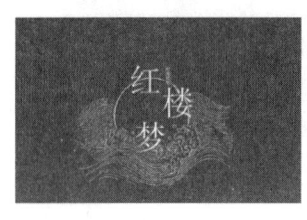
（1）

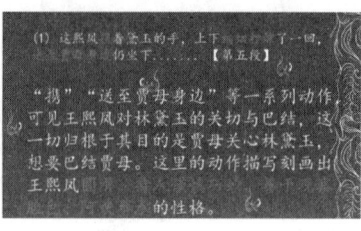
（2）

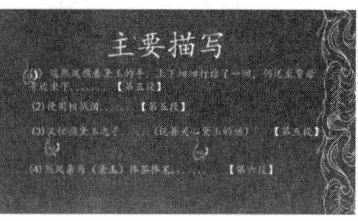
（3）

图8　分享展示6

▶ 教师对学生微课进行点评

两个小组的同学都做得很仔细，但9班第3小组的同学在分析王熙凤的形象时使用的都是褒义词，说明对人物形象的理解还没有深入人物的内心，没有理解到其行动背后的意义，因此对人物形象的把握不够准确。

（4）教师小结补充。

人物形象的分析有肖像描写、动作描写、语言描写、神态描写，这些都属于正面描写，但除正面描写外还有侧面描写，即通过环境的烘托或别人对他的评价刻画人物形象。我们的同学在鉴赏王熙凤的形象时遗漏了课文中的侧面描写。课文中对于王熙凤的形象除正面描写外还有两处侧面描写，即通过林黛玉的心理和贾母的语言侧面表现王熙凤的形象。

①黛玉心理活动。黛玉纳罕道："这些人个个皆敛声屏气，恭肃严整如此，这来者系谁，这样放诞无礼？"心下想时，只见一群媳妇丫鬟围拥着一个人从后房门进来。由此可见，王熙凤放诞无礼、受宠、有权的形象特点。

②贾母的语言。贾母笑道："你不认得他。他是我们这里有名的一个泼皮破落户儿，南省俗谓作'辣子'，你只叫他'凤辣子'就是了。"由此可见，性格泼辣，深得贾母喜爱。

（5）王熙凤形象小结。

王熙凤初次出场，其为人刁钻狡黠，泼辣虚伪，善于阿谀奉承，精明能干、惯于玩弄权术的形象跃然于纸上。

脂砚斋读到这里，情不自禁地喝彩道："第一笔，阿凤三魂六魄已被作者拘走了，后文焉得不活跳纸上！"

（6）补充阅读。

《红楼梦》中其他人对王熙凤的评价：

冷子兴向贾雨村介绍说："言谈又有爽利，心机又极深细，竟是个男人万不及一的。"（第二回）

周瑞家向刘姥姥介绍说："这位凤姑娘年纪虽小，行事却比世人都大呢……少说也有一万个心眼子……"（第六回）

贾珍夸她：既"杀伐决断"，又"历练老成"。（第十三回）

秦可卿称她是"脂粉队里的英雄，连那些束带顶冠的男人也不能过"。（第十六回）

贾母称她"真是个鬼灵精的"。（第五十回）

兴儿告诉尤二姐"提起我们奶奶来，心里歹毒，口里尖快。嘴甜心苦，两面三刀，上头一脸笑，脚下使绊子，明是一盆火，暗是一把刀：都占全了。"（第六十五回）

学生通过补充阅读《红楼梦》中其他人对王熙凤的评价，对王熙凤这一人物形象的理解能够更加全面和深入。

（微信扫描二维码可观看微课，网页下载链接：
https://portal.scnu.edu.cn/article-13960-485-1.html）

三、教学成效与反思

《普通高中语文课程标准（2017年版）》中提出了一个学习任务群，并且现在是抗疫非常时期，各地开展线上教学。如何更有效地开展线上教学，如何在线上教学中实现课程目标，成为我们要思考的问题。在本节课的教学过程中，笔者主要是基于任务在线协作学习的一个设计，在线上学习中实现师生互动，将线上学习与实现课程目标结合起来。

1. 实现基于任务协作学习，促进学生对文本的深入学习和思考，更有效地掌握阅读的方法和鉴赏人物形象的方法

（1）教师提出任务（课题），由小组同学在线协作完成，利用网络资源，查找各种资料，包括文字资料、视频资料等，丰富学生们的知识。

（2）小组同学利用QQ群、微信群、视频会议等多种网络方式对所收集的资料进行线上讨论筛选，有利于学生之间思想的交流，促进学生对文本的深入思考。

（3）制作PPT，录制微课，让学生们掌握更多的技能。

基于任务的线上协作学习，让学生带着任务去学习，目标更为明确，效果也更为明显，另外，线上的学习也提供给学生更多的阅读资源，同时，这个过程也需要学生对这些资源进行甄别筛选，从而也提升了学生的思维能力。

2. 线上课堂也可以实现师生互动，让学生参与到课堂当中，激发学生的学习兴趣和积极性

线上教学为我们提供了师生互动更多的方式和可能性，我们应利用网络和一些软件让学生参与到课堂当中。《林黛玉进贾府》之王熙凤人物形象分析，通过学生微课作品的展示和分享，让学生对课堂有一种参与感，通过学生在互动面板上的发言可以看出学生对这一课学习的积极参与，也更激发起学生对王熙凤这一人物形象的学习兴趣。

3. 线上课堂体现核心素养，实现课程目标

学生查找资料，制作PPT，录制微课，甚至能够跨学科，将语文学习与多媒体技术以

及互联网技术结合起来,实现了语文学科四个核心素养"语言建构与运用""思维发展与提升""审美鉴赏与创造""文化传承与理解",达成了高中语文课程目标。

疫情期间这样一个特殊的时期,教师首次触电线上教学,在摸索中前行,经历了从刚开始的惶惶不安到现在的游刃有余,其实无论是线上教学还是线下教学,只要把学生放在心中,用心对待每一次课堂,必定会有不一样的收获。

作者简介

傅琳,云浮市云浮中学高中语文教师,云浮市高中语文钟文萍名师工作室成员。曾多次获得云浮市云城区"优秀班主任""优秀教师"称号。先后参加"提高高中语文阅读课时效性的策略研究""互联网+高中语文教学的策略研究"等课题研究。

专家点评

该教案围绕《林黛玉进贾府》之王熙凤形象分析组织线上教学,鼓励学生通过小组在线合作的方式参与学习,教学目标明确,教学过程清晰。教案充分发挥网络平台的优势,请学生录制微课,教师点评学生的微课作品,实现了师生的有效互动和指导交流,同时也有助于激发学生参与小组合作和成果展示的积极性。学生参与度较高,教学效果较好。

——华南师范大学文学院　韩后

线上的语文学习任务群设计
——以中国古代散文欣赏之"书"专题为例

广州市天河外国语学校　李梓笛

一、案例简介

笔者的授课学科为高中语文,对象为广州市天河外国语学校高二两个普通班学生,共72人。2017年版语文新课程标准提出了学习任务群的方式,改变传统教学方法,通过设置学习情境,让学生在完成学习任务的同时,达到学习目标。基于新课标的指导思想、选修教材的学习目标,以及线上学习的特殊性,笔者在单元教学中设计学习任务群,通过以学习任务驱动,在线直播重难点,课下落实任务完成,引领学生完成本单元"阅读—欣赏—写作"的学习任务。

学习任务群示意图如图1所示:

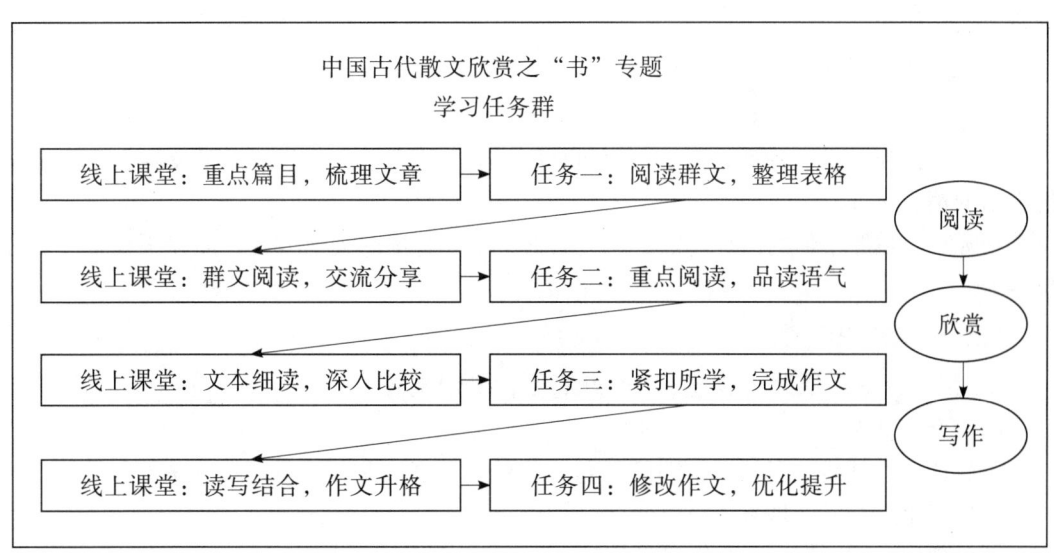

图1　学习任务群示意图

二、教学设计

（一）设计思路

中国古代散文是我国优秀传统文化中的绚丽一脉，其辉煌的成就，是我国古代文化的骄傲。唐宋散文，是文坛艺苑中的一枝奇葩。广州市天河外国语学校使用的粤教版选修二《唐宋散文选读》，是选修课程"诗歌与散文"系列模块中的一本教材。其选文充分考察了唐宋散文千余年来的传播史和影响史，从中撷取精华，尽可能通过入选篇目呈现出唐宋散文题材的丰富性和艺术的多样性。选修课程，是在必修课初步了解古代散文的基础上，通过大量的阅读和对文章的思想感情、抒情方式、表现手法、语言风格的感悟揣摩，发现作品的丰富内蕴和深层意义，从而提升阅读兴趣，拓展文化视野，达到提高文学审美能力、批判质疑能力和艺术鉴赏能力的目的。

粤教版选修二《唐宋散文选读》第三单元是书信单元。教材选择了几篇书信，有同志的道义相激，有挚友的娓娓絮语，也有对师长的感恩。笔者选择了《与尹师鲁第一书》和《寄欧阳舍人书》作为重点讲读篇目，补充了学过的《答谢中书书》《与朱元思书》《山中与裴秀才迪书》《报任安书》作为"温故"和比较阅读的版本，增加了《古文观止》中的《答苏武书》作为拓展篇目，构建起群文阅读篇目。读写结合，是提升学生语文核心素养的重要方式。通过读写结合，一方面聚焦学生对中国古代散文的理解、欣赏能力，另一方面也聚焦学生思维及表达能力的提升。笔者选择以"语气"为重点分析对象，串起群文的赏析，并以此为例讲解如何运用到写作当中。笔者一共设计了由4个任务组成的学习任务群，教学跨度为6课时，让学生在不断完成任务的过程中达成学习目标。希望通过"阅读—欣赏—写作"任务的完成，让学生能品读到散文的丰富内蕴和深层意义，同时提升自己的语言表达能力。

（二）学习目标

任务一：复习所学过的"书"，能读懂课本两篇文章及所给选文。

任务二：充分了解各篇的写作背景和时代氛围，揣摩双方思想感情的交流过程，并分析书信的精彩之处。

任务三：揣摩书信的措辞特点，体会写信者不同身份的表达方式，品味书信话语的独特魅力。

（三）教学安排

1. 第一、第二课时（连堂）：重点篇目，梳理文意

（1）教学过程。

①晨读，教师线上引领学生朗读《与尹师鲁第一书》和《寄欧阳舍人书》。

②梳理重点词义，理解文意。

③梳理出文章结构图，总结文章内容。

（2）作业。

【任务一】阅读群文，根据所学查找资料，填写表1。

表1 资料汇总表

篇名	写作背景/情境	时代氛围	双方关系	重点内容	表达感情
《山中与裴秀才迪书》					
《报任安书》					
《与尹师鲁第一书》					
《寄欧阳舍人书》					
《答苏武书》（注：《古文观止》卷六）					

2. 第三课时：群文阅读，交流分享

（1）教学过程。

①教师展示【任务一】的优秀作业。

②由学生连麦分享自己查找的资料和阅读所得，深入了解各篇的写作背景和时代氛围，体会不同篇目作者表达的不同感情。

③课堂小测，学生选择《报任安书》中一句话的最恰当翻译并分析。

④教师引导学生结合情境与双方关系体会最优翻译，体会写信者不同身份的表达方式，进一步感受书信双方思想感情的交流过程。

（2）作业。

【任务二】找出《与尹师鲁第一书》中的"也"字，分析其语气。

3. 第四、第五课时（连堂）：文本细读，深入比较

（1）教学过程。

①课前问卷星小测，考查学生对文言文中"也"字语气的判断，教师讲解。

②教师点名学生分析"也"字的语气，学生在钉钉上回答。

③学生提出不同看法，教师引领深度品读《与尹师鲁第一书》"也"字的语气，并进一步揣摩书信的措辞特点。

④与《山中与裴秀才迪书》书信进行比较，通过"也"字的添加，体会语气词的使用情境，进一步品味书信话语的独特魅力。

⑤与《答苏武书》所用的语气词比较，体会《答苏武书》中强烈语气所表达的强烈情感。

⑥与《寄欧阳舍人书》比较，体会其说理的委婉含蓄，回环往复。

⑦总结。

（2）作业。

【任务三】作文：根据所学，完成作文，注意作文的"语气"。

4. 第六课时：读写结合，作文升格

（1）教学过程。

①教师展示学生作文案例。

②学生指出其好的地方和存在的问题，提出修改意见。

③教师呈现修改及升格作文，学生对自己的文章进行修改。

（2）作业。

【任务四】作文修改，升格。

（四）教学实施

高二语文的在线教学，课堂的容量、效率是关键。由于学习任务群的内容量大，且需要控制好时间完成，为了减少不必要的时间浪费，在教学实施上，笔者主要运用了直播、互动、作业三大技能，技术上使用钉钉平台与问卷星配合完成教学。笔者使用钉钉平台进行网络直播教学，将重难点通过直播PPT展示给学生。互动方面，笔者设置课堂思考题，学生在直播课上通过直接回复的方式表达自己的观点和看法；或者通过钉钉连麦，让互动更亲切直接；在课前或者课上，随时运用问卷星进行线上检测或互动，以检测学生到位的情况和思考的情况。由于本次任务均为阅读与写作，所以布置学生通过钉钉平台提交，教师批改后发回给学生，优秀作业在群里共享，学生可以直接看到；作业完成情况全部登记，及时通过家长群反馈给家长，让家长了解学生学习情况。

笔者以第四、第五课时的教学实施为例，具体谈谈教学中技术与技能的应用。

1. 课前激活

一方面为了呼应学生完成的任务，另一方面要检测学生是否按时到位，笔者在课前用问卷星设置了思考题，让学生一进入直播间就先去问卷星完成小题，以小练习激活本次学习。（如图2所示）

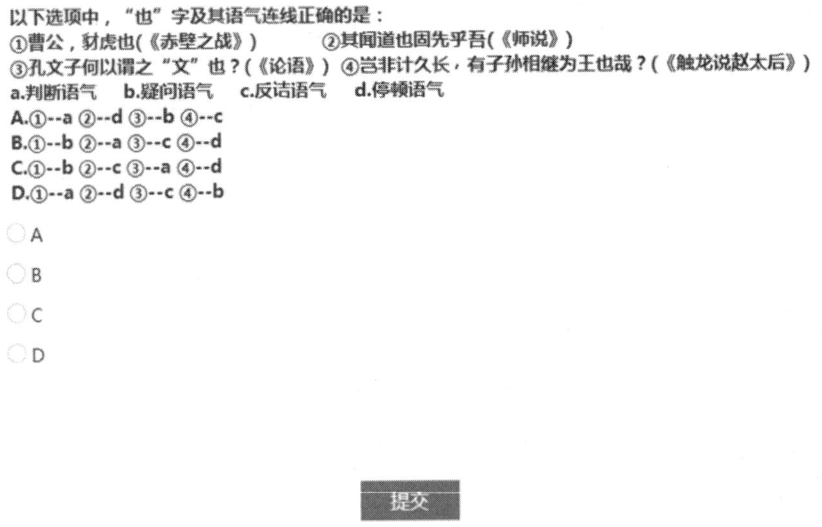

以下选项中，"也"字及其语气连线正确的是：
①曹公，豺虎也（《赤壁之战》） ②其闻道也固先乎吾（《师说》）
③孔子何以谓之"文"也？（《论语》） ④岂非计久长，有子孙相继为王也哉？（《触龙说赵太后》）
　a.判断语气　　b.疑问语气　　c.反诘语气　　d.停顿语气
A.①--a ②--d ③--b ④--c
B.①--a ②--b ③--c ④--d
C.①--b ②--c ③--a ④--d
D.①--a ②--d ③--c ④--b

○A
○B
○C
○D

提交

图2　问卷星的小练习

2. 课中互动

在学生完成思考题后，通过讲评引入教学重点。本节课堂重点之一是品析《与尹师鲁第一书》中12个"也"字，为了检测学生作业完成情况，将12名同学名字提前打在PPT

上，让他们直接回复对相应"也"字的理解，达到交流目的。（如图3所示）

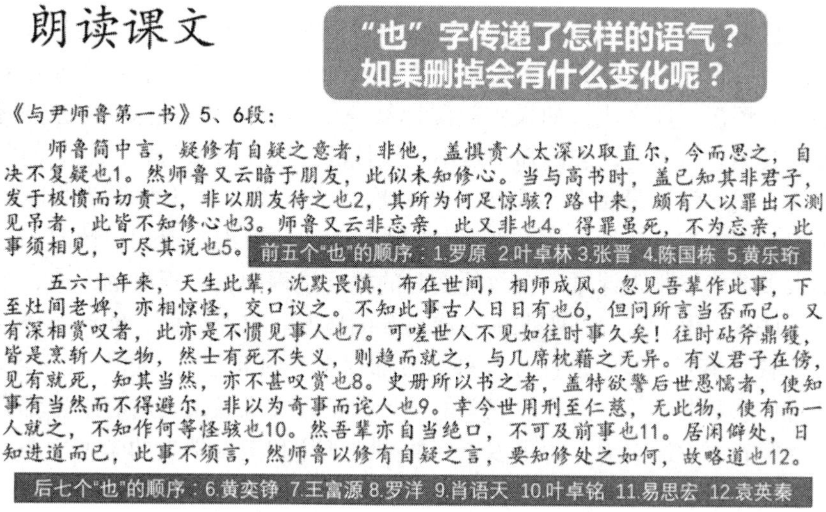

朗读课文

"也"字传递了怎样的语气？如果删掉会有什么变化呢？

- 《与尹师鲁第一书》5、6段：
- 　　师鲁简中言，疑修有自疑之意者，非他，盖惧责人太深以取直尔，今而思之，自决不复疑也1。然师鲁又云暗于朋友，此似未知修心。当与高书时，盖已知其非君子，发于极愤而切责之，非以朋友待之也2，其所为何足惊骇？路中来，颇有人以罪出不测见吊者，此皆不知修心也3。师鲁又云非忘亲，此又非也4。得罪虽死，不为忘亲，此事须相见，可尽其说也5。前五个"也"的顺序：1.罗原 2.叶卓林 3.张晋 4.陈国栋 5.黄乐珩
- 　　五六十年来，天生此辈，沈默畏慎，布在世间，相师成风。忽见吾辈作此事，下至灶间老婢，亦相惊怪，交口议之。不知此事古人日日有也6，但问所言是否而已。又有深相赏叹者，此亦是不惯见事人也7。可嗟世人不见如往时事久矣！往时砧斧鼎镬，皆是烹斩人之物，然士有死不失义，则趋而就之，与几席枕藉之无异。有义君子在傍，见有就死，知其当然，亦不甚叹赏也8。史册所以书之者，盖欲警后世愚懦者，使知事有当然而不得避尔，非以为奇事而论人也9。幸今世用刑至仁慈，无此物，使有而一人就之，不知作何等怪骇也10。然吾辈亦自当绝口，不可及前事也11。居闲僻处，日知进道而已，此事不须言，然师鲁以修有自疑之言，要知修处之如何，故略道也12。后七个"也"的顺序：6.黄奕铮 7.王富源 8.罗洋 9.肖语天 10.叶卓铭 11.易思宏 12.袁英秦

图3　课中的互动

学生发表完看法后，笔者根据学生回答，引领学生体会"也"字传递出的不同语气，深入品读文本。同时也在后续的直播过程中，根据教学设计，不断抛出问题，启发思考，引起讨论。遇到讨论的问题，学生直接通过对话框输入自己的想法，在讨论中深化对于文本的理解。

3. 课下作业

学生用钉钉家校本提交作文，笔者下载后写上评语再发回给学生，达到及时的反馈和互动。

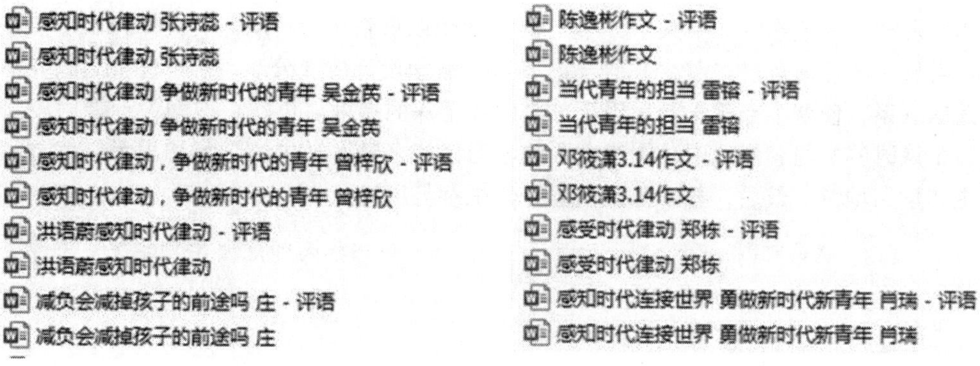

- 感知时代律动 张诗蕊 - 评语
- 感知时代律动 张诗蕊
- 感知时代律动 争做新时代的青年 吴金芮 - 评语
- 感知时代律动 争做新时代的青年 吴金芮
- 感知时代律动，争做新时代的青年 曾梓欣 - 评语
- 感知时代律动，争做新时代的青年 曾梓欣
- 洪语蔚感知时代律动 - 评语
- 洪语蔚感知时代律动
- 减负会减掉孩子的前途吗 庄 - 评语
- 减负会减掉孩子的前途吗 庄
- 陈逸彬作文 - 评语
- 陈逸彬作文
- 当代青年的担当 雷镕 - 评语
- 当代青年的担当 雷镕
- 邓筱潇3.14作文 - 评语
- 邓筱潇3.14作文
- 感受时代律动 郑栋 - 评语
- 感受时代律动 郑栋
- 感知时代连接世界 勇做新时代新青年 肖瑞 - 评语
- 感知时代连接世界 勇做新时代新青年 肖瑞

图4　课下作业示意图

三、教学成效与反思

　　学习任务群是新课标提出的新的教学组织形式，它和传统单篇课文的讲课不同，是在一个较长时间段内完成相应任务，而有相应收获。这种组织方式，有点像连续剧或者打游戏过关，必须一环接一环完成，如果中间漏掉某一个环节，很可能就不能达成任务要求。语文的学习和其他学科不同，它的知识点不是线性的，往往一课与一课之间的关系并不像理科那样密切。线上学习最怕学生觉得少听一次也无所谓，由任务驱动的连续的学习过程，能让学生更加重视。从教学效果来看，作为普通班，每次听课到位情况都是全部到位的，学生绝大多数能够紧跟课堂，在教师随时的提问过程中，有很好的回应，个别学生点名没有到位。课后了解，有存在听课走神或离开的情况。作业方面，能有七成的同学将任务都落实好。有一小部分学生是日常各科学习都存在一些问题的，这与其学习习惯不良、自律性弱和目标感薄弱有关。想得再完美的设计，也确实难以做到所有学生都做到认真学习，这也提醒笔者要继续努力，想更多更好的办法抓住和激发学生的学习之心，希望通过学习任务群，不断促进学生语文核心素养的提高。

作者简介

　　李梓笛，北京师范大学文学院硕士研究生毕业，中学一级教师，广州市天河区高中语文中心组成员，广州市天河外国语学校高二语文备课组长。天河区毕业班先进工作者。曾参编中学生名著导读书籍，多次参与省、市级课题，并发表论文。

专家点评

　　首先，本教学设计贯彻了新课标"以生为本"的教学理念，较好地使用了学习任务群这一组织形式，将选修课本中关于"书"的文章予以重新组合，从一类文体为出发点设计教学，实现了学习任务群"整合"理念。其次，教学设计层次分明，四个任务之间存在内在的逻辑联系，使整个专题学习呈现了一个由浅至深的梯度。再次，教学设计课时安排合理，每个课时的学习容量适中，围绕主要的学习任务来激发学生的学习和思考，尊重了学生的主体学习地位。最后，教学效果良好，学生参与度高。

——华南师范大学文学院　王萍

粤教版选修一《唐诗宋词元散曲》第六课
——"边塞战争诗四首"教学案例

广州市第九十七中学 吴文芬

一、案例简介

本案例的教学内容是粤教版高中语文选修一《唐诗宋词元散曲》第六课"边塞战争诗四首",任教时段是高二下学期。因为疫情的影响,只能开展线上教学,结合线上教学学生没有教材和教辅的实际情况,备课组决定讲授文本内容比较短小的高中语文选修一《唐诗宋词元散曲》,这样学生准备起来比较方便,即使手抄课文也不会成为太大负担。

笔者负责的"边塞战争诗四首"教学设计,是基于线上教学中学生专注力可能比较差、效率比较低的实际情况,因此教学内容选取了相对简单的两首诗——《从军行》(其一)和《蓟中作》,课堂上练习也跟课文相似度很高,内容安排上循序渐进,从回顾熟知的作品到边塞诗歌的发展,再到文本的赏读和学习,最后拓展练习,脉络分明,一气呵成。整个课程围绕重点问题"诗中选取的意象、展现的图景画面、寄寓的感情以及表达的手法"开展教学和讨论,重点突出,目的是让学生在屏幕的那一端仍能紧跟教师的思路,学有所得,并能实际运用,力求线上教学的实效性。

二、教学设计

(一)教学目标
(1)掌握王昌龄《从军行》(其一)、高适《蓟中作》的内容及写作特色。
(2)学会鉴赏边塞诗的方法。

(二)教学重难点
学会鉴赏边塞诗的方法。

(三)教学课时
1课时。

（四）教学过程

1. 导入

（1）回顾学过的边塞诗，说说具有代表性的意象。

（2）边塞战争诗：以边疆地区军民生活和自然风光为题材，写战争、写送别、写思乡、写奇异的边塞风光。

（3）唐宋时期边塞诗的发展。

2. 学习课文

（1）简单介绍王昌龄及《从军行》（其一）。

（2）学习鉴赏《从军行》（其一）。

（问题引导：①诗中选取了哪些意象？展现了一幅怎样的边塞风景图？②作者在诗中寄寓了什么感情？诗人是如何表达的？）

（3）简单介绍高适及《蓟中作》。

（4）学习鉴赏《蓟中作》。

（问题引导：①诗中选取了哪些意象？展现了一幅怎样的边塞风景图？②作者在诗中寄寓了什么感情？诗人是如何表达的？）

（5）归纳方法。

①抓住题目、作者，明确题材、背景。

②抓住特定意象，描绘画面，感受意境。

③抓住表达思想感情倾向的关键词、关键句。

3. 课堂训练

军城早秋

严武

昨夜秋风入汉关，朔云边月满西山。

更催飞将追骄虏，莫遣沙场匹马还。

[注] 严武（726—765）：字季鹰，华阴（今属陕西）人。曾任成都尹、剑南节度使，广德二年（764）秋率兵西征，击败吐蕃军队七万多人。

训练题：

（1）诗的前两句描绘了什么样的景象？有什么寓意？

（2）诗的后两句表现了作者什么样的情怀？请简要分析。

征人怨

柳中庸

岁岁金河复玉关，朝朝马策与刀环。

三春白雪归青冢，万里黄河绕黑山。

训练题：

（1）为什么说这是一首边塞诗？结合诗句具体说明。

（2）诗题为"征人怨"，通篇虽无"怨"字，但句句有"怨情"，请作简要赏析。

4. 作业

（1）用课堂学到的方法进行鉴赏，完成归纳表格。

表1　边塞词鉴赏方法表

方法	《从军行》（其一）	《蓟中作》	《塞下曲》
意象			
主旨			
风格			
表现手法			

（2）拓展提升，链接高考。

（2015年高考新课标1卷）阅读下面这首唐诗，完成后面题目。

发临洮将赴北庭留别[①]

岑参

闻说轮[②]台路，连年见雪飞。春风不曾到，汉使亦应稀。

白草通疏勒，青山过武威。勤王敢道迟，私向梦中归。

[注]①临洮：在今甘肃临潭西。北庭：唐六都护府之一，治所为庭州（今新疆吉木萨尔北）。②轮台：庭州属县，在今新疆乌鲁木齐。

1. 与《白雪歌送武判官归京》相比，本诗描写塞外景物的角度有何不同？请简要分析。（5分）

2. 诗的尾联表达了作者怎样的思想感情？对全诗的情感抒发有怎样的作用？（6分）

（微信扫描二维码可观看微课，网页下载链接：
https://portal.scnu.edu.cn/article-13960-481-1.html）

三、教学成效与反思

第一次在线上直播公开课，心情不免忐忑，为免翻车，几易其稿，最终决定用最简单的方式上最简单的内容，保证上课思路清晰，重点突出，力求让学生真正学有所得。从教学效果来看，学生的反馈确实达到了预期，不过，也正如所预设的，这样的难度确实太低，只能说从网课的效率来说是可以的，放到现实的课堂还是有待提高。反思如下：

（一）值得肯定之处

教学目标清楚，重点突出；教学环节清晰，环环相扣。朴实的"初衷"，加上教师贴近文本的提问式引导，奠定了这节课取得扎实教学效果的根基。内容安排上循序渐进，从回顾熟知的作品到边塞诗歌的发展，再到文本的赏读和学习，最后拓展练习，脉络分明一气呵成。重点突出，整个课程围绕重点问题"诗中选取的意象、展现的图景画面、寄寓的感情以及表达的手法"开展教学和讨论，学生抓得住思路，学习效果明显。

学生的反应自然、真实、有得，这是这节课最宝贵的亮点。仅有看似热闹的互动并不能判断课堂的教学效果，学生积极思考和回应的质量则反映出课堂教学效果。教学目标、教学设计通过学生的积极反应得到落实。诗歌鉴赏最基本的要求是读懂诗歌，这节课的立足点在于引导学生对边塞战争诗的把握和赏析，通过对王昌龄的《从军行》（其一）、高适《蓟中作》的赏析，引导学生掌握边塞战争诗的鉴赏方法，切实提升学生对边塞战争诗的鉴赏能力。

能关注时代，在教学中自觉落实立德树人的高中语文课程标准要求。

（二）需要改进提升之处

深度不够，拓展不够。本课定位是高二选修"边塞战争诗四首"。选修特点不够突出，提炼、深化不足（或不突出），鉴赏深度及精准度还需提升。

文本难度不足，题目要求不够高，对于文科班的学生而言过易，对于理科普通班而言尚可。选材可以有差异，有梯度，体现教学的变化和策略。

教学氛围与诗歌情感的融合不足，诵读不够也是原因之一。

主题"金戈铁马征战事，大漠秋风家国情"体现得不够明显，教学的两首诗歌主题与本课主题关联不够，没有提升，对诗歌主题的感悟和鉴赏较少。

王昌龄《从军行》共七首，涉及的抒情手法很丰富，在分析《从军行》（其一）的抒情手法时，可以让学生联系一下之前必修教材中的《从军行》（其四）中"黄沙百战穿金甲，不破楼兰终不还"，相比之下对直抒胸臆和曲笔抒情理解应该可以更直观、更清晰了。

近期网课的教学经历，让笔者更多地站在学生的角度去想问题，怎么样化难为易，从学生的角度出发去设计问题，怎样用最简洁的语言带领学生走进文本，怎样找到学生的兴趣点让他们始终不掉线地紧跟教师的思路，这是平时现实课堂中比较少想的问题，这也算是一大收获吧。

不管线上线下，教学的磨砺不停，对文本的研究不止，教学能力就会与日俱增，共勉。

作者简介

吴文芬，中学语文一级教师，曾获第五届广州市中学语文十佳青年教师称号，以及海珠区中学语文教师现场作文大赛一等奖、海珠区第三届"海教杯"教学比赛一等奖、首届粤港澳大湾区高考作文"下水作文"大赛三等奖、广州市中学语文教师古诗词创作大赛二等奖等荣誉。

专家点评

  我们都知道线上教学过程中学生专注力可能比较差，学习效率比较低。如何让学生在屏幕的那一端仍能紧跟教师的思路，这是教师要思考和解决的问题。从案例中可见吴文芬老师对网络教学环境有一定的思考和设计。吴文芬老师用简洁的语言带领学生走进文本，迅速找到学生的兴趣点，让他们始终不掉线地紧跟教师的思路。

——华南师范大学文学院　郑有才

线上教学《乡土中国》阅读指导

深圳市翠园中学　肖　佳

一、案例简介

以教育部规定的阅读书目《乡土中国》为例，指导学生进行整本书阅读。从小学到高中，对篇目的教学很多，但是对整本书阅读的指导甚少，所以在碎片化阅读泛滥的今天，对学生进行整本书教学是很有必要和及时的。

课程首先要求学生对自己的阅读能力进行评估，做到心中有数，并根据自己现有的阅读水平，进行阅读方法的指导学习，根据不同的书本类型，指导学生去制定不同的阅读目标。以社科类书籍《乡土中国》为例，指导学生按照五步阅读法进行阅读，线上对五步阅读法进行示范和指导：第一步，浏览目录；第二步，整体感知；第三步，抓概念和关键词；第四步，理清思路研究逻辑；第五步，联系现实，上升为现象分析。其中，重点对抓概念和关键词（第三步）、理清思路（第四步）进行展示，后进行适当的现实联系，以书照应现实，达到学以致用的教学效果。

二、教学设计

（一）教学目标

授人以渔，以教育部指定的社科类必读书籍《乡土中国》为例，指导学生学会阅读，并从个别到一般归纳总结整体阅读的方法，运用到以后的阅读中。

（二）教学内容

向学生介绍五部阅读法。从展示五步阅读法，强调句与句、句与段、段与篇、篇与章、章与纲之间的关系，指导学生梳理归纳出思维导图，理清作者行文逻辑架构，从而理解阅读。重点展示前1~3篇篇目的阅读，启发学生对剩下篇目进行同理阅读。

（三）教学实施

1. 引入

以网红李子柒为例，引导学生对"乡土中国"进行关注与思考。即便是在高度城市化的今天，"乡土中国"依然有着强烈的现实意义，它是理解当下中国的钥匙，值得我们去阅读。建立书本与现实的联系，旨在最大限度激发学生的阅读兴趣与热情，达到事半功倍的效果。

展示阅读能力评估表，让学生自行评估阅读水平，旨在让学生认识到提高阅读水平的必要性，引起学生重视，达到最佳的教学效果。并以思维导图的方式，展示整本书阅读的大体框架。

2. 第一环节

（1）整体感知《乡土中国》（给学生观看《乡土中国》简介的视频资料），开始引导学生对前三篇重点进行关注。

（2）对前三篇的主旨内容进行概括。

第一篇主旨：乡土社会的本色是土气，由此产生了生于斯、死于斯的熟悉的社会模式。

第二篇主旨：乡土社会是熟悉社会、面对面社区，从空间角度看不需要文字。

第三篇主旨：乡土社会是熟悉社会、安定社会，从时间角度看不需要文字。

（3）找出前三篇的内在逻辑关系：乡土社会土气的本色决定了其不需要文字的文化特点，进而让学生理解前三篇是全书论证的起点、基础。

3. 第二环节

（1）重点展示剖析第一篇，第一篇共17个自然段。让学生对每一个自然段的段意进行归纳，启发学生找到段与段之间的关系，并画出思维导图来理解作者的逻辑思路（见图1）。

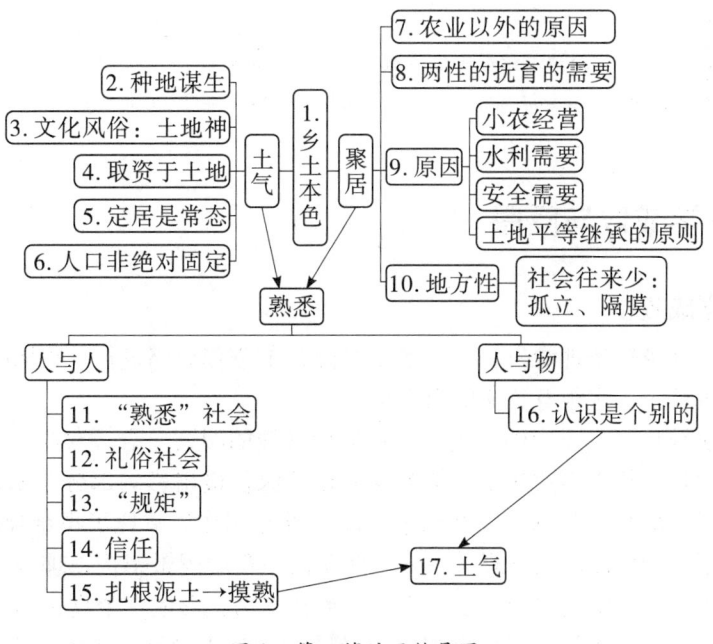

图1　第一篇的思维导图

（2）课堂上让学生用同样的方式列出第二篇和第三篇的思维导图。

4. 第三环节

（1）针对前三篇的内容，提出问题，费孝通先生说乡土社会不必求助于文字，一方面空间上不需要，因为总是可以面对面；另一方面时间上不需要，因为在乡土文化中有声音就足够了，乡土社会有文化但不需要文字，因为他们没有用文字来帮助他们生活的需求。你赞同费孝通先生的这种观点吗？展开讨论。

（2）总结讨论结果，仁者见仁，智者见智，无论是否赞同只要自圆其说均可。对两种答案均做出示例。

示例一：赞同。费孝通先生认为，乡土社会大体上是没有"文字"的社会。文化的传承可以以口口相传、言传身教的方式代代延续。在这一层上，有语言而无文字。所以文字之于定型的乡土社会是没有必要的。

示例二：不赞同。乡土社会尽管世代相传，很多非物质遗产是由代代相传并非文字而记录的，但也正是因为这样，产生了很多文化的消亡；除此之外，费孝通先生的《乡土中国》是以20世纪40年代的社会为背景创作的，已经不适用于飞速发展的当代社会。

5. 第四环节

启发学生对照书本进行现实联系，1~3篇给你带来哪些生活现象启示？（给学生展示视频资料）

6. 第五环节

布置课后作业，让学生运用线上教学的阅读步骤进行剩余篇目的阅读学习，要求学生列出第4~14篇每一篇的主旨，寻找篇章之间的逻辑联系，并列出思维导图。对学生提出要求，要对作者观点进行探讨，并联系现实来做辨析。

（微信扫描二维码可观看微课，网页下载链接：
https://portal.scnu.edu.cn/article-13960-482-1.html）

三、教学成效与反思

（一）教学成效

课程教学设计逻辑条理清晰，对《乡土中国》的创作思路进行了很明晰的梳理，对学生的整体阅读进行了一次很有意义的教学指导。

五步阅读法源自《乡土中国》前言中温儒敏教授的阅读导语，专业性、操作性和科学性都比较强，适用于绝大多数学生。整个线上教学课程最出彩的部分是示范《乡土中国》第一篇每一段段意的总结归纳，以及思维导图的推导制作。掌握了思维导图的阅读模式，说明学生理解了句与句之间的逻辑关系，就能明白整篇的逻辑架构，理解了整篇的逻辑架构就能更好地把握每一篇的内容，从而完全掌握整本书，形成一个良性阅读循环。从线上学生发言反馈看来，学生能较好地掌握思维导图的制作以及结合书本联系现实进行思考，较好地落实了教学目标。

（二）教学反思

由于是线上教学，所以没有办法如常规课堂，更加生动直观去了解每一个学生对段落理解的归纳、对阅读方法的掌握、对段意的归纳总结和学生思维导图的制作。有可能存在线上发言者的水平比较高才敢于线上展示的现象，毕竟学生存在个体差异。想要更好地去落实整本书阅读，开学课堂可以再演练一次，现场对某些掌握不到位的学生进行点拨和指导，教学效果会更佳。

作者简介

肖佳，深圳市翠园中学语文教师，毕业于北京师范大学。曾获"第三届深圳校园十佳文学少年"优秀辅导老师、深圳市第七届高中语文教师优质课比赛一等奖、深圳市罗湖区高中语文教师基本功大赛一等奖、"叶圣陶杯"全国中学生新作文大赛优秀指导老师二等奖等荣誉，并在《新课程报》等语文类刊物上发表文章数篇。

专家点评

该案例的阅读指导提供了"五步阅读法"，对于学生读懂《乡土中国》的内容和结构有很大的帮助。课堂上以前三章为例，进行方法演示与讲练，课程逻辑条理清晰；课后布置学生概括总结文意和绘制思维导图，对学生的后续阅读起到辅助作用。

——华南师范大学文学院　王萍

春夜宴从弟桃花园序

佛山市顺德第一中学　林柔莹

一、案例简介

《春夜宴从弟桃花园序》选自人教版选修教材《中国诗歌散文欣赏》第六单元"文无定格，贵在鲜活"，本单元课文形式自由，内容贴近生活，富于情趣。《春夜宴从弟桃花园序》写的是文人聚会之乐，字里行间流露出古代文人宴会的高雅情致，更蕴含着深刻的人生哲思。

本教学案例通过享春夜之宴、品人生之宴、悟收获之宴三大环节带领学生在审美与赏析中体会宴会多重的高雅之乐，在拓展与探究中分辨李白主张秉烛夜游、及时行乐背后蕴含的乐天精神。

二、教学设计

（一）教学目标

（1）积累字词，品味语言，在阅读的审美鉴赏活动中体会宴游的高雅乐趣。

（2）通过拓展阅读，了解古人包括李白主张"秉烛夜游"背后蕴含的人生态度。

（3）结合写作背景，体味李白热爱生活、热爱生命的乐天精神。

（二）教学重难点

（1）体会李白此次宴游之乐，感受其格调的高雅。

（2）结合写作背景，了解李白主张秉烛夜游、及时行乐背后蕴含的乐天精神。

（三）教学方法

（1）多种形式诵读法：在教学过程中引导学生将自主朗读、视频范读、当堂背读等多种形式结合，在反复诵读中更好领悟作者的情感。

（2）手绘视频辅助法：运用软件制作生动有趣的手绘视频，激发学生参与线上课堂的积极性。

（3）品读赏析法：在关键处问题上启发学生探究思考，通过圈点勾画、自主赏析等方式引导学生自主学习,促进学生学习方式的转变。

(四) 教学实施

1. 导入:假如唐代也有朋友圈

教师:相信在座的同学们玩微信时都喜欢刷朋友圈。如果古人也刷上了朋友圈,那画风会是怎样的?(配图:如果唐代也有朋友圈)据说昨晚李白与家族诸位堂弟聚会,聚会结束后,正在兴头上的李白发出了一篇文章,引得岑夫子、丹丘生、杜甫和孟浩然等众人关注,一下子火遍朋友圈。我们一起看看他写了什么?(配图:《春夜宴》的朋友圈)大家可自由朗读,初步感知这篇圈粉"10万+"的佳作。

2. 一读:享春夜之宴

(1) 题目往往是一窥文章内容的窗口,你从本文题目这个窗口读出了哪些信息?

①题目点出了时间(春夜)、地点(桃花园)、人物(李白和从弟)、事件(聚宴)、序(文体,宴集序)。

根据题目以一句话概括文章内容:李白在春天的夜晚里与堂弟们在桃花园宴游,并为此作序。

(2) 文中有哪个词告诉我们此次宴会的氛围?——乐。(会桃李之芳园,序天伦之乐事)

(3) 自由朗读课文并思考:文章描写了几层宴游之乐?请圈画出来并简要赏析。

夜宴之乐,在于_____。

【例1】况阳春召我以烟景,大块假我以文章。

该句写到现在正是春天的大好时光,阳春烟景、大块文章都在多情地呼唤着我。当然这里的"文章"并非我们现在所理解的文章,而是指春天的美好景色。一个"阳"字可见春天的温暖,而一个"烟"字可见春天的朦胧美与梦幻美。与其说是大自然用美好的景色在召唤着李白,倒不如说是李白完全沉醉于这美好春景之中。

——宴会之乐,一在于春景之乐

【例2】会桃花之芳园,序天伦之乐事。群季俊秀,皆为惠连;吾人咏歌,独惭康乐。

借此桃花盛开的良宵,李白与弟弟们在桃花园共叙手足之情,这本已是倍加的欢乐时刻,再加上弟弟们都还是才华横溢之人,更是难得!李白把弟弟们比作谢惠连,把自己比如康乐公谢灵运。这两位均是南朝有名的才士。作者表面是说"独惭康乐",实则属于李白式的谦逊。《宋书》记载:(谢方明)子惠连,幼而聪敏,年十岁,能属文,族兄灵运深相知赏。我们可以看出李白和弟弟们不仅才华横溢,而且关系亲密。

——宴会之乐,二在于天伦之乐

【自主赏析】教师可示范一两处句子的赏析,剩下部分由学生线上自主探究。

【小结】宴游之乐,在于:阳春烟景的春景之乐、群季俊秀的天伦之乐、高谈幽赏的幽赏之乐、坐花醉月的宴饮之乐、赋诗罚酒的诗情之乐。

李白追求的夜宴之乐,不局限于丝竹之乐、觥筹之欢,而着眼于天伦相聚、雅怀尽抒,此番行乐,行得高雅,乐得尽兴。

故有人对此曾评价道:此乃一群雅士,处于雅境,醉于雅游,信可乐也!

（4）欣赏朗诵视频。

声音不仅可以传递情感，还可以描绘画面。欣赏《春夜宴》的朗诵视频，同时再次自由朗读全文，在聆听与诵读中感受此次宴会高雅欢愉的盛况。

3. 二读：品人生之宴

（1）【思考】此次宴游为何偏偏是在夜间进行？文中是否有提及原因？

原因一：夫天地者万物之逆旅也；光阴者百代之过客也。

——人生如寄，生命渺小而短暂！

拓展联系：人生逆如旅，忽如远行客。——《青青陵上柏》

天地如"逆旅"，万物在其中短暂寄住，微不足道；光阴似"过客"，一代代年华匆匆而逝，千古不变。这并非个例，古往今来，皆为如此。生命的渺小、人生的短暂与宇宙的无垠、岁月的恒常形成鲜明对比，既指向时间也指向空间，让人不由得发出与"人生逆如旅，忽如远行客"相似的喟叹。

原因二：浮生若梦，为欢几何？

——人生似梦，欢乐时刻难得！

拓展联系：人生如梦，一樽还酹江月。——苏轼《念奴娇·赤壁怀古》

一个"浮"字，写出了人生的缥缈感与虚无感，也引发了作者对生命存在方式的思考：该如何活着？李白俯仰天地，思索古今，念及世事无常，如梦似幻，在哀伤中迸发出一股积极的力量——欢乐的日子能有多少呢？既是如此，为何不好好珍惜，好好把握？

作者因此不由得感叹"古人秉烛夜游，良有以也"，并决定与弟弟们一起在夜间宴游。

（2）【探究】古人包括李白主张秉烛夜游，对此你如何理解？

生年不满百，常怀千岁忧。

昼短苦夜长，何不秉烛游！

为乐当及时，何能待来兹？

——《古诗十九首》

人生鸟过目，胡乃自结束。

……

三万六千日，夜夜当秉烛。

——李白《古风》（其二十三）

为何要秉烛？因为人生短暂，要牢牢把握住每分每秒——及时。

为何要夜游？因为人"常怀千岁忧"，需要适度的欢乐来抗衡这些忧愁——行乐。

一言以蔽之，即"及时行乐"的人生态度。

（3）【背景】"酒隐安陆，蹉跎十年"（27～37岁）。

与故相许圉师孙女许宗璞结合，定居安陆

向安州长史李京之献诗干谒，无果

向续任长史裴某献诗干谒，无果

隐居于嵩山故友元丹丘处

入长安求仕，寻出路，无果

回归安陆，以耕种、读书为业

妻子去世，举家迁至东鲁

本文写作的具体时间难以完全确定，但大致可以知道是在开元二十一年（733）前后，李白"酒隐安陆"（今湖北安陆）期间所作。此时的李白求仕之路屡屡受挫，正如他的《行路难》所说的："欲渡黄河冰塞川，将登太行雪满山。"但李白没有就此消沉，他高喊"长风破浪会有时，直挂云帆济沧海"（《行路难》其一），亦坚信"东山高卧时起来，欲济苍生未应晚"（《梁园吟》）。李白始终保持着一份乐观从容，并凭借着及时行乐的洒脱姿态来化解失意。秉烛夜游、及时行乐，体现的正是李白对生命的热爱，对光阴的珍惜；行乐是健康高雅的行乐，化解的是人生的失意苦痛，是李白热爱生活、乐观豁达的体现。

（4）【小结】秉烛夜游、及时行乐背后的"乐天精神"。

"及时"——抗衡生命的短暂。

"行乐"——化解生命的痛苦。

4. 三读：悟收获之宴

（1）朋友圈线上互动。

李白的朋友圈刚发出不久，便获得了不少点赞与评论。在本课学习的基础上你能否结合李白序文中流露的思想，在其朋友圈底下互动评论，说说你的收获与看法。

（2）尝试当堂背诵。

夫天地者_____也；光阴者_____也。而浮生若梦，_____？古人秉烛夜游，_____。况阳春召我以烟景，大块_____。会桃花之芳园，序_____。群季俊秀，_____；吾人咏歌，_____。幽赏未已，_____。开琼筵以坐花，飞_____。不有佳咏，_____？如诗不成，_____。

（微信扫描二维码可观看微课，网页下载链接：
https://portal.scnu.edu.cn/article-13960-479-1.html）

三、教学成效与反思

（一）针对学情，有效教学

根据课前学生问题的搜集可知，《春夜宴从弟桃花园序》一文虽然简短，但学生在品读方面仍存在一些困扰。如通过粗读了解宴会欢乐的氛围对学生而言不成难题，但问题难就难在学生在无人引导的情况下不知如何通过语言的审美鉴赏活动，感受此次宴游无处不在的高雅氛围，将此次的春夜之宴与普通世俗的聚会区分开来。同样的，如何理解李白在夜宴之中所流露出来的"及时行乐"思想也是一大难点。部分学生容易陷入"及时行乐"等同于"沉迷享乐"的理解误区，认为李白活得过于消极。而本课的教学也是基于学生存在的问题所设计的。

（二）形式丰富，活泼互动

为优化线上课堂教学效果，本节课并非采用单纯的录课形式，而是以手绘视频形式呈现。手绘视频的最大特点是除生动有趣之外界面互动性强，能有效创设教学情境，提升学生课堂参与的积极性。与此同时，本课的教学设计上也注重层层推进。先以李白的朋友圈导入课堂，激发学生学习新课的积极性，紧接着让学生自由朗读课文，享受此次春夜之宴，感受字里行间中透露出来的多重乐趣，尤其注意引导其体会此次宴游的高雅氛围；而后深入一层，借春夜之宴品人生之宴，结合李白当时的写作背景，感受李白珍惜光阴、热爱生命、积极豁达的乐观精神；最后请学生线上参与朋友圈互动点评，各抒己见，汇聚成一场收获之宴。

（三）以生为本，共建课堂

整节课无论是前期学情的了解，还是线上课上教学活动的设计，包括"感受夜宴雅乐"环节的细品赏析，对古人包括李白主张秉烛夜游这一现象的思考探究、朋友圈互动点评等活动，均是以学生作为教学的主体。从学情存在的问题出发，最终又回归到学情问题的解决，帮助学生从"大概理解文章内容"到"深刻体会作者的情感与文章的内涵"，培养辩证思维能力，给予学生在学习中独立成长的空间。而教师作为"平等中的首席"，主要作用在于适当给予学生学习知识的支架，恰当引导与补充。可以说，整堂课下来，学生在教师的组织下，有效围绕活动任务，展开了教师、学生、作者和文本四者之间的对话，构建师生间和谐平等的语文课堂。

作者简介

林柔莹，佛山市顺德区第一中学语文教师，曾获国家、省、市级奖项多个，多篇论文发表于《语文建设》等核心刊物。教育教学上，始终坚守生本理念，力求打造一个能真正提升学生语文素养的语文课堂。

专家点评

本案例教学目标明确，重点突出。教学采用手绘视频的形式，形式新颖，界面互动性强，能够引起学生强烈的学习兴趣。教学设计围绕享春夜之宴、品人生之宴、悟收获之宴三大环节展开，层层递进，尊重了学生的学习规律，同时设计了以学生作为主体的教学活动，如细品赏析、思考探究、朋友圈互动点评等。

——华南师范大学文学院　韩后

"文化抒怀，共同战疫"学生优秀作品线上展示活动

广东省陆丰市林启恩纪念中学　郑旺吉

一、案例简介

本教学案例响应教育部"停课不停学"号召，立足于我校线上教育现有资源、授课教师现代信息技术掌握程度和任教学生学情等实际。利用微信公众号推文便于学生收藏、可随时随地打开链接进行观摩学习的优势，将学生在参加线上学习以来语文科任教师收集的优秀作品（课堂书面作业和课外创作的音乐、书法、朗诵作品等）编辑后发布到微信公众号上，课前、课后发到班级微信群，供学生观摩学习。本次线上语文活动，以学生线上现场朗读和教师通过共享文件播放图片、音频、视频的形式相结合，以实现学生线上交流学习的效果最大化。同时，线上活动课堂以教师和学生均能简易、熟练操作的 TalkLine 视频会议平台，化繁为简，便于课堂上师生交流和生生交流。

二、教学设计

（1）本节线上教学课立足于语文学科的实践性特点，遵循体验性原则，以语文活动的形式呈现，以语文实践促进语文核心素养的提升，充分体现了新课程标准的理念和新课程改革的要求。

（2）以语文学科核心素养"语言建构与运用""思维发展与提升""审美鉴赏与创造""文化传承与理解"四个方面的能力要求为主要内容，以广东省中小学郑旺吉名教师工作室、汕尾市郑旺吉名教师创新工作室倡导的"文化语文"理念为主线，充分挖掘新冠肺炎疫情防控攻坚战中的语文学习资源，展示笔者任教班级学生"战疫文化"的创作成果。

（3）活动内容结合当前全国上下众志成城抗击新冠肺炎疫情和学生居家防护、线上学习的特定情境，潜移默化地培养学生深厚的民族自豪感、家国情怀、大局观念和乐于奉献等高尚的道德品质，践行社会主义核心价值观，增强文化自信，加强自我教育，涵养道德情操。

（4）体现"文化语文"学习成果关注现实、厚积薄发的特点。前期，线上教育直播课堂上，笔者有意识地布置学生关注"战疫文化"，并设置原创语文题目（含整篇作文、片段作文和语言运用等），让学生自主探究，独立完成；学生完成相关作品后，笔者精选优秀作品，编辑制作后发到"广东省中小学郑旺吉名教师工作室"微信公众号，供学生观摩、学习、借鉴、参考。同时，布置学生充分发挥个人的聪明才智，以"战疫文化"为核心，创作朗诵作品、音乐作品和书画作品等，以述说身边平常的感动，传递战疫必胜的信念，筑起强大的精神堡垒。有了这些积累，才有了本节课的线上语文活动的优秀作品展示。

（5）充分发挥学生自主学习、自主组织的主体作用，教师只起到协调策划的作用。整节线上活动课由语文科代表主持，主持词也由语文科代表自己撰写。教师创建直播会议课堂空间，播放有关文字材料、图片、音频和视频。

（6）尝试以线上教育的形式实施"语文活动"的教学，拓宽"语文活动"的教学途径。

三、教学实施

（一）活动信息

活动主题：文化抒怀，共同战疫
策划组织：陆丰市林启恩纪念中学　郑旺吉
主持人：陆丰市林启恩纪念中学高二14班　陈伽绮
活动时间：2020年4月15日11：00—11：30

（二）活动过程

1. 主持人开场白

尊敬的老师，亲爱的同学们：

岁末年初，一场严峻的疫情防控战打响，新型冠状病毒感染的肺炎疫情牵动着全国人民的心。病毒肆虐，开学延期，在这场没有硝烟的疫情防控阻击战中，广东省中小学郑旺吉名教师工作室秉承"文化语文"理念，工作室主持人、我们班语文科任老师郑旺吉老师通过线上直播和班级微信群等媒介，组织我们全班同学认真学习《乡土中国》，学习唐诗宋词，学习人物传记，同时倡导、带领我们"以文抒怀，共同战疫"。同学们在线上认真学习各科文化知识的同时，利用课堂和课余时间以"众志成城战疫情"为主题，创作了不少优秀的文学作品、杂感随笔、音乐作品和书法作品等。

这节线上语文活动直播课，我们将利用30分钟的时间，展示我们班同学"以文抒怀，共同战疫"的优秀作品。本节语文活动直播课由郑旺吉老师策划组织，由我（高二14班语文科代表陈伽绮）主持。

2. 展示"如何看待线上教育期间的体育锻炼"优秀作业（整篇作文）

（主持人）同学们，大家都知道体育锻炼的重要意义。但是，疫情防控期间，同学们都把大量的时间和精力投入到线上学习中去了。有同学说，学业压力这么大，哪些闲心参加体育锻炼？有老师说，课时这么紧，还要让学生打球跑步吗？有家长则认为，花时间运动不如参加数理化培训性价比高。对于这些问题，同学们是怎样认为的呢？对于居家防控、线上学习期间如何进行体育锻炼，你又有什么好的建议呢？请听温鸿奕同学和张静宜同学的发言。

（温鸿奕同学和张静宜同学先后发言，教师在共享文件里依次展示温鸿奕同学和张静宜同学的手写发言稿）

（主持人）按照温鸿奕同学和张静宜同学的建议，我们居家防疫期间可以利用零散时间进行简易的体育锻炼。那么有没有相关的视频材料让我们观摩学习的呢？同学们别着急，我们的体育老师林泽帆老师录制了小视频。下面请郑老师播放其中一节小视频。

（教师在直播课堂共享平台里播放体育老师林泽帆录制的"居家锻炼"小视频）

3. 展示"文化抒怀，共同战疫"优秀作业（杂感随笔片段作文）

（主持人）同学们，在当前新冠肺炎疫情防控阻击战面前，谁都不是旁观者，疫情就是命令，防控就是责任！面对疫情防控、居家防护和线上学习等，想必同学们内心有很多话要表达。下面，让我们听一听蔡海婷、林俞君、李佳燕和卓俊淑等同学的内心感慨。

（蔡海婷、林俞君、李佳燕和卓俊淑同学先后发言，教师在共享文件里依次展示这些同学的优秀手写作业）

4. 展示"文化抒怀，共同战疫"课外作品（音乐作品、美术作品、朗诵作品）

（主持人）感谢刚才好多同学针对疫情防控、居家防护、线上学习和体育锻炼的精彩发言。同学们，我们知道，平日里，语文科任老师郑老师倡导的"文化语文"除了以语言文字作为载体之外，还包含了朗诵、音乐、美术等载体。在这场没有硝烟的疫情防控阻击战中，我们的同学除了以文字的形式参与"以文抒怀，共同战疫"活动之外，还创作了不少优秀的音乐作品、书法作品和朗诵作品等，述说身边平常的感动，传递战疫必胜的信念，筑起强大的精神堡垒。同学们想知道哪些同学创作了这些作品吗？想必同学们迫不及待地想要观摩这些作品了。热心的郑老师已将我们同学的这些作品保存在自己的电脑里了。下面我们请郑老师播放同学们的这些作品。

（教师在共享文件里依次展示这些同学的优秀视频作品和音频作品）

5. 学生朗读诗歌

马晓雯同学线上朗诵"战疫"诗歌作品《春天已经动身》（作者：广东省中小学郑旺吉名教师工作室学员、陆丰市林启恩纪念中学蔡赞生），教师播放马晓雯同学前期录制的配乐朗诵诗歌作品《春天里的名字》。

6. 全体同学线上集体朗诵"战疫"诗歌作品《春天已经动身》，教师总结发言

（教师）这节课，我们在线上课堂展示了"以文抒怀，共同战疫"的优秀作品，以后老师还会继续为大家提供学习锻炼和展示才华的机会和平台。课后时间请同学们打开"广东省郑旺吉名教师工作室"微信公众号"以文抒怀，共同战疫"成果展示系列链接材料，加强语文学习，增强文化自信，努力创作出更多的优秀作品，为抗击新冠肺炎疫情做出应有的贡献。

（微信扫描二维码可观看微课，网页下载链接：
https://portal.scnu.edu.cn/article-13960-483-1.html）

四、教学成效与反思

（1）本节课以线上直播的方式，尝试开展线上"语文活动"，展示学生"文化抒怀，共同战疫"的优秀作品，实施广东省中小学郑旺吉名教师工作室、汕尾市郑旺吉名教师创新工作室一直倡导的"文化语文"教学理念，培养学生的大局观念、家国情怀和文化自信，实现高中语文核心素养的学习目标，基本上实现了预定的教学目标，取得了良好的教学效果。

（2）实施线上教育两个月以来，学生每日对着手机屏幕或电脑屏幕听课、做笔记、做作业，普遍产生疲倦状态和厌倦心理，感觉线上学习枯燥乏味、毫无新意。本节线上语文活动课，内容丰富多彩，形式活泼生动，一定程度上减轻了学生线上学习的心理压力和厌倦感；同时，让学生在居家学习语文的过程中也能感觉到学有所获，感受到一定的成就感，为疫情结束后学生返校学习奠定一定的基础。

（3）本节线上语文活动课，从本校线上教育实际出发，以教师和学生均能简易、熟练操作的 TalkLine 视频会议平台，化繁为简，便于课堂上师生交流和生生交流。不额外增加授课教师和参与学生的技术难度与压力。

（4）受线上直播教学方式（网络和时间、空间等因素）所限，课堂上无法发挥全体学生的学习主体作用；同时，交流展示的作品仅限于部分学生的手写作业、视频作品和音频作品，无法实施现场创作模式。

（5）因授课教师现代信息教育技术能力有限，目前只能限于运用微信公众号平台和 TalkLine 视频会议平台展示学生优秀作品，今后有待加强线上教育专业技能的学习与提升，以最大努力提高线上教育的质量。

作者简介

郑旺吉，高中语文高级教师，全国模范教师，广东省中小学名教师工作室主持人，广东省"百千万人才培养工程"首批名教师培养对象，汕尾市语文学科带头人，汕尾市郑旺吉名教师创新工作室主持人，陆丰市作家协会会员。

专家点评

该案例引导学生关注时事，紧紧围绕"战疫文化"的主题，开展作文写作、朗诵作品创作、音乐作品创作、书画作品创作等活动，从学生创作的作品挑选出代表进行展示，并由学生主持交流过程，发挥以学生为中心的教学理念，较好地调动了学生的学习积极性。

——华南师范大学文学院　韩后

史铁生《命若琴弦》整本书阅读导读在线教学案例
——没有力量可以阻挡过程的精彩

湛江市坡头区第一中学　李莫兰

一、案例简介

（一）案例背景

疫情当下，如何让学生正确认识生活、生命的意义？如何让我们的教育"有灵魂"？阅读能力的培养始终是高中语文教学的重点和难点，如何提高学生的阅读能力一直是我们语文教师要探讨的主题。依据"为学习者设计教学"的指导思想，根据名著导读的阅读需求和本班学生实际阅读需要，以及疫情期间学生居家学习的特殊情况下，需要对生活和生命的过程有全新深入的了解，选择了具有较高教育意义的名著——史铁生的《命若琴弦》。

（二）教材分析

《命若琴弦》是史铁生极负盛名的一部短篇小说，在这本小说里，他用残缺的身体，说出了最为健全而丰满的理想，其中饱含着对人生困境的思考，对救赎之路的探索。对人的终极关怀，是史铁生生命哲学的寓言。他体验到的是生命的苦难，表达出的却是存在的明朗和欢乐。如何引导学生理解文本蕴含的深刻哲理，是教学重点和难点。设计课上我们简单回顾了小说的内容，概括了故事情节，初步分析了老少瞎子的人物形象。在此基础上，带着问题继续重点品读带有议论性句子的段落，通过问题引导、采用合作探究等形式去发现小说的主题，使学生把握"命若琴弦"的含义，引导学生走进文本，走进小说中人物的内心，从中领悟文章所传达出的人生哲理，理解"人生必须有个目标""生命的精彩在于过程"等内涵。

二、教学设计

（一）教学目标

（1）把握文章的情节脉络，品味语言，领悟蕴含的人生哲理。

（2）通过研讨交流，筛选重要的文本信息，揣摩人物形象，概括主题。

（二）教学重难点

教学重点：领悟富含哲理性的议论语句。

教学难点：理解"生命的意义在于过程"。

（三）教学方法

讲授法、自主探究法、批注阅读。

（四）教学方式

线上教学。

（五）教学课时

1课时。

三、教学实施

（一）课前预习

（1）制作导学案，引导学生阅读《命若琴弦》导学案中史铁生的"人生经历""文学成就"等内容，初步了解作者。

（2）制作阅读思维导图，发送小说的电子文档至微信群和钉钉教学平台群，让学生自读小说，概括每一部分的主要内容，试着制作阅读思维导图记录自己阅读整本小说的经过。（思维导图在平时课堂有训练过，学生有所了解）

（二）视频导入，激发兴趣

播放根据史铁生的小说《命若琴弦》制作的电影片断《边走边唱》（前两分钟），要求关注人物的语言。"千弦断，琴匣开；琴匣开，买药来；买得药，看世界；看世界，天下白。"（出示课题）

（三）走进文本，整体感知

1. 快速浏览课文，简要概述故事

在这一环节通过问题引导，学生概括情节，预设问题。

（1）小说的主人公是谁？他们是干什么的？（明确：瞎子师徒，弹琴说书）

（2）他们在哪里弹琴说书？住在什么地方？他们的生活环境有什么特点？（明确：在一片荒凉、偏僻的大山里。住在破败不堪的小庙里。环境恶劣，条件艰苦）

（3）为什么生活环境恶劣，整天奔忙劳碌，瞎子师徒却很快乐呢？他们兴致勃勃地翻山越岭、弹琴说书的动力是什么？

（明确：奋斗目标。老瞎子的师傅在他的琴槽里放了一张药方，只要他弹断一千根琴弦就可以取出药方去抓治好眼睛的药。小瞎子喜欢一个叫兰秀儿的女孩，对感情充满了美好的想象）

（4）他们的目标实现没有？

（明确：没有。老瞎子为之奋斗了一生的药方是一张白纸。兰秀儿嫁到了山外，小瞎子失恋了）

2. 请学生概括瞎子师徒的故事

两个瞎子一老一少，以说唱为生。老瞎子从师傅那里得到了一张药方，弹断一千根弦之后服那服药，就可以看到世界。为了这个目的，老瞎子走过了50年风雨坎坷之路，每天和小瞎子攀山越岭，走遍大村小舍，用心去弹自己的琴。可是在野羊坳村终于弹断了最后一根弦后，老瞎子才知道那药方原来是一张白纸。老瞎子的生活目标轰然倒塌，支撑他一辈子的理想在瞬间破灭。他曾沮丧不已，可是为了小瞎子，他把目标虚设到更远，给小瞎子也开了药方：弹断一千二百根弦。靠着这个脆弱的信念，他们依然顽强地踏上了人生之路。

（四）深入文本，研讨交流

（1）分析老瞎子的心理变化，并分析变化的原因。要求从课文中找出相关的语句。

▶ 未断弦——企盼、充实（齐读第22节）

盼了多少年了呀，老瞎子想，盼了五十年了！五十年中翻了多少架山，走了多少里路哇。挨了多少回冻，心里受了多少委屈呀。一晚上一晚上地弹，心里总记着，得真正是一根一根尽心尽力地弹断了才成。现在快盼到了，绝出不了这个夏天了。

▶ 千弦断——兴奋、激动（齐读第23~27节）

那时就可以去抓药了，然后就能看见这个世界——他无数次爬过的山，无数次走过的路，无数次感到过她的温暖和炽热的太阳，无数次梦想着的蓝天、月亮和星星……

▶ 断弦来——失落、绝望（指名朗读第60~61节）

他的心死了："面容也憔悴，呼吸也屡弱，嗓音也沙哑了，完全变了一个人。"他感觉到自己在一节节地熄灭，因此他"骨头一样的眼珠在询问苍天，脸色也变成骨头一样的苍白"。

（2）人通常在什么情况下会万念俱灰？探究变化原因。（分组讨论）

明确：当老瞎子一下子明白了自己为之奔波了半个世纪的复明之药方乃是一方白纸的时候，当"吸引他活下去、唱下去、走下去的东西骤然间消失干净"时，他达到了自己全部能力的极限，败倒在命运老人脚下。他的心死了："面容也憔悴，呼吸也屡弱，嗓音也沙哑了，完全变了一个人。"他感觉到自己在一节节地熄灭，因此他"骨头一样的眼珠在询问苍天，脸色也变成骨头一样的苍白"。老瞎子虽然还"活着"，但其精神或曰灵魂却已经真真切切地"死"过了一回。他必须绝望，他必然绝望，他没法不绝望。

然而，恰在绝望之际，他"顿悟"了，他一下子明白了以往那些奔奔忙忙，那些兴致勃勃地翻山、赶路、弹琴乃至心焦、忧虑，都是那么快乐！那时有个东西把"弦"扯紧，虽然那东西是虚设。老瞎子想起他师父临终时的情景。他的师父把那张自己没用上的药方封进他的琴槽："你别死，再活几年，你就能睁眼看一回了。"说这话时他还是个孩子。他师父久久不言语，最后说："记住，人的命就像这琴弦，拉紧了才能弹好，弹好了就够了。"不错，那意思就是说：目的本来没有。重要的是从那绷紧的过程中得到欢乐。

（五）合作探究，揭示主题

（1）小说通过老瞎子的人生经历和思考揭示了什么哲理？"命若琴弦"有何含义？讨论后，各小组与大家分享探究结果。

老瞎子一生的经历：

困境————→目标——————→绝望——————→彻悟

（残疾）（弹断一千根琴弦）（药方是白纸）（命若琴弦）

【教师点拨】

老瞎子为虚设目标奋斗的一生有没有意义？如何才能走出人生的困境？生命的意义是什么？明确：老瞎子的心路经历。

老瞎子的心路历程：心弦断了——————→回忆思考——————→彻悟

（目的成空）（目的是让生活充实快乐）（命若琴弦）

【思考总结】

命若琴弦：人的命就像这琴弦，拉紧了才能弹好，弹好了就够了。

人生哲理：走出人生的困境需要目标（哪怕是虚设）。生命的意义是在过程中获得欢乐。

（2）探讨小瞎子的人生：小瞎子陷入了什么困境？他和兰秀儿感情发展得很好，兰秀儿为什么嫁到了山外？小瞎子失恋的原因是什么？阅读小说第八部分，画出相关语句，体会含义。

【原文句子】终于小瞎子说话了："干吗咱们是瞎子！""就因为咱们是瞎子！"老瞎子回答。

明确：小瞎子失恋的原因是残疾。小瞎子陷入了和师傅一样的人生困境。老瞎子像他师傅当年一样传给小瞎子一个美丽的谎言——弹断一千二百根琴弦就可以复明，为他找到奋斗的目标和活下去的勇气。小瞎子将像师傅一样翻山越岭、弹琴说书，在虚设目标的牵引下过完紧张、充实、快乐的一生。

（3）小说结尾为什么又回到了开头？"无所谓从哪儿来、到哪儿去，也无所谓谁是谁？"这句话有何含义？

从某种意义上来说，我们每个人都是瞎子。即使我们身心健全，人生也处于种种困境，比如孤独；也无法逃脱生命固有的残缺，比如死亡。瞎子师徒的故事是人的生存困境的直接隐喻。小说借瞎子师徒的故事为所有的人探索出"确立目标，追求过程的欢乐"这一条走出困境的救赎之路。

小说结尾又回到开头，寓意人类带着生命固有的残缺、不完满和心灵的创痛，代代无穷已，重复着悲壮的孤独旅程。

（六）课堂小结

残缺是生命固有的形态，人生本多困境。如果逃避生活中的不幸和苦难，那么同时也放弃了生命过程的精彩和欢乐。让我们坦然面对困境,用目标拉紧心弦,在无惧无畏的抗争中绽放生命炫目的光彩,展示出永恒的精神魅力。微笑着,去唱生活的歌谣。

(七)布置作业

请学生联系当前疫情,谈一谈如何为目标奋斗,走出人生困境,成就生命过程的一些精彩例子,如何做一名有"灵魂"的中学生。

(八)附板书设计

<pre>
            命若琴弦
             史铁生

    药方   琴弦
  生命的目的   生命的过程
  人生需要目标   价值在于过程
</pre>

四、教学成效与反思

(一)教学成效

本节课作为一堂导读课,以激发兴趣和问题指引为重点。本教学能够有效拓展学生思维空间,充分尊重学生的独特阅读感受,通过适机点拨、阅读交流,进而使学生能把握人物形象,达到曲径通幽的教学效果。本次课能引导学生把握作品整体内容,发现故事情节,能引导学生走入文本,深入分析人物形象。在研讨交流中,学生学会了如何筛选重要的文本信息、如何揣摩人物形象,强化他们对文章主题的理解,让学生真正成为名著的阅读者和赏析者。课后很多学生反馈,学了这节课,对如何走出人生的困境,成就生命过程的精彩有较深的感触,特别是疫情时期,更有较为特殊的教育意义,达到了预期的教学效果。

(二)教学反思

用一节线上课导读一部小说的阅读,很难做到面面俱到,笔者只是想在最短的时间里,让学生对这部小说产生浓厚的兴趣,引起学生的阅读欲望,并能顺利走进文本,走进小说中人物的内心,从中领悟出本文所传达的人生哲理。之后再通过深入的阅读,理解"人生必须有个目标""生命的精彩在于过程"的深刻意义,教学虽然总体效果还不错,但在促进学生概括和表达自己对作品人物和故事的看法方面还需要加强!

改进措施:

(1)运用富有感染力的语言引领学生进入文本,过渡应自然,要具有文学魅力。

(2)注意培养学生表达能力,使他们做到完整、流畅、简明地陈述观点。

作者简介

李莫兰,湛江市坡头区第一中学高中语文教师,湛江市作家协会会员。主持了2019年湛江市中小学教育科学"十三五"规划的课题"基于学生核心素养培养的高中语文有效阅读教学策略研究"的研究。曾获得湛江市坡头区"教研积极分子";多篇教育教学论文发表在《文理导航》《作文成功之路》等省级刊物上；有诗歌、散文作品散见于《湛江日报》《湛江晚报》等报刊及网络。

专家点评

本教案以学生为本，采用能激发学生主动学习的策略来设计教学。教学能由浅入深，层层深入来引导学生走进文本。教师的适机点拨，促使学生相互交流，加深对文本中人文思想感情的领悟。整个教学能采用启发、引导、组织讨论来实现教学目标，教学明确具有生成性。

——华南师范大学文学院　周小蓬

瞻前顾后，厘清"谁"与"做"

——高三语文阶段性考试文言文翻译

广州市协和中学　方　诚

一、案例简介

本次课是一堂广州市阶段性考试的讲评课。授课班级是一个理科重点班，结合考题难度和答题的实际情况，可以发现学生仍然不能很好地运用平时强调过的知识点和翻译方法，暴露出的主要问题有：

（1）忽略句子转换了的主语。
（2）忽略语境，将已知的文言词语解释生搬硬套。
（3）结合语境推测关键词的能力还有待进一步加强。

基于训练测试中暴露出的翻译问题，本节课需要指引学生寻找下阶段的提分攻略。在提分攻略的归纳方面，本节课主要引导学生从"谁做了什么"的角度理解句子大意，通过瞻前顾后、利用语境等方法，关注每一句话的主语"谁"，以及每一句话的动词"做"，从而强化学生将识记与翻译方法相结合的意识，以期帮助学生在高考中有效提分。

二、教学设计

（一）教学目标

（1）诊断训练测试中文言文翻译暴露出的问题。
（2）寻找下阶段文言文翻译的提分策略。

（二）教学重点与难点

（1）文言文翻译中"谁做了什么"的落实。
（2）瞻前顾后，利用语境准确理解"谁"与"做"。

（三）教学方法

学生课前做题—学生分享—归纳总结—运用。

（四）课时

2 课时。

（五）教学过程

1. 导入新课：明确本节课目标

（1）诊断训练测试中文言文翻译暴露出的问题。

（2）寻找下阶段文言文翻译的提分策略。

2. 诊断考试中的文言文翻译问题

操作方法：学生回答翻译事例中的问题，教师小结。

（1）祐甫令两省官撰册文，未称旨；召乃至阁草之，立就。

> 第一组典型错误（见图1）

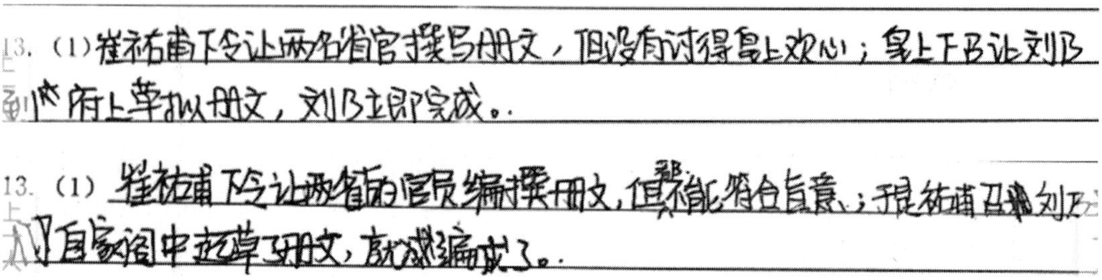

图1 第一组典型错误

暴露出的问题1：粗心遗漏主语、主语判断错误。

> 第二组典型错误（见图2）

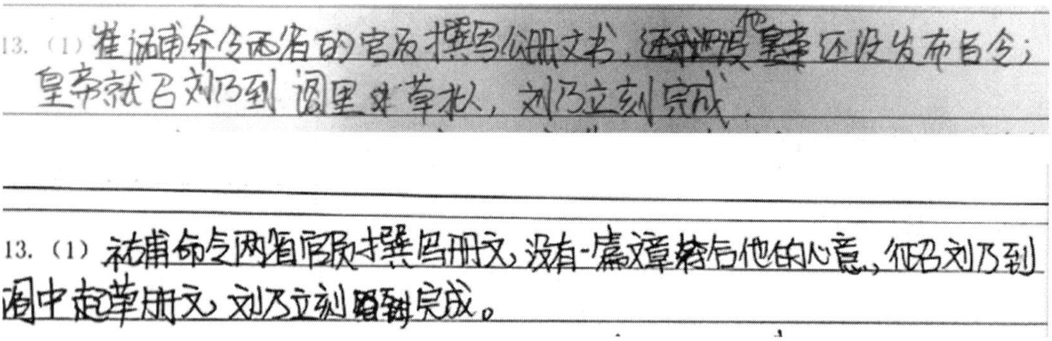

图2 第二组典型错误

暴露出的问题2：翻译不顾及上下句语境中的因果关系、调动积累不细致严谨。

（2）乃卧疾在私第，贼朱泚遣使以甘言诱之，乃称疾笃。

> 第三组典型错误（见图3）

> (2) 刘乃在自己宅子中卧病不起，贼人朱泚派使者用好话和厚待来诱惑他，刘乃自说自己有病而拒绝了。

> (2) 刘乃因疾在自己家中卧居修养，叛贼朱泚派遣使者用美妙的言语来诱他，刘乃坚定地表明自己有疾病在身。

图3 第三组典型错误

暴露出的问题3：读题、翻译不仔细，翻译不顾前后词、上下文语境。

【教师小结】

我们把大意分解为"谁做了什么"，即弄清每一句话的主语"谁"，关注每一句话的动词"做"，这样，我们在做题时会更有方向。而"谁"与"做"这两个点，往往是考查的重点、难点，也是我们的失分点。所以，我们如果要寻找下阶段的增分策略，就要围绕"谁"与"做"这两个点去思考。

3. 寻找增分策略

> 例题1：初，朝廷以（慕容）廆僻在荒远，犹以边裔之豪处之。（裴）嶷既使至，盛言廆威略，又知四海英贤并为其用，举朝改观焉。嶷将还，帝试留嶷以观之，嶷辞曰："臣世荷朝恩，濯缨华省，因事远寄，投迹荒遐。今遭开泰，得睹朝廷，复赐恩诏，即留京辇，于臣之私，诚为厚幸。顾以皇居播迁，山陵幽辱，慕容龙骧将军越在遐表，乃心王室，慷慨之诚，义感天地，方扫平中壤，奉迎皇舆，故遣使臣，万里表诚。今若留臣，必谓国家遗其僻陋，孤其丹心，使怀义懈怠。是以微臣区区忘身为国，贪还反命耳。"帝曰："卿言是也。"乃遣嶷还。
>
> ——2020届高三模拟训练二

旧题重做、寻找增分策略：学生修改错误翻译，并分享修改的理由。

【典型错误】现在如果留下我，一定会认为国家遗弃了他这个鄙陋之人，这就会使他的一片丹心孤存，让他心怀对朝廷的懈怠之意。

【修改】（皇上你）现在如果留下我，（慕容廆）一定会认为国家遗弃了他这个鄙陋之人，这就会使他的一片丹心孤存，让他心怀对朝廷的懈怠之意。

【教师小结】

策略1：关注每一句的"谁"，意识上不遗漏（每一句都要考虑），判断上结合上下文不出错，注意句与句之间主语的转换。

教师补充案例（PPT）："士民哭送者载道"（哭着送行的士人百姓挤满道路）。

明确：在"谁"的位置，还要注意定语后置句。

> 例题2：时三藩拥兵逾制，吴三桂尤崛强，擅署官吏，浸骄蹇，萌异志。子应熊，以尚主居京师，多聚奸人，散金钱，交通四方。熙首疏请裁兵减饷，上俱从之。……是年冬，三桂反，京师闻变，都城内外一夕火四起，皆应熊党为之也。
>
> ——2020届高三模拟训练三

【典型错误】当时三藩拥有的兵力<u>改变制度</u>，吴三桂尤其强硬，擅自委任官员，逐渐<u>骄蹇</u>，萌生叛离之心。

【修改】当时三藩拥有的兵力<u>超过规定</u>，吴三桂尤其强硬，擅自委任官员，逐渐<u>傲慢不恭</u>，萌生叛离之心。

【教师小结】

策略2：关注每一句的"做"，即动词。将关键词放到前后词语境中，结合积累迁移（词语）。

> 例题3：后，（李广）以卫尉为将军，出雁门击匈奴。匈奴兵多，破败广军，生得广。广时伤病，置广两马间，络而盛卧广。行十余里，广佯死，睨其旁有一胡儿骑善马，广暂腾而上胡儿马，因推堕儿，取其弓，鞭马南驰数十里，复得其余军。匈奴捕者骑数百追之，广行取胡儿弓，射杀追骑，以故得脱。于是至汉，汉下广吏。<u>吏当广所失亡多，为虏所生得，当斩，赎为庶人。</u>
>
> ——2020届高三模拟训练四

【典型错误】执法官<u>认为</u>李广损失伤亡太多，他自己又被敌人活捉，应该斩首，后来<u>变成平民</u>。

【修改】执法官<u>判决</u>李广损失伤亡太多，他自己又被敌人活捉，应该斩首，李广<u>用钱物赎了死罪</u>，削职为民。

【教师小结】

策略3：关注每一句的"做"，即动词。将关键词放到上下句语境中，理解前因后果，结合积累迁移（课本）、字形推断。

> 例题4：贼去，蜀王疏其功，会维章罢，傅宗龙代……十一月，逮（邵捷春）使者至。捷春为人清谨，治蜀有惠政。<u>士民哭送者载道，舟不得行。蜀王为疏救，不听。</u>敕巡按御史逮官送京师，下狱论死。捷春知不可脱，明年八月仰药死狱中。福王时，复官，赠兵部右侍郎。
>
> ——2019届石家庄高三质量检测

【典型错误】哭着送行的士人百姓挤满了道路，船无法开动。蜀王<u>认为捷春做事疏忽，不听百姓劝告</u>。

【修改】哭着送行的士人百姓挤满了道路，船无法开动。蜀王<u>替捷春上疏求救</u>，（皇上）没有听从。

【教师小结】

策略4：关注每一句的"做"，即动词。将关键词放到上下文语境中，理解人事关系，从一词多义中找到准确解释。

> **例题5**：（大将军）故徙前将军（李广）。广时知之，固自辞于大将军。大将军不听，令长史封书与广之莫府，广不谢大将军而起行。引兵出东道，军亡导，或失道，后大将军。大将军与单于接战，单于遁走，弗能得而还。大将军使长史急责广之莫府对簿。广曰："诸校尉无罪，乃我自失道。吾今自上簿。"至莫府，广谓其麾下曰："广结发与匈奴大小七十余战，今幸从大将军出接单于兵，而大将军又徙广部行回远，而又迷失道，岂非天哉！且广年六十余矣，终不能复对刀笔之吏。"遂引刀自刭。
>
> ——2020届高三模拟训练四

【典型错误】李广不感谢大将军然后离开。他率领军队从东面道路而出，军队没有向导，有时失去了道路，后来遇到了大将军。

【修改】李广没有向大将军辞行就起兵前往。他率领军队出兵东道，军队没有向导，有时迷失道路，结果落在大将军之后。

【教师小结】

策略5：关注每一句的"做"，即动词。将关键词放到上下文语境中，理解前因后果，结合语法、活用（结合主语、宾语，判断中间的关键词是不是有活用）。另外，翻译时要注意文从句顺，符合逻辑。

4. 链接高考

贾生名谊，洛阳人也。年十八，以能诵诗属书闻于郡中。吴廷尉为河南守，闻其秀才，召置门下，甚幸爱。孝文皇帝初立，闻河南守吴公治平为天下第一，故与李斯同邑而尝学事焉，乃征为廷尉。廷尉乃言贾生年少，颇通诸子百家之书。文帝召以为博士。是时贾生年二十余，最为少。每诏令议下，诸老先生不能言，贾生尽为之对，人人各如其意所欲出。诸生于是乃以为能不及也。孝文帝说之，超迁，一岁中至太中大夫。贾生以为汉兴至孝文二十余年，天下和洽，而固当改正朔，易服色，法制度，定官名，兴礼乐。乃悉草具其事仪法，色尚黄，数用五，为官名，悉更秦之法。孝文帝初即位，谦让未遑也。诸律令所更定，及列侯悉就国，其说皆自贾生发之。于是天子议以为贾生任公卿之位。绛、灌、东阳侯、冯敬之属尽害之，乃短贾生曰："洛阳之人，年少初学，专欲擅权，纷乱诸事。"是天子后亦疏之，不用其议，乃以贾生为长沙王太傅。

——2019年全国卷Ⅰ

要求：学生翻译文段中画横线的句子，然后屏幕上共享答案。

提示：关注每一句的"谁"与"做"；依据前后词、上下句、上下文语境，理解前因后果，人事关系；借助一词多义、词类活用、字形、通假字等推断方法。

（1）诸生于是乃以为能不及也。孝文帝说之，超迁，一岁中至太中大夫。

明确：博士们于是认为自己的才能比不上贾谊。孝文帝非常喜欢他，越级提拔他，（贾谊）一年之内就做到了太中大夫。

（2）乃短贾生曰："洛阳之人，年少初学，专欲擅权，纷乱诸事。"

明确：（他们）于是说贾谊的坏话道："洛阳这个人，年轻学浅，一味想独揽权力，使事情变得复杂混乱。"

5. 课堂小结

文言文的翻译要重视大意分的落实，也就是要厘清"谁"与"做"，在后阶段的文言文备考中，积累是基础，语境是关键，推断方法是辅助，我们要结合识记与翻译方法的训练。

6. 板书设计（见图4）

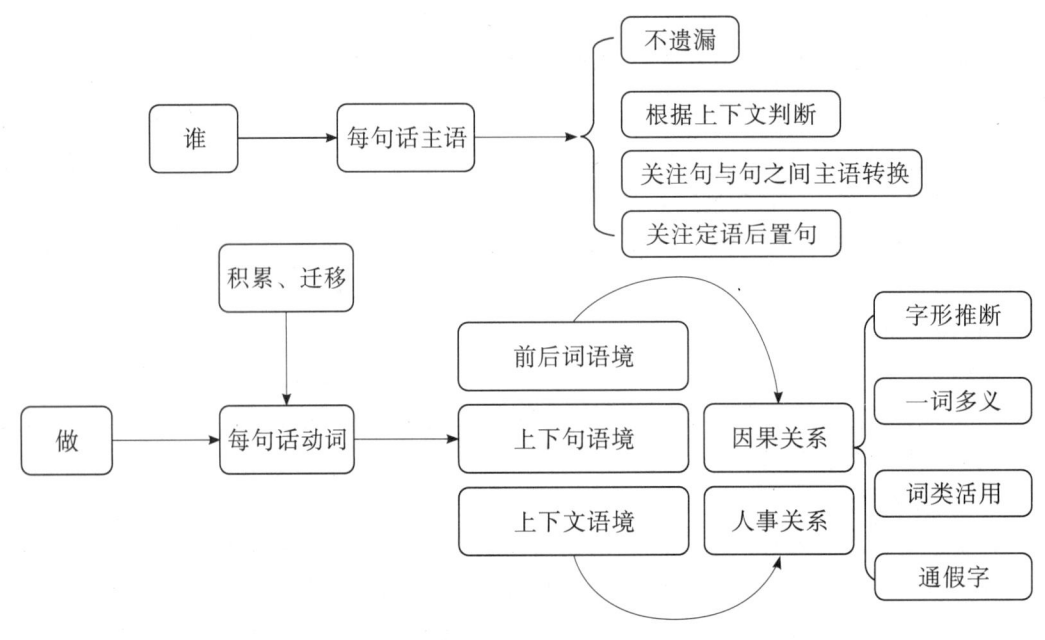

图4　板书设计图

（微信扫描二维码可观看微课，网页下载链接：
https://portal.scnu.edu.cn/article-13960-482-1.html）

三、教学成效与反思

文言文的备考一直是高三语文复习中的重点之一，到现在这个阶段，学生已经具备了一些文言文的基础，但是欠缺翻译方法的训练，笔者之前的教学重点主要是以让学生识记为主，在解题方法上输出得不够。所以，想借此讲评课的机会，一方面促使自己多想一点能够给学生的方法指引，另一方面给学生提供切实有效的提分策略。

在教学设计上，笔者的总体设想就是希望能把翻译这个感觉比较虚的内容，抓得实在一点，给学生一些更为清晰的方法指导。笔者也希望学生能多想一想答案是怎么推导出来的，这样可以启发他们思考，而不只是停留在死记硬背的阶段。

上课过程中，笔者以学生为本，问题的发现由学生提出，旧题重做的部分让学生课前作为作业先完成，再让他们在课堂上主动分享思考过程，笔者在授课过程中根据学生的回答纠错和小结。虽然是网课，也尽量将课堂的主体交给学生，整个课堂学生的参与度较高，也基本完成了笔者预先设定的教学目标，效果良好。

这节课完成后，为了巩固上课效果，笔者在后面的文言文训练中，都有意识地让学生从"谁"与"做"的角度翻译，也让学生解释翻译的依据，从后面几堂课学生的反馈来看，这节课的效果还是有延续的，也有学生跟笔者提到做翻译题更加有方向。

作者简介

方诚，硕士毕业于华南师范大学中文系，现就任于广州市协和中学，从教9年，担任高中语文教师。在教学过程中，一直秉承以生为本、精耕细作的教学理念，多次获得"优秀班主任"称号，所带班级成绩一直名列前茅。主要课题成果有"高考压力下'自主—合作'课堂教学模式的实施与深化""关注社会元素，触发写作欲望——高考压力下自主合作作文课堂模式实施"等。

专家点评

方诚老师巧妙使用腾讯会议，虚拟网课上出真实课堂的效果。能结合学生的问题进行指导，设计以小步骤练习为特点，将课堂的主体交给学生，整个课堂学生的参与度较高，基本完成了预先设定的教学目标。整个教学针对性强，有效解决了学生存在的错误。

——华南师范大学文学院　韩后

写出人物的精神
——记录抗"疫"中的普通人

广州市天河外国语学校　陈慧菲

一、案例简介

2020年4月10日，广州市天河外国语学校陈慧菲老师，就初一下册第一单元写作专题"写出人物的精神"，与本校初一2班、初一4班学生通过钉钉平台共同完成了一节线上写作课："写出人物的精神——记录抗'疫'中的普通人"。

该课程设计，在环节上增加了课前对学生的相关调查，以真实学情完成二次备课，达到"以查定教"的前提；在主题上将当前疫情事实与写作实际相结合，引导学生关注抗"疫"普通人，进而培养社会责任感，做到立德树人与语文核心素养的培养；在方式呈现上实现了资源有效整合，包括剪辑完成个性化微视频、整合学生素材等；在活动实施上安排精当的教学任务群，以任务驱动，提高师生互动，既充分调动学生的学习主动权，又实际提高写作水平。

二、教学设计

表1　教学设计表

课题	"写出人物的精神——记录抗'疫'中的普通人"
教学目标	1. 通过回顾第一单元课文中的多种写作手法，运用对比、描写，用议论或抒情句点睛等方法来写出人物的外在特点，进而展现内在精神。（学习重点） 2. 鼓励学生搜集新闻报道，记录学生自己的感受和体验。教师引导学生借鉴课程主要介绍的写作手法，写出战"疫"中普通人的精神（学习重难点）
课前准备	1. 问卷调查制作。 利用问卷星，设计调查问卷，在课程前一天，将二维码通过钉钉群发布给学生，学生用微信扫码方式匿名回答问题。 2. 数据收集与处理。 3. 根据调查结果完成二次备课，敲定选题

续上表

课中过程	一、明确概念：什么是人物精神？ 人物精神是指一个人的精神风貌，包括气质、品格、个性、思想等。 二、活动实施：这样写出人物精神 （一）确立目标 1. 学生调查问卷分享：根据调查问卷，整合利用已有的学生素材。 2. 完成表格，确定写作对象、人物精神具体指什么。 （二）方法指导：借鉴教材，学习写法 1. 精选事例，展现人物精神。 以《闻一多先生的说和做》为例。作者所选材料，讲究典型性，能以少胜多。 方法点拨：如果我们的写作对象是陌生人，甚至是素未谋面的，只是在新闻报道中了解的人物，我们需要搜集大量相关的新闻资讯，包括文字、图片、数据等内容来进入他的生活，甚至还原事件的细节，等等。 2. 细节刻画，彰显人物精神。 《回忆鲁迅先生》中"鲁迅先生的笑声是明朗的，是从心里的欢喜。若有人说了什么可笑的话，鲁迅先生笑得连烟卷都拿不住了，常常是笑得咳嗽起来"。 方法点拨：我们要努力选取最能够体现人物特征的点来写，或者以形传神，或者以声传神，或者动作描摹…… 3. 对比手法，凸显人物精神。 作者在写邓稼先时，还与美国"原子弹之父"奥本海默进行对比，突出了主人公邓稼先的性格。 方法点拨：除了将两个不同人物进行对比外，还可以是多个人物对比，甚至是同一人物的前后变化，来凸显人物精神。 4. 抒情议论，点出人物精神。 播放视频：《张继先——第一个拉响全国抗"疫"警报的医生》。 任务：大家在互动面板上实时分享。看完这个微视频，为文中主人公写下一段抒情议论的文字。 （三）升级任务：学会发现、学会思考 看图思考。 引导学生关注老百姓。 三、作业布置 请通过以下途径，以战"疫"中的普通人为创作对象，结合今天重点介绍的写作方法，写一篇不少于400字的文章，要求做到体现人物精神。 参考资料： 1. 钉钉群观看短视频《抗击疫情，这是中国力量》。 2. 阅读相关微信文章。（自行查找） 《武汉市金银潭医院院长：身患绝症、妻子被感染，抗击疫情最前线奋战30余天》 《围城里，5000名私家车主、400名互联网人，千万普通志愿者在行动》 …… 3. 自行上网搜集相关信息。

三、教学成效和反思

（一）教学成效

具体实施方面，从环节安排上可以分为课前、课中、课后三个部分，具体分工如图 1 所示。

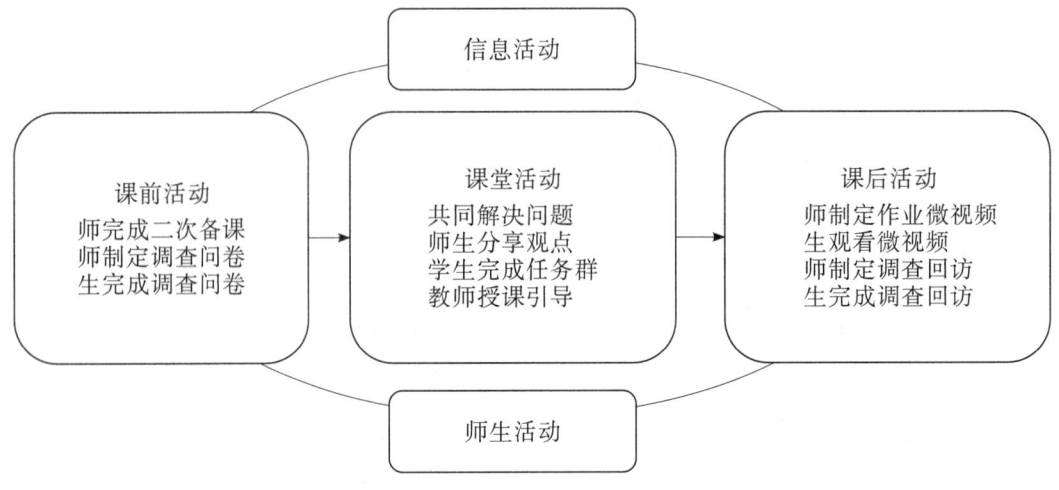

图 1　教学环节安排

本案例是基于真实的常规线上教学课堂，立足于中小学实际教学，紧扣中小学线上写作课堂教学实践进行研究，具有很强的教育实践性和说服力。

1. 组织教学：课前设计，关注学情，用好调查问卷

（1）调查问卷的制定依据——"以查定教"。

在设计线上写作授课前，应初步了解学生的现有知识储备水平，只有根据真实学情反馈，了解学生个体，"以查定教"，结合课前调查问卷反馈来决定该课堂授课内容和教学策略，才能进一步实施有效的生生互动，而不是将学生已有知识进行重复传授。课前调查问卷的制定，有利于增强授课针对性，提高线上教学效率。

（2）制定调查问卷的作用。

①信息技术优势。使用线上调查问卷，比传统的课前纸质调查，具有制作成本低、收集速度快、数据整理简单、效率高、学生接受度与完成度较高等特点。从回收的学生答卷总量来看，完成率将近 80%，数据相对具有说服力。

②素材整合，取之于学生，还之于学生。课前问卷调查的介入，既可帮助学生关照自己的体验，又使得教师第一时间获得部分优秀的典型素材，在教学资源的安排上，有了足够的"底气"。

调查题"（1）在抗'疫'期间，有没有特别让你感动或印象深刻的人？"的结果显示：学生不仅关注到了一线的医警人员，还关注到了依然坚守在平凡岗位上的快递小哥、环卫工人、居委工作者以及众多的志愿者。因此，选题接近学生最近发展区，学生有话可

说。同时,还有一些学生谈到自己的父母、邻居的志愿者阿姨等,这些鲜活又生动的素材,使得笔者推翻了原使用的教学资源,直接精选学生的材料分享,得到学生一致好评。

2. 组织教学:资源的有效整合以及二次开发

资源的有效整合以及二次开发能力,即教师应具备教学素材资源的整合意识,也包含独立剪辑完成切合教学主题的个性化微视频的信息加工能力。

(1)剪辑精短视频,维持学生的学习积极性。中学生的认知记忆曲线表明,其高潮保持10~15分钟,3~5分钟的视频学习时间可规避中学生视觉疲劳和认知能力下降的阶段,使学生在短时间的视频观看过程中处于积极主动的学习热情高涨期。针对网络共享视频的信息过多,或与教学相关度不高等问题,教师应利用剪辑合并,呈现最精短的学习微视频,吸引学生注意力。

(2)巧抓关联点,增加学生的写作动力。剪辑视频《张继先——第一个拉响全国抗"疫"警报的医生》,特意截取纪录片中这样一个场景:主人公张继先分享"我最开心的是收到一个广州小朋友写的感谢信",抓住"广州小朋友"同区域同身份的关联点,让学生结合抒情议论的写作手法给主人公写一段话。学生们互动积极,效果良好。

(3)设置关联情境,帮助学生获得丰富的审美体验。该任务是通过截取新闻报道中的图片,隐去文字,用连续三个问题一步步引导学生去猜测,去还原真相,还原事实,进而体悟人间真情;通过假设情境,置身其中,从身边小事,真正体会到社会责任心,引导学生关注抗"疫"普通人,进而培养社会责任感,真正做到立德树人与语文核心素养的培养。

 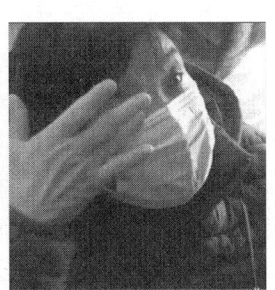

活动:
图中发生了怎样的故事?
除了这位阿姨,你还注意到了谁?
如果你恰好就在现场,你会怎么做?

图2 关联情境

3. 组织教学:合作探究,用好连麦功能,提高师生互动趣味性

线上课程师生的互动,一般使用文字交流,但适时增加连麦功能,适当做到口头对话交流,教师和学生互动更直接、生动,学生更专注,教学效果更好。

在图2的任务中,师生不仅做到文字沟通,还进行连麦对话,教师即时"追问"(教师:"你不怕走近这位阿姨时被传染?"学生脱口而出:"不怕,我有戴口罩。"),进一步引导学生科学防护,关心那些需要帮助的普通民众。

4. 关注学习效果:任务群驱动

线上教学对比传统课堂教学最大的不足,就是不能直观地通过观察学生的眼神、状态,判断学生的课堂专注度,对学生的学习效果不能即时了解。在本课例中,通过设置任务群,在活动实施上安排精当的教学任务,以任务驱动,既能提高师生互动,充分调动学生的学习主动权,提高学生参与度,又能帮助教师获得学生学习效果的相关资讯,缓解上述不足。

本课例任务群:

(1)完成调查问卷。

(2)完成表2,即时分享。

表2 任务表格

①写作对象	②对象的气质、品格、个性、思想特征	③"我"的感受

(3)看图"说"话,习作升级。

(4)作文(搜索、整合网络资源素材)。

……

(二)教学反思

1. 课后回访

课后对两个班合计73人进行了调查回访,回收答卷为61份,完成率83.56%,数据有效。

小结:调查回访结果表明课前调查问卷对课堂推进、学生学习有明显帮助。学生整体满意,希望互动可以更多一些,建议游戏互动等。

2. 在线教学反思

综合上课的自我体验、回看直播的效果、学生的回访结果、学生作业完成的质量,笔者对这堂线上写作授课较为满意。

回顾本堂线上写作课程,课前笔者做了有效的学情摸查,真正从学生出发,关注学生自身发展;课中笔者通过丰富的教学内容、有效的教学资源,更多地将课堂还给学生,提高学生学习热情,整体师生合作互动效果良好;课后做好学生反馈与评价的收集工作,进一步关注学生的想法,反思自己教学的优缺点,给自己的不断进步搭好支架。整堂课下来,多个任务调动学生积极参与,让学生在任务中有所习得,努力体现教师的主导作用、学生的主体地位。

其中,课题的选编体现语文学科人文性和工具性的高度统一,立德树人和语文核心素养的有机融合;调查问卷的制定,符合学生的认知规律;资源的有效整合,包括教学视频的剪辑整理、习作的素材资源都得到了同学们的充分肯定,这些都是本课例值得肯定的地方。

但教学过程中仍有不少值得笔者去探索思考的地方,例如学生两份调查问卷的完成率都超过80%,尚未达百分百,意味着73人中还有10多个学生未能完成该任务,笔者该如何更早地关注到这些学生的学情。如果使用家校本的一一对应提交数据,会不会给学生增加填写压力,真实程度是否会打折扣?提高学生参与度,还有没有更好更合理的方式?例如学生答卷回访提到的"可以增加更多的游戏",如何设置符合该年龄段学生喜爱又能促进学生学习的游戏活动?同时,教学互动的途径与方法还应有很多,例如倡导学生打卡提交朗诵片段、组织拍摄相关视频等，不同课程选用不同的手段，具体问题具体分析。

全员线上教学是因新冠肺炎疫情被迫展开，疫情终会结束，但线上教学的发展依然会不断科学前行，未来已来，我们一起努力！

作者简介

陈慧菲，广州市天河外国语学校语文教师。曾参与中小学衔接班课题研究；赴香港中文大学校友会联会陈震夏中学等学校进行学术交流；在中英校际全球性学生领袖培训项目"Dreams and Teams"担任导师；接受香港校长国际联盟协会"启发潜能教育"课程培训。多次承担市区级公开课并获好评，多篇教学论文获省市区级奖项，指导学生参与省市级比赛并获优秀成绩。上课亲切自然、语言风趣幽默，深受学生喜爱。教育感言："你教室里的每一个孩子，都是一个家庭的整个世界。"

专家点评

课题紧扣社会热点，将当前疫情事实与写作需求相结合；清晰把握学情，利用网上调查工具准确迅速了解，基于学生的现有发展水平与潜在发展水平的差异建立最近发展区，确定教学内容；互动面板上实时进行思考分享；现场连麦，接听学生的观点；跨越媒介，培养学生媒介素养；读写结合，提升学生写作水平；任务驱动，设置一系列任务群。

——华南师范大学文学院　郑有才

线上共读《昆虫记》

广州市第九十七中学　詹优美

一、案例简介

疫情当前,停课不停学,名著阅读也要转向"云端"。为了有效指导学生阅读《昆虫记》,笔者借助腾讯课堂、QQ群、问卷星等平台,以任务驱动学生阅读,并组织线上交流探讨。因《昆虫记》按昆虫的种类来编排,笔者指导学生每天阅读一个篇章,梳理昆虫的别号和习性,积累好词好句,做好阅读笔记。课堂上,加强分享,及时指导。利用问卷星进行线上小测或作品投票,多方式测评学生的阅读效果。线上共读,课堂时间短,师生不在同一空间,无法实时了解学生阅读的状态;但线上的各类平台也使得互动更有即时性和趣味性。我们要扬长避短,充分调动学生的积极性,引领学生认真阅读整本书。

二、教学设计

(一)教学内容分析

《昆虫记》是广州市第九十七中学七年级学生的必读书目,是一本引人入胜的科普作品。书中,法布尔经过反复的观察,把昆虫鲜为人知的生活习性生动有趣地展现出来,揭开了昆虫世界的奥秘。此书堪称科学与文学完美结合的典范,具有"昆虫史诗"的美誉。在教学中,应引导学生体会法布尔积极探索的科学精神,热爱生命的态度。积累和鉴赏生动形象的语言,从而掌握科普作品的阅读方法。

(二)学情分析

经过一学期的训练,学生已基本掌握"圈点勾画做批注"的阅读方法,有自己的情感体验,能初步领悟作品的内涵。部分学生在小学时已接触过《昆虫记》,但过去的阅读不够细致和全面。在阅读时,教师应加强对学生阅读的指导和点拨,读出新的体会。《昆虫记》是一本科普作品,通过这本书的阅读,教师可教会学生阅读这类科普作品。另外,线上教学失去了面对面交流的环境,要结合学生的兴趣,开拓线上共读名著的新模式。

（三）共读目标

（1）阅读全书，走进昆虫世界。

（2）赏析生动形象的语言，积累好词好句。

（3）体会法布尔科学求真的精神和热爱生命的态度。

（四）共读过程

线上共读《昆虫记》，为期四周，具体设计如下：

表1 教学设计表

时间	活动内容	设计意图
第1周	1. 教师整书导读，直播互动。 介绍《昆虫记》和作者法布尔，教给学生阅读的方法，明确读书笔记的形式和内容。 2. 每日精读与分享。 每天精读一种昆虫，做好阅读笔记。优秀读书笔记发在QQ群供学生借鉴学习。课堂预留10分钟展示和点评，学生分享交流。 附阅读笔记样式： | 篇目 | | | --- | --- | | 昆虫别号 | | | 昆虫习性 | | | 文中精彩的描写（摘抄+赏析） | |	1. 激发学生阅读的兴趣，让学生有目标、有方法地进行阅读。 2. 带领学生精读，概括昆虫习性，找出昆虫的别号，赏析生动的语言。每天课堂表扬优秀的读书笔记，预留10分钟组织学生交流讨论，让共读落于实处
第2周	1. 直播问答。 在直播上课时通过知识抢答的形式，考查学生第1周的阅读情况。 2. 问卷星小测试。 课后通过问卷星平台发布小测试，学生只要提交答案，即可知道自己的答题情况，即时反馈，获得PK排名。 3. 每日精读与分享 （如第1周所示）	直播问答和问卷星小测试都可以检测学生阅读质量，同时测试PK无形中督促了学生要认真阅读，圈点勾画做批注
第3周	1. 虫虫主播。 组织学生开展"虫虫主播"活动。制作一个视频，向同学们推荐《昆虫记》，从已读篇章中选取喜欢的文段进行朗读，并说说推荐的理由。 按照学号次序，每天中午发布7个同学的朗读者视频到学生和家长的QQ群。 全班学生和家长为当天的选手投票，得票最多者，为当日的"最佳主播"。 2. 每日精读与分享 （如第1周所示）	制作阅读推荐视频，是读、写、说的结合，既为阅读创设了情境，又增强了探究性和综合性。视频分享，家长和学生的投票，使评价多元，互动多向，为屏幕下的远程教学注入一股活水，拉近彼此的距离

续上表

时间	活动内容	设计意图
第4周	1. 回顾总结。 录制微课，回顾和总结《昆虫记》，为本周特色活动预热。 2. 虫虫大作战。 （1）发起挑战，直播写作指导。 挑战一：以书中的某一种昆虫的口吻进行自我介绍，以《……的自述》为题写一篇小短文，不少于300字。 挑战二：以"我最喜欢或讨厌的昆虫"为话题，自拟题目，写一篇小短文，依据文本，同时要有自己的思考，联系实际，写清理由。 （2）学生自选一个"写作挑战"，并提交作业。 （3）教师批改文章。 （4）选出优秀作品，并利用问卷星投票功能，组织投票。	总结全书，回顾要点。挑战一以昆虫的口吻进行自我介绍，让学生梳理昆虫的特性，同时拟人化的口吻也是源于对《昆虫记》生动语言的学习。挑战二则倾向于观点评述，学生要做到有理有据，联系生活。两个挑战，都要在细读文本后完成，进一步督促学生认真研读

（微信扫描二维码可观看微课，网页下载链接：
https://portal.scnu.edu.cn/article-13960-480-1.html）

三、教学成效与反思

（一）教学成效

1. 以读书笔记为主线，跟进学生阅读

教师为学生设计好读书笔记的样式，使学生有目标、有方法地读。每天阅读一个篇章，提交读书笔记，落实共读，使读书不流于"喊口号"。课堂展示和点评优秀读书笔记，使学生学有榜样，读有方法，读书笔记也越做越好。课堂的讨论和分享，在思维的碰撞中，更是对文本的进一步挖掘。

以读书笔记为主线，引导学生有计划、有效果地落实名著阅读。课堂虽然隔空，但不隔离"共读"。

> 学生的读书笔记（见图1）

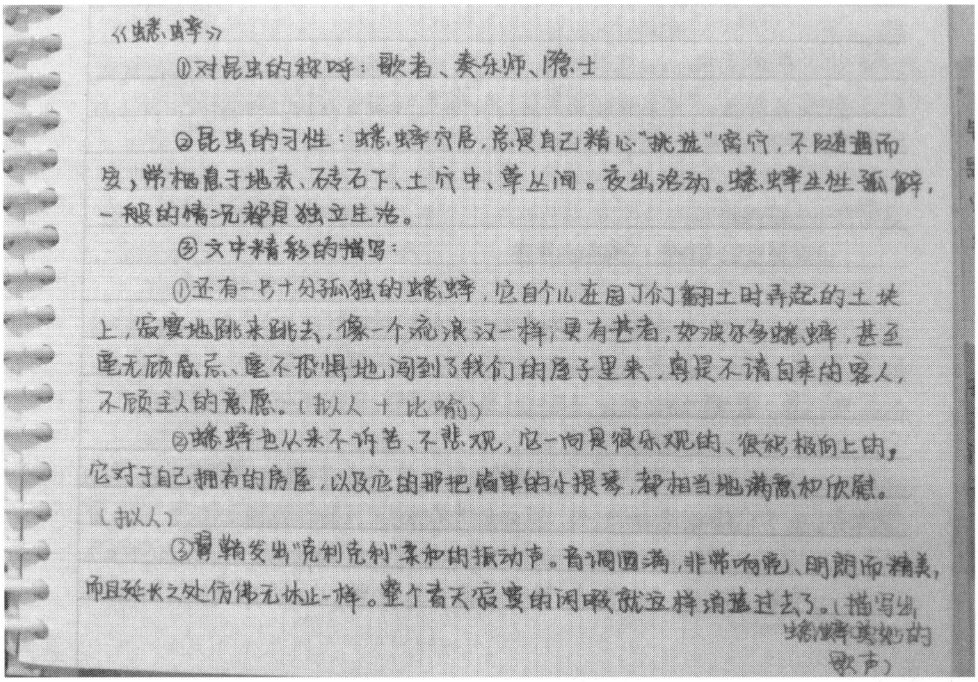

《蟋蟀》
①对昆虫的称呼：歌者、奏乐师、隐士
②昆虫的习性：蟋蟀穴居，总是自己精心"挑选"窝穴，不因通道而变，常栖息于地表、砖石下、土穴中、草丛间。夜出活动。蟋蟀生性孤僻，一般的情况都是独立生活。
③文中精彩的描写：
①还有一只十分孤独的蟋蟀，它自个儿在园丁们翻土时弄起的土块上，寂寞地跳来跳去，像一个流浪汉一样。更有甚者，如波尔多蟋蟀，甚至毫无顾忌后、毫不恐惧地闯到了我们的屋子里来，真是不请自来的客人，不顾主人的意愿。（拟人＋比喻）
②蟋蟀也从来不诉苦，不悲观，它一向是很乐观的、很积极向上的，它对于自己拥有的房屋，以及它的那把简单的小提琴，都相当地满意和欣慰。（拟人）
③鞘翅发出"克利克利"柔和的振动声。音调圆润，非常响亮、朗朗而精美，而且延长之处仿佛无休止一样。整个春天寂寞的闲暇就这样消磨过去了。（描写出蟋蟀美妙的歌声）

(1)

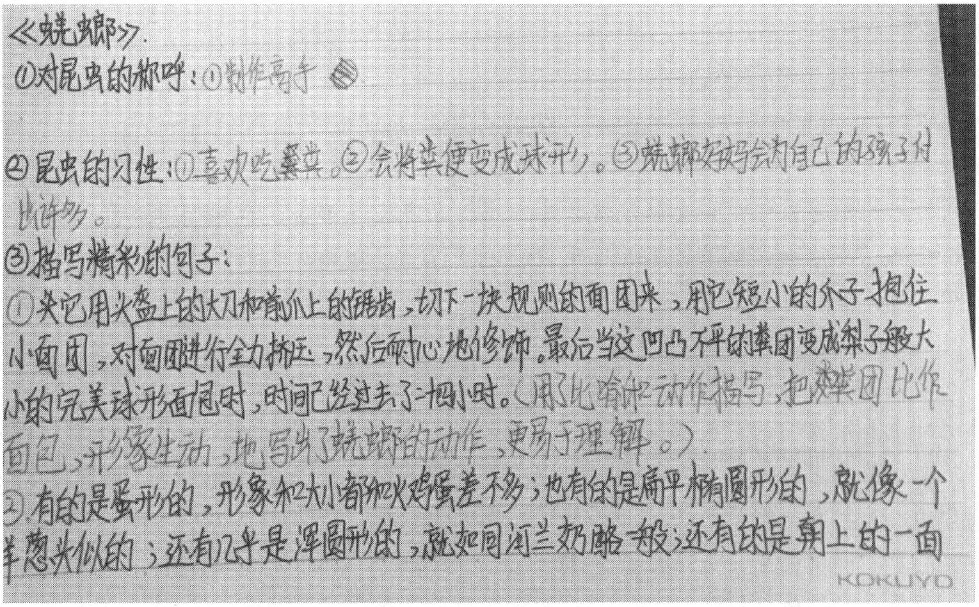

《蛞蜋》
①对昆虫的称呼：①制作高手
②昆虫的习性：①喜欢吃粪虫。②会将粪便变成球形。③蛞蜋妈妈会为自己的孩子付出许多。
③描写精彩的句子：
①关它用火盆上的大刀和前止的锯齿，切下一块规则的面团来，把短小的爪子抱住小面团，对面团进行全力挤压，然后耐心地修饰，最后当这凹凸不平的粪团变成梨子般大小的完美球形面团时，时间已经过去了一个小时。（用比喻把动作描写，把粪团比作面包，形象生动，地写出蛞蜋的动作，更易于理解。）
②有的是蛋形的，形象和大小都和火鸡蛋差不多；也有的是扁平椭圆形的，就像一个羊葱头似的；还有几乎是浑圆形的，就如同荷兰奶酪一般；还有的是角上的一面

(2)

图1 学生的读书笔记

> QQ群作业的展示功能（见图2，学生可在群里查看模范作业）

(1)　　　　　　　　　　　　　(2)

图2　作业展示

2. 以丰富活动为平台，激发学生兴趣

虫虫主播、虫虫大作战，这两样"花式作业"激发学生阅读兴趣，使学生在阅读中学习，在阅读中思考，在阅读中收获。趁"线上之东风"，学生的视频只要一上传到QQ群，就可以实时共享。在这次活动中，笔者发现了学生的无限创造力，视频形式丰富，制作精美，语言流畅，互动性强。

各类投票小工具，也可以让更多的人参与互动投票，这让学生更积极主动地努力完成阅读作业。投票结果也可以即时导出，而且公开透明。

这些形式，不仅让学生更加专注地阅读，更让学生的阅读从"输入"变成"输出"，是听说读写相结合的综合性学习活动。

> "虫虫大作战"作品

蜣螂的自述

广州市第九十七中学　初一3班　罗德臻

人类，你们好！你们帮我取了这么多名字，让我差点都忘了我该叫什么了。例如推屎爬，屎壳郎，粪球虫，铁甲将军，推车虫……不过还要谢谢热心的人类啊！

哎，我一直都有一个烦恼，那就是为什么我每次推粪球时，其他动物都躲得远远的呢？粪球那么香，我可喜欢啦！

别看我们的身体又圆又扁的，但是我们的腿可是又长又细的，特别是最后一对。我们做粪球时就要用我们的"大长腿"不停地搓动，旋转。一会儿，一粒小丸就增到胡桃那么大，不久就像苹果一样大，我还看到过一些贪吃的家伙，竟能吃拳头那么大的圆球。

你们以为推粪球很简单吗？那就错了。粪球十分重，一步一步艰难地推上，必须万分留心，到了相当的高度，粪球还经常往下滚，只要我们的动作稍有不慎，劳动就全白费了，一根草也能把我们绊倒，一块滑石也会让我们失足。哎！我们太难啦！这老日子什么时候才有个头啊？

不仅是这样，我们做粪球时还要有所防备。因为一些"热心肠"的朋友也会助我们一臂之力，但他并不是真正的朋友，他是一个强盗！有时候强盗会趁粪球的主人不防备时，将主人击倒，就会开启一场激烈的斗争。好家伙，吃我一招！我向前伸，头上两边长得硬硬的角冲上前去，那家伙也毫不客气，冲了上来。双方开始了一场激烈的战争，你打我一拳，我还你一招，就像江湖上的武林高手：在座各位，请叫我"壳郎道长"。如果我是个解说员，一时半会儿也不能说得完是怎样一个激烈。

但是不管是善良的蜣螂，还是爱占便宜的蜣螂，我们都是自然界中的一分子，我们有责任去扮演这个生态链中不可缺少的角色——草原清道夫。我们也会尽自己最大的力量去保护我们的家园。

来，兄弟姐妹，地球上的人类们，我们一起保护地球吧！

我最讨厌的昆虫
广州市第九十七中学　初一3班　侯熠嘉

昆虫世界热闹非凡，法布尔更是将各种昆虫生活描写得精彩纷呈。在畅游《昆虫记》的日子里，我读到了昆虫们人性的一面。

有一类虫子，它们狡猾、诡计多端，抢夺着不属于自己的巢穴，它们叫"寄生虫"。由这个名字，我们就足以得知它的日常行径了——寄生。他们通常是神不知鬼不觉地溜进其他昆虫的茧子里，将自己的卵放进去，或是只身进入将茧子原本的主人吃掉。于是，蛰伏着的主人便永远睡不醒了，因为那只可恶的小虫猖狂地要将它吃掉了。这实在令人为这巢穴原本的主人感到愤怒！如若我们在生活中被人抢了住处，那我们应该能体会到那种不言而喻的滔天怒火。可寄生虫对他们的所作所为竟毫无一丝一毫的愧意，我从它身上看到了一个十足的狠毒无耻的恶棍形象。

虽然在看书时我被它可耻的行为气得无可奈何，但不可否认的是这是寄生虫的生存方式。尽管它的生存要威胁到其他生物的生命，但我们在这一过程中看到了昆虫们因生存而努力斗争。而我们人类如果不自食其力，努力奋斗，也会变成"寄生虫"！

3. 以多元评价为导向，加强多向互动

本次共读充分发挥了语文课程评价的多重功能，恰当运用多种评价方式，注重评价主体的多元与互动，突出语文课程评价的整体性和综合性。

线上小测、读书笔记、朗读者作业、虫虫大作战，多角度地测评了学生的阅读效果。而家长、学生的投票参与，使得评价主体更丰富，也使得线上师生共读有效延伸到亲子共读。

> "虫虫主播"家校群互动（见图3）

（初一3班家长的评价） （初一5班家长的评价）

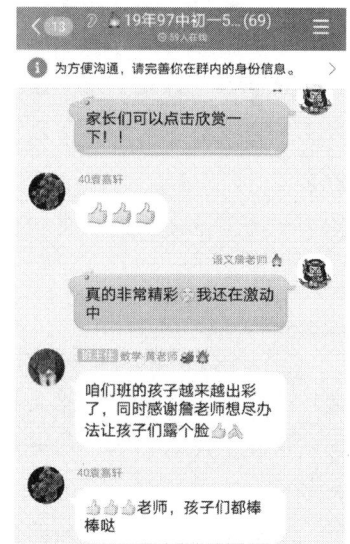

图3 家校群互动

（二）教学反思

相比其他课程，线上共读名著历时较长，并贯彻于每日的学习中。活动要加强方法指导和过程性辅导。一些学生不重视读书笔记，因此教师要适时与家长沟通，并与学生交流，及时给予辅导。

活动中要全面关注每个学生的阅读动态和质量，适当时候可把任务分解。如"虫虫主播"活动动员后，可教导学生撰写推荐稿，再拍摄视频，这样可以使学生的视频内容更充实。对于一些懒惰分子和学困生，可以鼓励他与家人共同完成。个别无法完成视频的，可以指导他认真观看并点评其他同学的视频。

无论线上还是线下，激发兴趣，方法引领，合作探究，都是名著共读的要领。要重视学生的阅读实践，不以教师的讲解替代，借助共读活动激发学生的主动性，发挥学生的创造性，加强师生、生生乃至家校间的互动性。那么无论何种方式，都可以读出精彩！

作者简介

詹优美，广州市第九十七中学青年教师。希望带领学生在语文的世界里快乐穿梭，在语文中见自己，见天地，见众生。

专家点评

疫情期间，全社会社交疏远，学生也无法按时上学。网上学习是一个较好的方式，但显然很多学生不习惯网上学习，主动性、自控性都较弱。针对这一情况，本教案能充分运用任务驱动方式展开教学。教学任务是线上共读《昆虫记》。教师能借助各种网络平台，用任务驱动学生阅读，在线上交流探讨。教师在 QQ 群里指导学生每天阅读一个篇章，梳理昆虫的别号和习性，积累好词好句，做好阅读笔记；在直播课堂上能加强分享，及时指导。不仅如此，教师还利用问卷星进行线上小测或作品投票，采用多种方法测评学生的阅读效果。这样就充分调动了学生的主动性、积极性，引领学生认真阅读整本书。学生始终带着任务学习，提升了责任感和自控力，使教学取得了明显成效。

——华南师范大学文学院　周小蓬

战"疫"英雄联盟

广州市越秀区农林下路小学　王　婉　陈少静

一、案例简介

"战'疫'英雄联盟"是农林下路小学2019学年第二学期四年级语文的单元项目。这个项目与统编版四年级下册第七单元的部分教学相结合。

2020年乍暖还寒之时，一场由新型冠状病毒引发的肺炎疫情防控战役在全国紧急展开。医生、护士、军人、建筑工人、快递小哥、货车司机、警察、志愿者、清洁工……"谁是战'疫'中的英雄？"作为这次项目学习的驱动问题，把语文项目任务引向社会现实，引导学生关注抗击疫情的人们。项目定位阅读、批注、感悟、表达等方面，力求促进学生掌握常用的网络搜索工具，学会查找报刊、新闻，初步具备搜集和处理信息的能力。

本项目将培养学生语文素养与提升学生信息素养相结合，在阅读中注重学生情感体验，发展学生感受文字、画面和理解人物品质的能力，为学生延伸积极运用网络学习和交流的空间；通过逐步完善的项目任务，学生努力连线官方媒体，在抗击疫情的通讯报道、视频专访中，寻找了解这些凡人英雄。本项目鼓励学生具体明确、文从字顺地表达自己的体验和想法，发展书面语言运用能

图1　抗"疫"图鉴

力，向"时代楷模""最美奋斗者"致敬，为战"疫"英雄联盟加油——用平凡书写出伟大，用执着铸就使命。

二、教学设计

（一）设计理念

本单元项目产生于特殊的新型冠状病毒肺炎疫情期间，这是跨越1月至4月的漫长寒假，学生必须各自居家学习，师生面临的主要问题有三方面。

（1）合作难——宅在家，如何独立面对项目任务？虽然教师可以在线进行指导，但学生不能面对面交流、合作；师生都不能外出开展社会调查和采访，也不能去图书馆借阅需要的文献资料。

（2）探究难——身陷网络，师生如何有效地获取、处理信息？师生对抗击新型冠状病毒的艰难与危险不甚了解；互联网传播的海量信息令人难以辨别真伪；小学生对疫情期间的社会百态难以认知、评判。

（3）表达难——宣传楷模事迹的通讯报道很多，教师如何引导学生摒弃复制粘贴，鼓励学生在作品中用自己的语言表达自己的感情和体会？学生怎样理解和评价与疫情战斗的人们？

为解决这三大问题，本单元项目的教学设计在三个方面有所突破。

首先，从素质教育的理念出发，重视语文知识、读写能力与学生信息素养在个体成长中的相互作用，引导学生有效地、理性地使用互联网；在项目任务的各阶段，注重培养学生爱国主义、集体主义、社会主义思想道德和健康的审美情趣；通过项目任务的推进，引导学生在学习和实践中形成积极的人生态度和正确的世界观、价值观。

其次，从主体性理念和个性化理念出发，教学设计以学生为主体，以实践为中心，培养学生的学习兴趣和习惯，尊重学生个性，为每个学生表达个性创造机会。鼓励学生用自己的眼睛和头脑去观察周围世界，能不拘形式地写下自己的见闻、感受和想象，注意把自己最感动的地方写具体。

最后，从开放性理念出发，指导学生初步掌握常用的网络搜索工具。学会查找人物报道、新闻视频，促进学生广泛寻找抗击疫情的凡人英雄，鼓励学生向"时代楷模""最美奋斗者"，还有各行各业的先进典型致敬。

本项目教学设计依托农林下路小学的项目式学习系统，四年级各班的QQ群也是师生分享项目资源、交流互动的适用空间。教师、学生、文本、网络、媒体、项目任务的关系如图2所示：

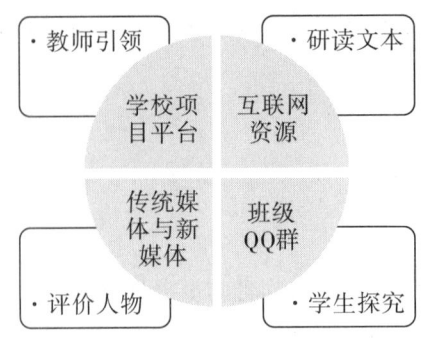

图 2　学习关系图

教学设计遵循项目式学习的"开题—探究—结题"模式。结合线上教育教学的特性，三个阶段依次推进。

第一阶段，教师通过线上平台创建单元项目，学生通过线上平台确定目标、制订计划，师生交流。

第二阶段，学生结合课本阅读与互联网的文本阅读，探究任务的核心——什么样的人物称得上我心中的英雄？教师通过 QQ 群互动，引导学生发现危难中人文精神最宝贵的是不惜一切挽救生命、舍己为人、勇于担当。

第三阶段，教师鼓励学生通过 QQ 群自愿组成"抗疫英雄联盟"，如按英雄们的不同行业组队"白衣战士联盟""社区志愿者联盟"，或按不同地区组队，如"广东联盟""浙江联盟""武汉联盟"，或按不同年龄组队等。学生的小联盟通过 QQ 群合作修改创意作品，有的家长给予支持，制作 PPT 或电子相册、短视频，推荐到学校项目平台和学校的微信公众号，让更多的同学有机会互相交流，互相点评。

（二）教学实施

（1）引用课文，设计阅读批注练习。学生通过项目学习平台下载两篇批注练习文档。教师对任务进行说明——先做《"诺曼底"号遇难记》的批注练习，关注文章中的环境描写、人物的语言、神态描写等句段，体会人物的心情，感受人物伟大品质；再做《黄继光》的批注练习。学生提交批注练习后，可以通过线上平台互相点评，找到自己和同伴特别感动的地方，有比较地阅读、交流，不断深化对细节描写的感受，准确评价人物的意志和人格。

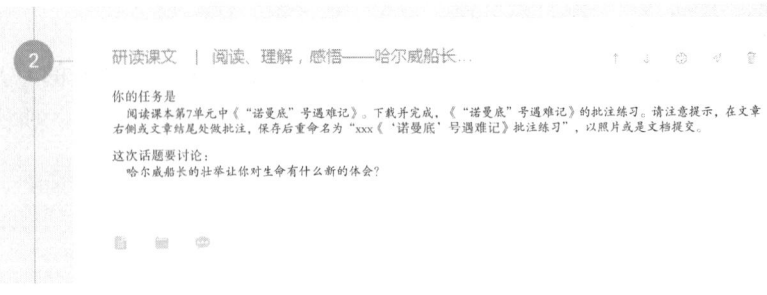

图 3　《"诺曼底"号遇难记》批注练习

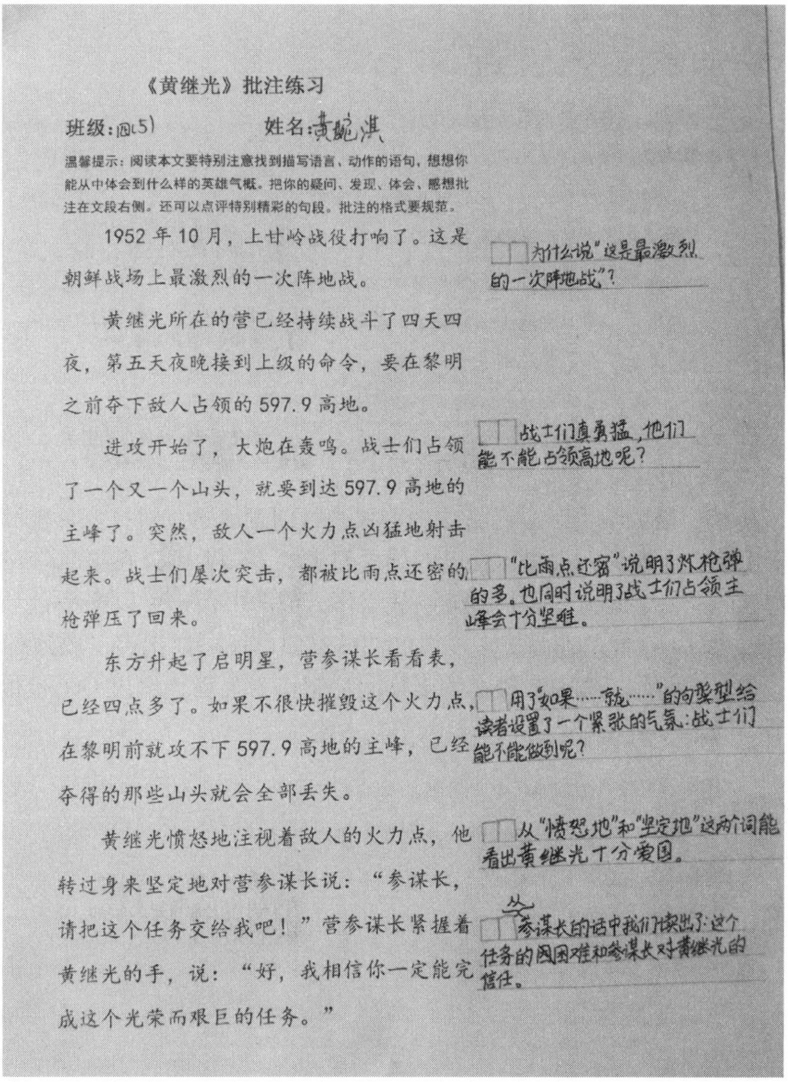

图4 《黄继光》批注练习

（2）利用互联网，尝试为人物做报道。教师通过QQ群讨论，在线引导学生根据个人关注的热点人物或事件，筛选、积累新闻报道、人物专访等资料。学生进入项目学习平台，下载教师推送的"抗疫一线人物与事迹选读"文章一组。学生自选其中一篇，按项目阶段任务的提示，去思考为什么称之为英雄？然后选最感人的一段有感情朗读，或仿照《黄继光》一课，把英雄的故事写一写。线上平台要提交的作品是学生自己朗读或讲故事的音频，为这个抗击疫情的人物做一次专题报道。

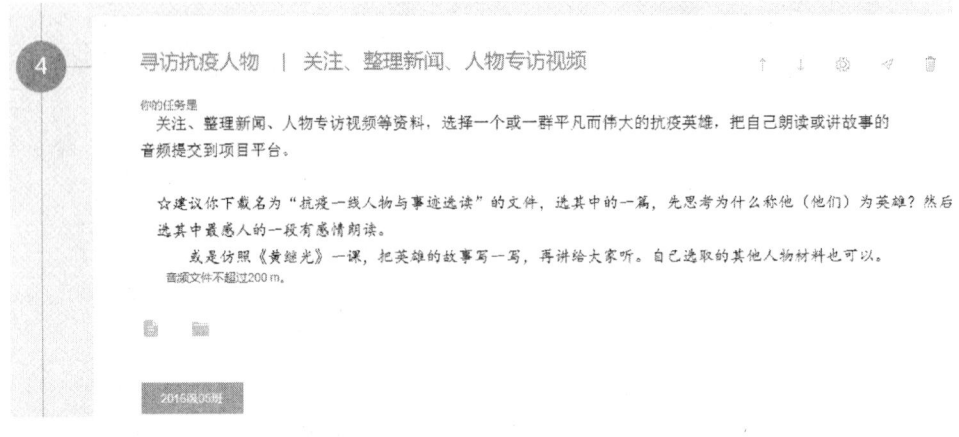

图5　在线指导学生寻访抗疫人物

（3）打破传统，鼓励学生以自己喜欢的方式进行创意表达，对抗疫英雄倾吐心声。项目任务提示学生用有个性的方式表达自己的感受和敬意。学生可以在项目学习平台展示自己写给抗击疫情的专家、医生和各行各业一线工作人员的书信；可以向平台上传自己画的宣传海报；可以通过QQ群推荐为抗击疫情加油的歌曲；还可以把自己收集的戴着口罩的美丽、坚韧、善良、顽强、努力、拼搏的人物图片制作为美篇，通过QQ群和学校的公众号平台与教师、同学分享。

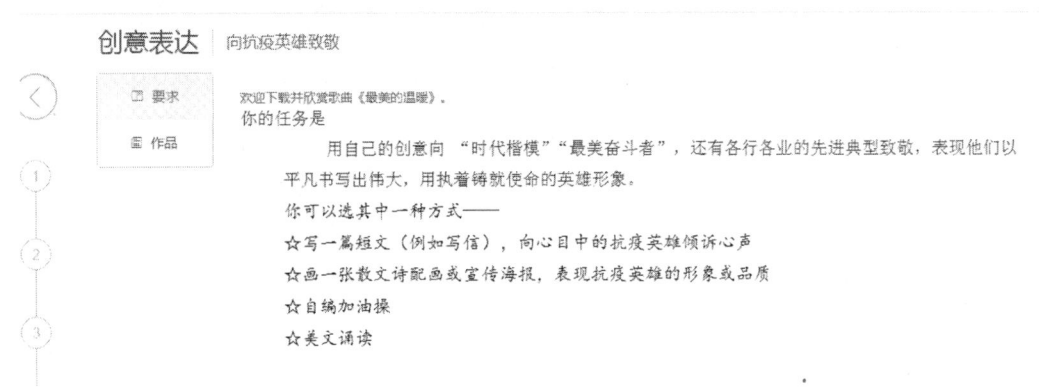

图6　创意表达项目任务

（4）将教学内容与当下的时事进行资源整合，加深学生对整个主题的理解。学生在教师和家长的指导下，通过互联网和各种媒体，认识了拼搏在抗疫一线的各行各业"抗疫战士"。他们在项目学习平台的讨论中交流的英雄有钟南山院士、李兰娟院士，有为支援武汉告别家人、剃去秀发的年轻护士，有奋不顾身抢救病人、不幸感染病毒去世的武汉医护人员，有克服各种困难为医护人员服务的快递小哥，有与时间赛跑、风餐露宿建设火神山、雷神山医院的工人……学生还在讨论中感叹道，原来自己身边最熟悉的人——从事医疗卫生工作的爸爸妈妈、调配运输物资的邻居阿姨、在街道路口为行人测量体温的志愿者大哥哥大姐姐们，都是在抗击疫情第一线无私奉献的凡人英雄。

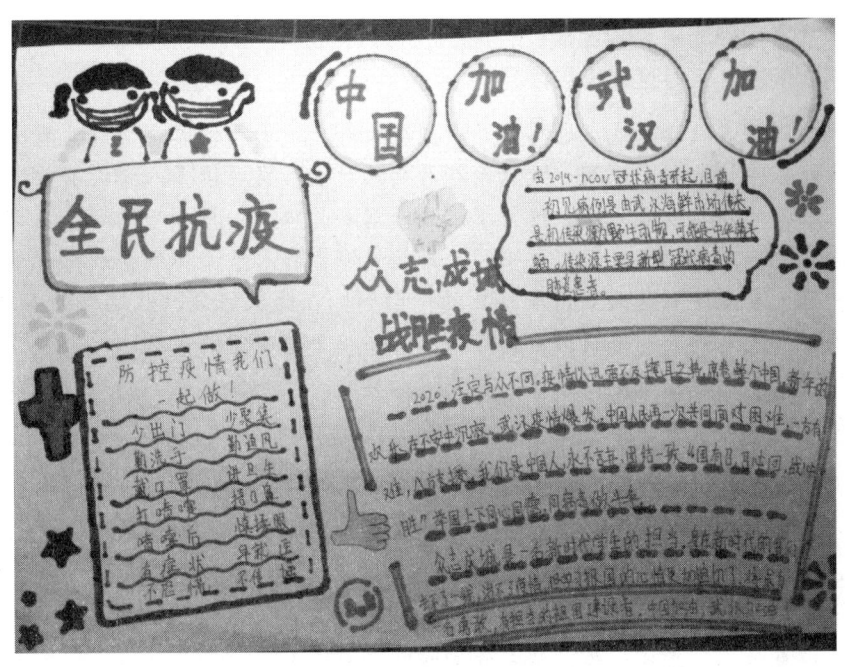

图7 学习制作的"全民抗疫"海报

（5）将通过细节感受故事中人物品质的教学，转为自主探究"灾难来临时，生命的意义是什么"。学生通过阅读课文、利用网络收集自己心目中英雄的点点滴滴，去思考，去体会，去感悟。

如，有的同学这样在《"诺曼底"号遇难记》课文末尾做了批注——

> 批注[17]：船长用自己的生命救了其他人的生命，他活得很有意义，死得毫无遗憾

图8 学生对《"诺曼底"号遇难记》的批注

又如，广东省中医院张俭医生大年初三奔赴武汉一线支援，其8岁的儿子亮亮在和爸爸分开的20天里，瞬间成长为小小男子汉。亮亮既担心爸爸的安全，又为爸爸的义无反顾感到骄傲！他写下了一封家书，寄托了对爸爸满满的思念之情。李浩瑜同学满怀深情地朗诵了这封信，他的朗诵视频通过班级QQ群和学校的公众号推送，也成为同伴们十分关注的研读文本。

（6）鼓励学生突破传统课堂交流习作的约束，大胆向公众媒体投稿。2月至3月，本年级各班有40余名同学加入"南方报业小记者"团队，积极向公众号投稿，写下他们对

抗击疫情的凡人英雄的敬意和祝福。

卢远同学的稿件中有这样一段话：

我妈妈的同学袁叔叔在武汉也感染了新型冠状肺炎。由于他家离医院比较近，症状也比较轻，所以医生让他在家隔离。袁叔叔在看病的时候，发现很多人都没有口罩，于是袁叔叔在把家人安顿到其他地方后，仅留下了最低需要的口罩，把剩下的口罩全部送给了病友。袁叔叔是地地道道的武汉人，他平时说话就好像在和人吵架似的，我每次见他都特别害怕，没想到袁叔叔还有这么温情和善良的一面啊！在武汉像袁叔叔这样的人还有很多。他们的善良让我们看到了一个封城后仍然井然有序、平静安宁的武汉！

无论过去还是现在，正是因为这种善良，人类才一代一代生生不息！我多么希望世界不再有灾难，让我们的善良在和平中闪光！

陈子璇同学为武汉的志愿者汪勇叔叔写了信：

大年三十那天晚上，当您正准备哄女儿入睡时，突然在朋友圈看到了一名金银潭医院的护士发出的接送求助信息：求助，公共交通限行，走路回家要4小时。需求发出很久了，一直没人接单。此时，您坐立不安了，心里一直在纠结"去还是不去"，我仿佛看到您在屋子里踱来踱去，最终，您还是和家人撒了一个善意的谎言，就出发了。当护士看到您来接她下班时，既惊讶又感动。一路上，那位护士一言不发，只是一直在默默地哭泣，我能感受到那是护士内心复杂心情的流露，感动、温暖、辛苦、坚持……

您又召集了更多的志愿者加入进来，为医护人员做好后勤服务。医护人员过生日了，您帮他们庆祝；医护人员需要无袖羽绒服，您帮忙去购买；您为了医护人员能好好休息，冒着被感染的风险，不顾路途遥远，忙着接送；您为了让医护人员吃到白米饭，一天联系20多家餐厅谈合作……远在千里之外的广州，我想替广州的小学生们对您说："您辛苦了，是您给医护人员们提供了便利，是您给医护人员们带来了温暖，是您的支持让医护人员们全力以赴！"

还有学生为奔赴武汉驰援的护士姐姐们写了感谢卡：

我每天通过网络和电视关心着你们的消息。细细一算，你们去武汉两个多月了。媒体报道你们常常工作到凌晨两三点才可以睡觉，有时候又要凌晨四五点爬起来上班。幸好，你们终于迎来春暖花开的日子！最后一间方舱医院闭舱了，你们陆续回到家乡和亲人团聚了。看到国家的疫情控制得越来越好，确诊人数越来越少，出院的人也越来越多了，在这里，我想衷心地对你们说一声你们辛苦了！这一切都是你们的功劳！

三、教学成效与反思

（一）线上教学实现"教师—学生—任务"三位一体紧密结合

（1）教师利用学校的项目学习平台推送了各种文本资料，利用 QQ 群经常性地更新新闻采访视频、公益歌曲视频，突破了时间和学习空间的限制。

（2）项目学习平台让学生拥有足够的讨论及自由发言的时间，师生在开放性的互动环境下进行积极的互动,最大限度地调动了学生的学习热情。

(3)通过广东粤课堂,教师与学生可以获取与教材内容相关的文字、图片、视频等资料,科学合理地选择相应的资源辅助教学。这样不仅可以有效地丰富课堂教学内容,激发学生学习语言的兴趣,还可以让学生和教师密切配合,更加有针对性地帮助学生巩固语文基础知识。

(二)网络平台将"班级—社会—家庭"构建为学生自我发展的广阔舞台

互联网拉近了人们的距离。每一位学生都可以通过QQ群讨论回答教师所提出的问题,让教师发现学生个性化的思维。

课本内容—课外阅读—网络媒体阅读,不同的视角呈现的不同文本有助于培养学生自主学习的能力和主动发现错误、纠正错误的习惯。

线上教学的开放性,能让学生同时共享精彩的发言,最大限度地提高学生学习的积极性。有利于教师准确发现学生普遍存在的不足和个别出现的错误,因材施教,顺利开展教学。

(三)项目任务体现"尊重生命,追求自我价值"的人文精神

战"疫"英雄联盟案例是在最近的新冠疫情背景下创设的单元项目设计,本次项目式学习的设计理念从抗击疫情出发,让学生在课内学习之余,充分利用网络资源,拓展了解抗击疫情中的英雄人物及其事迹。本单元项目学习将人文精神渗透在学生探究学习中,还可以在不同程度上拓展学生的思维方式和眼界。

谁是战"疫"中的英雄?你如何看待他们的付出?如何准确表达自己的想法和观点……项目设计紧贴抗击疫情、致敬英雄的主题,这都在一步一步地引领学生自主去学习、去探究、去发现。

作者简介

王婉,广州市越秀区农林下路小学语文教师。多次受聘为越秀区教育发展中心小学语文教研室高年级备课中心组成员。2012年以来与同事们积极投入到本校开展的语文项目式学习新课程实践,创设并实施了多个单元项目,如"我的动物朋友""生命,生命""妙语连珠添魅力""成长启示录""传承华夏民风民俗""寻找世界文学宝库中的明珠""诗情·画意"等。

陈少静,广州市越秀区农林下路小学语文教师,曾获越秀区优秀中队辅导员称号,获广州市人民政府嘉奖;在第八届全国小学信息技术与课程整合优质课大赛中获得二等奖;所撰写的文章多次在《广东教育报》《教育信息技术》杂志上发表。

专家点评

该教案围绕"谁是战'疫'中的英雄?"这一问题,应用项目学习的方式组织线上教与学。

该教案的教学设计既切合当前的热点事件，又贴近学生的生活，有助于激发学生的学习热情。教学设计遵循项目式学习的"开题—探究—结题"模式，每个阶段的任务与活动设计聚焦学生语文素养的培养与信息素养的提升，充分尊重了学生的主体地位和学习需求。教案较好地做到了网络平台与语文教学的有效结合，有助于培养学生自主学习的能力和主动发现错误、纠正错误的习惯。

——华南师范大学文学院　王萍

英语篇

疫情下英语学科在线教学思考

华南师范大学外国语言文化学院　刘晓斌

2020年的这一场疫情，迫使很多英语教师对在线教学有了第一次尝试和深入了解，也给我们带来了一个重新思考英语教学与信息技术深度融合的途径。

在以现代信息技术为支撑的在线教育中，传统的英语课堂教学形态发生了改变，教师的角色、学生的学习方式必须与时俱进，这对广大的英语教师来说，既是机遇也是挑战。如何培养学生的语言能力以及英语学科核心素养，是当下以及未来英语教学的首要职责。

首先，线上教学对英语教师的信息技术素养提出了较高的要求。如果教师的信息技术素养相对较薄弱，对在线平台的使用不熟悉、不适应，会导致一些教学活动如小组讨论、游戏等无法顺利开展。其次，语言教学中的互动至关重要，而在网络环境下，如何有效实施师生互动、生生互动是教师需要切实考虑的。除了在群组里进行文字的互动之外，需要教师开展实时有效的在线连线互动，让学生保持较高的参与度与积极性，让远程课堂也能够达到面对面的效果，让语言通过真实的互动交际得以应用和巩固。在教学反馈方面，及时的反馈尤其是作业讲评，能够让学生获得一种学习成就感，增强学生的学习自信；另外，教师还可以利用在线的特点，开展学生之间的同伴互评活动，也能增强学生对知识的理解。再次，教师对多模态资源的关注显著增加。对多模态资源的利用，通过不同的模态表达相同的意义，能够让学生对语篇的理解更加多元和深刻，同时提升学习兴趣，也有利于培养《普通高中英语课程标准（2017年版）》中所提出的"看"（viewing）的技能。由于在线教学带来的便利，教师也可以使用一些软件或技术提升学生的语言能力：如可以利用ASR（自动语音识别技术）提高学生的口语语音准确性，可以利用腾讯在线文档的方式开展协作式写作活动，可以通过词汇云图、让学生自制思维导图的方式培养学生的思维品质，等等。最后，从学生的角度来说，如何提升学习的自主性和自律性，在家学习如何排除来自外界的干扰等是亟待思考的问题。当然，这离不开家长的支持。通过家校共育的方式，让教育更深层次地融入生活，引导家长树立正确的教育理念。

疫情让教育新生，疫情虽然暂时改变了教师和学生原有的教学和学习方式，但是为教育创造了更好的发展机会，深度去审视在线教育以及信息技术带来的影响。因此，英语学科必须充分运用现代信息技术手段，主动合理改变传统的英语教学模式，才能适应未来社会的发展。本次疫情让我们重新认识英语教学，也为英语学科教学的发展提供了新契机。

Reading: KEEP IT UP XIE LEI
（阅读与分析）

广东广雅中学　邱　玲

一、案例简介

传统课堂里，教师拥有相对的主导权，可以规约学生行为，适时把控学生的课堂参与和表现。而线上教学中，教师需要花很大力气调控和监管课堂，且学生主动发言、提问、分享、评价的可操作性降低，因此教学进度减慢，教学效果也不容易把握。但是，线上教学也是有其明显优势的，如学习内容不局限于教师讲授和课本，只要设计得当，学生可以在广袤的网络空间里搜索和享受丰富的学习资源。

线上教学分录播和直播两种课堂。直播课的常见问题是课堂互动较难开展。但是，目前各种直播平台已有的聊天室、举手、板书等功能已基本能够支持直播课堂的师生和生生互动。教师也可以先把前置任务布置给学生，让学生通过微信视频、语音、电话等方式去预先完成，再邀请部分学生在直播课堂上作展示和分享。本案例以"直播环境下学生如何学"为出发点进行设计和实施，教材为人教版高中英语选修七第五单元"Travelling Abroad"阅读课文"KEEP IT UP XIE LEI"，课型为阅读与分析。选用 Zoom 会议直播平台，通过屏幕共享、画笔、麦克风、摄像头、聊天室等五种互动形式，完成三个教学目标，着重培养学生的思维品质，提高语篇分析能力。

二、教学设计

（一）文本简析

本案例教学文本出自"Travelling Abroad"（出国学习或旅游）这个话题，文章以采访稿的方式介绍主人公谢蕾第一次去国外求学所遇到的问题，以及住家和导师给予她帮助，从而克服困难，积极迎接挑战的经历。通过学习课文，同龄读者能够了解国外大学新生的校园生活和学习状况，探究和比较中外大学学术要求，以积极乐观、阳光豁达的心态去克服困难，迎接新生活的挑战。

标题"KEEP IT UP XIE LEI"和副标题"Chinese Student Fitting in Well"是整个文本

的浓缩提炼，唯一的一张插图则起到画龙点睛的作用。正文内容按"总—分—总"建构，第一段为采访的背景介绍，说明被采访的主人公谢蕾第一次来到英国念预科既兴奋又紧张。第二至第六段分别描述谢蕾出国学习的意图，在生活、住家、学业和社交四个方面的挑战以及应对挑战的心态和收获。此外，本文的主题句与支撑性内容的关联以及用"comparison and contrast"（对比）的手法比较中英大学学业要求也是很好的逻辑思维训练载体。

（二）教学设计

英语学科以立德树人为根本任务，以培养学生的英语学科核心素养为课程目标。英语学科核心素养包括语言能力、文化意识、思维品质和学习能力。以学科核心素养为指向的英语学习活动，学是核心，教和评都以促进学为目的。因此，笔者把单元学习目标设定为通过学习，学生能做到理性分析出国留学有什么意义，预测会有什么困难以及应该以怎样的态度和方法去克服困难。然后，分三步来达成目标。第一步，布置学生线下两两合作采访身边有留学经历的朋友或长辈，对留学的初衷、困难、收获先有直观的了解，邀请优秀"记者"在线分享。第二步，布置线下听力任务"Culture Shock"（文化冲突），学生需要对所听内容做思维导图。第三步，在线直播学习，对教材语篇进行深入理解和分析，对"comparison and contrast"写作手法进行迁移创新，课后学生应用该写作手法进行相关话题的创造性写作。本案例是对单元设计第三步的具体实施。

基于对线上教学和直播课堂的深入分析，在本案例中，笔者以"直播教学条件下学生如何学"为出发点，围绕"学"进行文本教学设计。先预设前置任务，包括帮助学生理解出国留学的意图、收获和挑战。前置任务有三项，一是学生线下两两合作采访身边有留学经历的朋友或长辈，对留学的初衷、困难、收获先有直观的了解，优秀"记者"在线分享（本课的前一节课）。二是完成线下听力任务"Culture Shock"，对所听内容做思维导图。三是完成 2010 年江西高考阅读 c 篇"孔子与苏格拉底"的理解。这三项任务为学生掌握和理解话题、话题相关表达以及对于"comparison and contrast"写作手法的理解做了有效的铺垫。因此，本堂课的教学目标设定为：

（1）能够持续默读，整体理解语篇，掌握文本话题和主旨；

（2）通过分析文本，能够掌握人物采访稿的写作特征，为单元写作任务做前期准备；

（3）通过对文本第五段和前置阅读作业的分析，能够掌握和运用"comparison and contrast"的写作方法对新话题做说明或分析。

40 分钟的直播教学活动包含三个步骤，即点评和分享前置作业，对教材语篇进行深入理解，提取文本第五段分析"comparison and contrast"写作手法并结合前置阅读作业进行迁移创新。

三、教学实施

Activity 1：Reviewing homework

点评作业 1 "孔子和苏格拉底"高考阅读理解的在线完成情况，分享作业 2 听力文本思维导图存在的问题，展示优秀作业两份，最后教师示范最完善的版本。

【设计意图】

本活动旨在为课时目标1做好铺垫，并通过展示（学生）成果、点评和示范建构优秀的语篇意识。通过点评和示范"Culture Shock"听力文本的思维导图，为阅读和理解主人公谢蕾的挑战做铺垫。同时，分享和点评作业能给予学生成就感，促进"停课不停学"阶段师生、生生的情感交流。

Activity 2：Scanning and thinking

学生迅速跳读标题、首段和末段，对文本进行预测和思考。

1. Why are there two lines in the title? What's the purpose of the second line?
2. Who are "We"? What do "I" do?
3. What person(s) will the text be written in?

【设计意图】

此活动旨在落实课时目标2。通过对标题、副标题、人称等的提问，激发学生对阅读文本做大胆预测和深度思考，培养学生的思维品质和体裁意识。同时，引导学生关注副标题、插图等多模态文本内容，培养"viewing"（看）的技能。

Activity 3：Silent reading and understanding main idea and key details

学生用8分钟时间持续默读课文，查找第二至六段的主题句并细读第五段。默读结束后，先请学生用画笔功能向全班分享每段的主题句。之后，学生在线完成思维导图，完成对文本关键信息的获取。

【设计意图】

此活动旨在完成课时目标1，着重培养学生的思维品质，提高阅读理解能力和篇章结构分析能力。通过持续默读、查找主题句、提取文本关键信息完善思维导图的方式，使学生对阅读文本的理解做到层层深入，能准确理解主人公面对挑战和困难时乐观、积极应对的态度和可喜的效果。

Activity 4：Close reading and analyzing comparison and contrast

学生自主探究第五段，完成段落中有关"comparison and contrast"的写作方法，为课后阅读分析"孔子和苏格拉底"的历史人物分析对比做知识储备和铺垫。

【设计意图】

此活动旨在完成课时目标3，培养学生透过语言（文本只显示了对英国大学学术要求的描写）补充和完善语篇，深刻理解语篇背后的意义，理解和掌握"comparison and contrast"这一写作方法的使用。

Activity 5：Homework—using comparison and contrast

学生课后用"comparison and contrast"的写作方法，对前置作业"孔子与苏格拉底"中两位历史人物做细致分析，包括衔接手段的分析，以表格形式呈现。

【设计意图】

此活动旨在完成课时目标3，为单元后续的迁移任务——创造性写作做进一步的铺垫和积累。

（微信扫描二维码可观看微课，网页下载链接：
https://portal.scnu.edu.cn/article-13959-472-1.html）

四、教学成效与反思

  这堂直播课，克服了线上教学的种种不便，实现了深度学习、充分互动和有效迁移等目标，充分体现了英语学科核心素养。本堂课设计的三个教学目标，除了第二个目标还缺少清晰的归纳总结之外，其他两个目标达成度高，学生完成情况令人满意。作为线上直播教学，40分钟的课堂充满了多轮流畅而有效的师生、生生互动，把包括语言能力、文化意识、思维品质和学习能力在内的英语学科核心素养落到实处。如广东省特级教师、番禺中学英语科彭琴老师所评，"邱老师呈现了一节深度学习的思维课堂。她注重学生思维品质的培养，提问的角度新颖，如对阅读标题及人称的提问，能激发学生对阅读文本的大胆预测和深度思考。阅读中对文本解读层层深入，在让学生持续默读后，再次让学生以思维导图的形式获取文本关键信息，以思维可视化的方式对文本进行了二次阅读。课文的第五段文本阅读是学生的第三次深度阅读，让学生自主探究'comparison and contrast'的写作方法，为课后阅读孔子和苏格拉底两位历史人物的分析对比再做铺垫，完整展示了包括学习理解、应用实践和迁移创新的英语学习活动。"

  此外，一线教师在线上教学期间对于怎么有效地检查和评讲作业深感束手无策。本案例中，笔者给出了良好示范，深受同行好评。在课堂头8分钟，教师通过预先布置任务、堂上展示和分析学生优秀思维导图作业，对展示的作业进行一步步的优化，最终给出示范版本。番禺中学彭琴名师工作室的老师评价道："虽然是云课堂，但是当学生作业得到积极反馈时，他们就会获得最直接的成就感，师生情感也会逐步加深，教与学能实现最大的优化。"

  最后，广东广雅中学生物科、教学科研处苏科庚主任从案例的准备到案例的实施以及案例的影响力三个方面如此总结："邱玲老师这节课从准备素材到正式上课仅用了一天左右的时间，展现了其对学生情况的高度熟悉和对教学内容的灵活整合能力，呈现的课例引导学生进行深度思维，注重师生多元互动，是一节充分体现学科核心素养，着力学生思维训练的高质量示范课。本节公开课吸引了来自不同学科众多教师的观摩学习，也引发了大家对如何利用技术媒体开展直播教学以及如何结合在线教学创新课堂模式展开了热烈探讨，为后续进一步优化在线教学起到了积极的示范引领作用。"

作者简介

  邱玲，华南师范大学文学硕士，任教广东广雅中学，为广州市高中文科名教师、人教社英语新教材编写人员、教材培训专家、高中英语课程改革工作先进个人。多次荣获"高考突出贡献奖"，著有《高中英语新课程三维语法教学模式的实践与探究》。

专家点评

邱玲老师的这一节课教学目标具体、明确，教学思路清晰，整体完成度较高。课堂教学活动之间环环相扣，逻辑性很强。邱老师在课前给学生布置采访和听力的任务，为正式上课做了语言和内容上的铺垫，且听力任务中涉及的"Culture Shock"有利于培养学生的跨文化交际意识。本堂课的突出亮点是课堂开始通过复习引入 homework 的形式，对如何在线上教学中讲评学生作业、进行反馈提供了很好的示范，同时为正式授课时的文本分析做了铺垫。教师通过对文本的标题、副标题等进行设问，引导学生预测和思考文本内容；通过补充完成有关文本结构的思维导图，帮助学生整体把握文本结构、提高文本结构的分析能力。此外，邱老师重点让学生自主分析和探究文本中蕴含的"comparison and contrast"写作方法，有利于培养学生的分析性思维能力，加深对文本深层意义的理解。同时，教师有效地利用了文本中的插图等多模态的内容，培养《普通高中英语课程标准（2017 年版）》中提出的"viewing"（看）的技能。本节课的教学效果比较明显，通过让学生开启摄像头的方式，师生互动比较自然、真实，整体气氛比较活跃。对本堂课的建议是，教师可引导学生更多关注文中涉及的"Culture Shock"的内容，进一步培养学生的学科核心素养。

——华南师范大学外国语言文化学院　徐曼菲

The Great Gatsby 整本书阅读读后鉴赏
——聚焦人物分析、情节梳理，探索小说主题

东莞市东莞中学　郭淑敏

一、案例简介

本节课是对英文小说 The Great Gatsby（《了不起的盖茨比》）读后鉴赏的第一个课时，内容为小说主要人物分析、情节梳理以及探索小说主题。课堂活动设置条理清晰、层次分明，教师在教学过程中有效设疑、积极引导，注重培养学生的高阶思维能力。本节课在课前和课中能考虑到线上教学的特点，充分运用网络教学平台和手段，激起学生的小说阅读兴趣，同时运用了思维导图、图表、音频以及对话、讨论等教学手段和方式，充分调动学生的课堂积极性和参与度，学生的输出以口语的形式为主。通过本节课的学习，学生对小说中的角色、情节和主题有更好的理解，思维能力得到锻炼，加强了文学鉴赏能力。

二、教学设计

（一）教学内容分析

本节课的文学小说选用的是上海外语教育出版社出版的黑布林系列 The Great Gatsby，该书作者为20世纪美国作家弗朗西斯·斯科特·基·菲茨杰拉德。故事主要讲述了年轻而神秘的百万富翁杰伊·盖茨比以及他对黛西·布坎南的堂吉诃德式的迷恋和付出，最终牺牲了自己。通过盖茨比的悲剧，小说主要探讨了"美国梦"的破灭。小说情节从铺垫到高潮，层层推进。此外，小说通过人物的动作、语言等细节，以及象征等写作手法生动地刻画了人物形象，并从人物性格和故事中融入主题，引起读者的思考。通过阅读、鉴赏和学习这本小说，学生将了解20世纪20年代美国社会的背景知识，如"美国梦""爵士时代"等，并对英语文学小说阅读产生更大的兴趣。

（二）学情分析

本节课的授课对象为高二年级学生，学生平时有阅读报刊的习惯，但对整本小说阅读涉足甚少。学生思维活跃，有着较好的观察能力和推断思维能力，但语言积累不足，对人

物分析和情节梳理比较陌生。通过课前的微课、活动任务和本节课的学习，学生对小说中的角色、情节和对主题有更好的理解，思维品质得到加强，在词汇运用、语言表达能力上也得到提升。学生积极主动参与到活动中，成为课堂的主体，同时在思考、对话和讨论中加强了文学鉴赏能力。因此，本节课的设计比较符合学生的学习认识规律和认知能力。

（三）教学目标

通过本节课的活动和教学，学生能够：

（1）通过小说中的细节，包括人物对话、行为等描写，剖析人物性格，提升分析、归纳和推理能力，并用所学的词汇进行描述。

（2）对小说中的主要情节进行概括，同时运用"Plot Structure"梳理故事情节和发展脉络。

（3）探索小说的主题，基于小说的时代背景，理解盖茨比的悲剧和"美国梦"破灭的联系，同时能够发表自己的看法，提升批判性思维能力。

（四）教学重难点

除了关注学生语言知识学习和语言技能训练外，教师在课堂中要引导学生学会关注利用小说中的细节信息去剖析人物性格，懂得从小说中找到依据去证明自己的观点；同时借助图片、关键词等帮助学生总结故事情节，学会利用 Plot Structure 梳理故事情节，了解故事的发展脉络。最后，教师要引导学生思考盖茨比的梦，以及盖茨比的梦的破灭和他追求梦想的方式正确与否，并帮助学生理解盖茨比的梦想破灭与"美国梦"结束之间的联系。

（五）教学步骤

表1 教学步骤表

教学步骤		教师活动	学生活动	设计意图
导入主题		教师上课时先总结英文小说阅读第一阶段——"21天阅读计划"及在这一阶段学生完成的任务，包括阅读卡、思维导图以及了解小说背景知识的微课学习	学生回顾第一阶段的阅读过程	对学生坚持读完整本英文小说，以及完成这一阶段的活动任务给予肯定，增强学生的阅读信心，同时对本节课开始的第二阶段小说鉴赏提高兴趣，并且过渡到本节课的主题
小说人物性格分析	猜测小说人物	教师提问：Who are the characters in the descriptions?	学生根据所给线索猜测小说的主要任务，并在互动区打出答案，全班一起核对	从小说中抽取出描述人物的原句，让学生猜测这些人物是谁，通过对原文人物描述的回顾，激活对小说中人物的记忆，为接下来的活动做准备

续上表

教学步骤		教师活动	学生活动	设计意图
小说人物性格分析	分享思维导图	（在第一阶段的阅读过程中，教师引导学生使用思维导图的方式对人物性格特征按照"character-personality traits-evidence"的思路进行分析。教师将四个主要人物分析分成四个小组任务，学生完成后线上提交思维导图，由所有同学通过"点赞"的方式进行投票，选出每组获得点赞数最多的同学） 教师邀请每个小组中获得最多点赞数的思维导图的设计者进行分享	学生利用思维导图，讲解自己对小说主要人物的分析	课前的思维导图任务评价，一是能够激发学生的思维，关注文章细节描写，并且通过细节信息剖析人物多面的性格特征；二是能提高学生的参与度，实现 Peer Evaluation，先让学生自主评价，在这个过程中锻炼学生的评判性思维能力，然后教师再进行进一步的点评和指导；最后让学生进行分享，锻炼了学生的表达能力
小说情节梳理	概括小说主要情节	教师提供图片和关键词提示，帮助学生概括主要情节	学生概括主要情节	先对小说的主要情节进行概括，为接下来的情节梳理做铺垫
	Plot Structure	教师展示和讲解 Plot Structure，对学生的回答给予评价和反馈，最后带学生梳理小说的情节	学生完成小说的 Plot Structure，对情节进行梳理	教师引入 Plot Structure，帮助学生更好地梳理和理解小说情节，教师先呈现和讲解，学生通过思考后分享自己的观点和看法，教师再对学生的看法给予点评和反馈，同时给出自己的观点。在这个过程中，学生通过听课、思考、与教师讨论等方式，逐步厘清小说情节故事脉络。同时教师在点评讲解的过程中，通过故事的结局自然过渡到下一个教学环节
小说主题探索	Q&A	1. 教师提问： Do you think Gatsby's sorrowful ending is an unavoidable consequence? What do you think Gatsby tries to pursue in his whole life? 2. 总结答案的关键点： Daisy is an ideal image of holiness and purity. She is the symbol of all nice things in Gatsby's dream	学生根据自己的理解回答问题	通过对主要人物盖茨比的悲剧讨论，引导学生思考故事的结局，并且将问题过渡到主题的探讨，激发学生对小说进行深度的思考和探究

续上表

教学步骤		教师活动	学生活动	设计意图
小说主题探索	创设情境思考讨论	1. 教师创设情境： After Gatsby died, he went to heaven and met God… Listen to the radio about their conversation. … Gatsby：" Could you tell me whether I was wrong to have pursued the dream in my whole life?" God：" My little angel will give you the answer." If you were the little angel, how would you answer Gatsby's question? 2. 进行总结	学生以口语形式进行输出，分享自己的想法	教师通过创设"盖茨比与上帝对话"的情境，让学生能更有代入感，同时在情境中融入让学生思考的问题，即盖茨比在他一生中对于自己的梦想的追求，同时他的命运对小说主题的揭示。思考过后学生可以自由表达自己的看法，开放性问题的设置能够有效锻炼学生的创新性、批判性思维能力。同时，在学生表达完自己的观点之后，教师再对学生的观点进行总结和升华。教师通过思维导图的方式，结合已有的背景知识，帮助学生厘清盖茨比的梦与"美国梦"的关系，以及盖茨比的死对"美国梦"的破灭的象征意义
总结		教师在探索主题环节的末尾过渡到整节课的总结，通过讲解盖茨比的死与"美国梦"破灭之间的联系，以及对学生上一个问题的观点的总结，点明"每个人可以拥有自己的梦想，但是在追求梦想的过程中也应该脚踏实地、实事求是地根据现实不断调整，同时也不能够为了追求梦想而放弃道德，漠视法律"这一核心观点，对整节课的情感态度和价值观进行升华		

（微信扫描二维码可观看微课，网页下载链接：
https://portal.scnu.edu.cn/article-13959-469-1.html）

三、教学实施

教师用钉钉平台进行线上直播教学，在课堂过程中教师通过互动面板和连麦等方式与学生积极互动。

四、教学成效与反思

作为英文整本书阅读读后鉴赏的第一个课时，本节课较好地实现了教学目标，即对小说的主要人物进行分析，梳理小说情节以及探讨小说主题。整节课条理清晰，各个环节之间过渡自然流畅，教师能够及时有效地引导学生和及时给予学生课堂反馈，学生积极参与课堂，课堂最后也能够较好地进行情感态度的升华，传递正确的价值观念。下面将从优点和对今后教学的启示两方面进行本节课的教学反思。

（一）优点

（1）活动的设置突出层次，实现问题的有效性。

本节课的活动设置以布鲁姆教学目标分类法为理论依据，从知道、领会、应用、分析、综合、评价六个层次着手，为学生搭建起问题和任务式的阶梯，引导学生一步一步从回忆到描述、运用、分析、评估判断再到批判性思考和创造，锻炼了学生的思维能力。

（2）考虑线上教学的特点，充分调动学生的主动性。

本节课作为一节线上课堂，保持了学生较高的参与度和积极性，教学活动的设计如思维导图分享、创设情境进行讨论等个人展示活动和人物猜测、情节概括等集体展示活动，都能比较充分地调动学生的主动性。

（3）设置开放性活动，发展学生的高阶思维品质。

美国心理学家布鲁姆将人的认知思维过程从低级到高级分成低阶思维和高阶思维两类。高阶思维是一种超越简单的记忆和信息检索、以高层次认知水平为主的综合能力，主要指创新能力、问题求解能力、决策力和批判性思维能力。本节课设置了许多开放性的问题，教师给予学生相应的背景知识做铺垫，学生可以在自己的理解基础上进行回答，同学之间可以对彼此的观点进行补充或反驳，最后教师再给予相应的反馈。在这个过程中，学生的批判性思维和发展性思维能力得到锻炼，同时也能引导学生去思考小说所传递的主题和价值与自己人生的关系，这样学生所掌握的不只是小说本身，更有其所传递的人生观和价值观，从而提升文学素养。

（二）对今后教学的启示

（1）教师应在英文小说阅读的读前和读中给予充分的铺垫和引导。

在读前可通过预课堂、微课等方式让学生了解小说的背景知识，激发学生的阅读兴趣，在读中可设置如阅读卡、思维导图等活动引导学生对相关的知识进行关注，同时可以利用线上学习的优势，开展相应的分享展示活动，提高学生的阅读积极性。

（2）教师应不断提高自身的文学素养。

对于英文小说阅读鉴赏教学，教师需要有广泛的阅读积累和文史知识，对于所要讲授的小说要进行充分、深入的解读和研究，才能合理地设定阅读计划、阅读目标，进行相应的阅读任务设计和课堂教学设计。

（3）深入挖掘小说文本，实现读写结合。

作为美国文学史上最伟大的小说之一，在 *The Great Gatsby* 这一小说中，除了本节课所关注的人物分析、情节梳理以及主题等方面，小说的语言运用、写作手法也值得深入挖掘，教师应在后续的小说阅读鉴赏课中带着学生继续去关注、品味、学习小说的写作技巧，并运用到写作中，进一步提升文学作品语言运用能力。

作者简介

郭淑敏，东莞中学英语教师，曾获得东莞市"一师一优课，一课一名师"优课微课评定三等奖，东莞市第十、十一届英语口语大赛高中组铜奖优秀指导老师。

专家点评

郭淑敏老师的这一节课教学目标清晰，教学效果良好；教学过程从分析人物性格入手，然后引导学生梳理情节以及深入探索小说主题，具有鲜明的层次性和逻辑性，各个教学环节的衔接和过渡流畅自然、层层递进。通过学生自制思维导图的形式让学生对文章中的人物（character）进行描述，培养学生的逻辑性思维；通过情节结构（plot structure）分析帮助学生梳理小说情节，增强理解效果；最后设计与实施对文章主题进行升华的活动，达到阅读教学中从基于文本（text-based）到超越文本（beyond text）的效果，并且帮助学生树立正确的价值观。本堂课是小说读后鉴赏课，其成功教学经验有利于提升高中教师重视对学生文学素养的培养。在本堂课中，教师对技术平台的操作较为熟悉，能与学生进行互动，但互动的频率较低，且大多依托"互动面板"上的文字互动，互动的有效性略显不足。

——华南师范大学外国语言文化学院　徐曼菲

在线教学中的"先学后教"教学模式探讨
——北师大模块七 Unit 19 L1 Language Learning

佛山市顺德第一中学　王彩霞

一、案例简介

本案例是在网络直播教学下，对"先学后教"模式的探讨，选取的课文是北师大版高二英语教材模块七 Unit 19 L1 课文。这篇文章的主题语境是"人与自我"，涉及主题为培养学生"乐于学习，善于学习，终身学习"的能力。根据美国学者埃德加·霍尔提出的"学习金字塔理论"，采取主动学习的方法，学生能够极大地提高学习效率，这在在线教学中尤为重要。因此，教师合理设计教学之前学生的自主学习内容，并根据学生的完成情况制定教学内容与重难点，在课堂上有针对性地实施教学，能够更好地打造高效、实效课堂。

二、教学设计

表1　教学设计表

教学内容分析	1. What——主题意义和主要内容 本课探讨的主题是 Language Learning，即语言（尤其指英语）的学习，文章标题 Get ahead with your English（成功学习英语）。文章第1段讲述学习英语的必要性——跨国公司的发展，人与人之间的交流；第2、3段讲述当代中国学生在有限的英语课堂教学中学习英语的困难之处；最后几段引用专家的建议，给学习者提供一些有助于英语提高的有效途径。 2. How——语言特点和文体结构 这是一篇关于如何学习英语的说明性文章，逻辑清晰，学生阅读难度不大；但是文章中出现较多的语言学术语，比如 native language environment, rich language environment, language acquisition, quality input/output 等，也涉及关于语言学习的相关词块，需要学生在学习时注意理解与积累。另外，本课出现多处长句，涉及名词性从句在文章中的运用，学生需要在理解课文的基础上，辨别各类名词性从句，正确使用名词性从句的引导词。最后作者引用专家的学习建议，尤其提出学习英语需要"一定的热忱"，这既给了学生一定的技能分享，又从心理上给予学生正面的指引

续上表

教学内容分析	3. Why——作者意图 　　文章作者希望通过对英语重要性的客观陈述以及分析目前学习二外的种种限制，引导教师在英语教学课堂中尽可能创造丰富的语言学习环境，确保学生得到高质量的教学输入；也在文章后半部的二外学习建议中给予学生实际的学习指导，希望学生能够克服心理障碍，用每一个实际行动来提升自己的英语水平。而长难句的设置主要是让学生在具体的语境中感悟名词性从句的用法，从而内化为自己的英语语言能力
学情分析	该课为网络直播教学，授课对象为顺德一中高二17班文科普通班学生；学生有一定的英语学习基础，特别是在前期的教学中训练了用思维导图方式总结文章、语法点，因此在教学形式上采用"先学后教"的模式，对于他们来说是可行的。加之学校对平板的推广，让学生在线学习后反馈的实效性有了保障。 　　学生从小接触英语，并且也在学习中不断总结学习英语的方法，因此学生对这篇课文内容的理解和掌握的难度不大，但是对语言学习术语的理解可能会有困难。学生对名词性从句中的宾语从句不陌生，对其他从句在此之前也多少有些接触；但要清晰识别出哪类从句，并在实际运用中选对引导词，大多数学生还是有困难，尤其是对比之前学过的定语从句，各类从句的混合使用，需要教师引导他们区分与理解
教学目标	基于对 Lesson 1 Language Learning 一课的解读和学情分析，根据英语学习活动观的理念，本堂课的教学目标设定为引领学生探究、分析文本。在本堂课结束后，学生能够： 　　（1）理解全文字面意义、主要内容（main idea）。 　　（2）理清文章结构（structure），每个段落的主旨大意。 　　（3）理解文章细节（判断题与填表）。 　　（4）积累文章中有用的词块（chunks）。 　　（5）掌握常见的词性变换规则（en-/-ful/-ence/-ent/名词变复数不规则变化）。 　　（6）划分句子结构，分析长难句。 　　（7）辨别各类名词性从句：主语从句、宾语从句、表语从句、同位语从句。 　　（8）正确使用名词性从句的连接词（that/whether/if/what/whatever/who/whoever/whom/whose/which/when/where/how/why）。 　　（9）知道如何提高英语学习效果
教学内容	Lesson 1 Language Learning—Get ahead with your English（Reading & Language points）
教学重难点	根据学生的自主学习反馈调查问卷进行设定： 　　（1）教学重点：篇章结构正确分析。 　　（2）教学难点：划分句子结构，分析长难句；名词性从句的种类辨别与引导词选择
方法、材料	教学方法：任务型教学法、讲授法、语篇分析法。 教学材料：教材、多媒体课件、辅导书、钉钉APP、学生平板

教学步骤

Part 1：Self-learning Instruction

续上表

课堂活动	设计意图	互动模式 & 时间
1　T provides Ss with the learning instruction before they start their individual learning	3.17 英语课堂学习指引 学习内容：U19 L1。 准备材料：选修七课本，创新设计，红、黑笔，荧光笔，笔记本。 学习步骤： （1）听 Lesson 1 录音，熟悉课文。 （2）对照创新设计 P2，理解课文大意，在课本做适当标注。 （3）语篇研读完成 P3～P4，并校对答案，把握文章主旨、篇章结构以及细节。 （4）完成知识清单，进行词汇、词块积累。 （5）看课本 P100，初步了解名词性从句相关内容。 （6）学习完成后，填写下面的问卷调查，在平板上做出选择。 今晚作业：根据你对本课内容的理解，做一份出色的思维导图吧（平板提交）	自学 （1 period）

Part 2：Reading the Text

课堂活动	设计意图	互动模式 & 时间
1　**Activity 1：Feedback of the survey** T shows Ss the results of the survey and illustrates the main points of today's lesson 1　选择题　2.0　81.58% 2　选择题　2.0　81.58% 3　选择题　2.0　73.68% 4　选择题　2.0　84.21% 5　选择题　2.0　55.26% 6　选择题　2.0　15.79% 7　选择题　2.0　23.68% 8　选择题　2.0　34.21% 9　选择题　2.0　65.79%	学生通过平板，以选择题的方式确认自己对各项目标的达成情况；教师反馈，让学生明确自己与班上大多数学生的自学掌握程度的区别；并点出大部分同学都掌握得不错的项目以及需要教师重点在课堂上解决的知识点	师生互动 （3 min）

续上表

	课堂活动	设计意图	互动模式 & 时间
2	**Activity 2：Text structure** T appreciates and analyses some of the selected mind maps with Ss and they vote for their favourite ones	教师通过选取学生所创造的三类思维导图进行分析，提炼本文结构及要点，唤醒学生的学习记忆，并加深他们对篇章结构的理解。同时，通过网上投票的方式，提升学生课堂参与度，也让同学们在这个活动中获得成就感	生本互动、生生互动、师生互动 （6 min）
3	**Activity 3：Blank filling** T summarizes the main idea of the text and consolidates Ss' understanding of the text by doing the following exercise	通过提炼文本的主要内容，让学生更好地掌握文章主旨，并通过练习巩固理解，学生通过拍照作答的形式，在钉钉群展示	生本互动、生生互动、师生互动 （8 min）

Part 3：Language Learning

	课堂活动	设计意图	互动模式 & 时间
1	T analyzes a long and complicated sentence, instructing students how to figure out the meaning of a sentence 长难句体验： The opinion that breakfast is the most vital meal of the day is so widespread that an increasing number of people from big cities are surprised to learn that there is a lack of scientific evidence showing how breakfast may directly cause changes in our health.	通过对所选取的长难句进行具体分析，指导学生分析长难句的步骤和方法	师生互动 （3 min）
2	T gives lectures about the language points and grammar points of the text through microlectures	利用课前录制的课文分析微课，在上课过程中进行播放，并根据学生的当堂反应进行暂停补充讲解	师生互动 （20 min）

Part 4：After Class

	课后活动	设计意图
1	T asks Ss to underline the following useful expressions in the text **language points** 1. 得到证实 2. 在过去几十年 3. 开始了学英语的热潮 4. 突出 5. 取得成功 6. 缺席 7. 二语习得理论 8. 达到一种高水平的流程度和准确度 9. 置身……中 10. 有机会做某事 11. 依赖 12. 学校课程 13. 做教师创设丰富多彩的外语环境 14. 足够量的外语输入 15. 采取……形式 16. 最高质量的 17. 高质量的输入输出 18. 制定可实现的目标 19. 扩大词汇量 20. 调整 21. 分享学习策略 22. 达到目标 23. 告知某人某事 24. 值得付出额外的努力 25. 需要一种热忱 26. 保持热忱 27. 牢记 28. 有一个光明的前途和实现各种可能的关键	通过在具体的语境中积累相关语块，为以后的输出做准备

续上表

	课后活动	设计意图
2	完成 P6~P9 "创新设计",巩固课堂所学	及时巩固课堂知识点,并通过平板反馈错题
3	下节课 "先学" 任务安排: (1) 看录播课 "名词性从句归纳",并做笔记。 (2) P9~P13 "创新设计" 名词性从句讲义和练习。 (3) 根据自己的学习情况,梳理一份关于名词性从句的思维导图,并通过平板提交	学生自主学习名词性从句相关内容,并通过练习检测自己的学习成效,为教师下一节课的 "教" 做好准备

三、教学成效与反思

网络直播课有别于课室的授课模式,由于网络平台限制,师生之间的互动会大大减少,教师如何及时了解学生的学习状况、自主学习后的反馈是关键。从学生们的学后反馈,以及课本笔记、思维导图设计、练习完成情况、听写情况来看,本节课很好地达到了上课之初制定的若干能力目标。

学生在家学习,没有同伴的督促,也没有教师的叮咛,学习效果要得到保障,自律性和自主性都很重要。本次课程的开展也让笔者意识到,"先学后教" 模式是值得继续推进并且不断完善以实现更优效果的。

如果个体辅导方面落实得更好,针对某位同学的反馈进行后续支持或辅导的话,将更能促进学生的学习生成;如果能够结合实际,在班内开展一对一的学生之间互助学习,也能够提升帮助与被帮助学生的自信心。另外,在设置输出任务的时候,如果能设置一些考查学生综合运用能力的讨论或微作文,效果也会更好。

在 Lesson 1 课文教学之后的 Lesson 3 课堂教学中,笔者仍然采取了 "先学后教" 的教学模式,并且在语言点的讲解上,调整为学生分组录制微课,课堂集中展示并点评补充,学生的生本互动和生生互动以及教师与学生之间的互动也大大增强。

经过一个月的尝试与改进,为了检验 "先学后教" 模式对该班同学的适用情况,笔者开展了一次教学问卷调查,对学生的学习效果、学习主动性等进行了统计,调查结果令笔者信心大增。该班为普通文科班,学生人数 38 人,大部分同学在 "先学后教" 模式下,学习效果与主动性都较好,并且在句子分析能力上有了比较大的提升,说明这一个月的尝试是可行的,而且可以继续进行。

总而言之,网络教学之下新的教学方式的探索,需要教师做个有心人,不断学习,不断实践,并不断改进,最终让学生受益,也让自己能力得到提升。

作者简介

王彩霞,毕业于华中师范大学英语系,中学英语一级教师,从教九年,现任教于佛山市顺德第一中学。学校近几年引进智慧课堂,创建"互联·深度"课堂教学模式,与华南师范大学共建"华南师大－中小学"协同发展联盟,其间王老师也接触到许多新的科学教育理念,并积极进行课堂教学尝试。曾被评为顺德区学科优秀教师,指导学生竞赛获优秀指导教师称号,担任学校教育教学开放日主讲教师等。

专家点评

本堂课教师首先根据平台反映的数据确定学生当前的水平,有助于实行差异性教学;采取"先学后教"的翻转课堂模式,让学生按照要求通过思维导图表达对文章的理解,有利于培养学生的逻辑性思维,以及加深对语篇结构的理解。教学内容集中在文章的结构、句子和词语板块,有助于学生掌握语言知识点。教师充分发挥了信息技术工具的优势,较好地利用网络平台确定学生水平、辅助教学,能够熟练地运用在线平台所生成的评价数据,对教学进行及时的调整。整个教学过程体现了信息技术环境下新工具、新模式应用的优势。

——华南师范大学外国语言文化学院　徐曼菲

微课：Skills for Story Retelling
——高考英语听说考试"故事复述"微技能指导

汕头市聿怀中学　吴怡文

一、案例简介

这节微课主要针对"速记"这一微技能对学生进行指导。在"在线教学"阶段，学生的自主学习必须以教师的明确指导为前提，而这节课的特点便是教学目标明确，指令清楚。虽然全程为英文教学，但内容直观，指导性强，有利于学生在英语环境中领会教师的指令。微课中所用的素材经过筛选和加工处理，保证了整节课从技巧到技能强化训练中的例子都与主题相关，为的是呈现一个完整的方法讲解与实操训练过程，并且突出情感态度的渗透。同时，在微课的难点部分，教师通过亲自示范，让学生体会新技能的可操作性。此外，整节课的活动设计体现了难度的递增梯度，让不同层次的学生都能从中有所收获。

二、教学设计

（一）主题语境

本课的主题语境为"人与自我""人与社会"，其中两个听力素材皆为同一个主题——"分享与互助"，突出"良好的人际关系与社会交往""公益事业与志愿服务""公民义务与社会责任"等主题内涵，引导学生发现生活中传达善意的瞬间。

（二）教学目标

经过本课的学习，学生能够：

（1）根据语篇标题、图片和关键词等信息，预测和理解语篇的主要内容。

（2）把握音频故事中"sb. do sth."这一结构对故事情节的引领作用，并抓住语篇中的关键概念和关键细节，在听的过程中有选择地记录所需信息。

（3）能熟悉听说考试 Part C 的解题步骤，通过整理速记笔记，尽可能完整地复述故事。

（4）能发掘人与人互动过程中的善意瞬间，并用目标语言进行描述。

（三）学情分析

本课主要的教学对象为高二学生，学生在前期训练中已经养成了速记习惯，但这些技巧尚未成熟、不够高效。此外，学生对高考英语听说考试"故事复述"部分的解题步骤并未形成统一的了解。这一部分对大多数学生来说是一个难点，不同层次的学生在这一部分都有一定的能力提升空间。

（四）教学难点

（1）引导学生尝试使用新的速记方式。
（2）在网课环境下实现分层教学。
（3）确保学生熟练掌握新的速记方式并能将其有效运用于听说训练中。

（五）教学步骤

表1 教学步骤表

步骤		教学活动	设计意图
课堂教学	Three tips	教师通过例子介绍速记技能，包括筛选关键信息、恰当排列信息以及使用速记符号	让学生整体了解本节课需要掌握的技能
	Quiz	教师让学生听一个小故事并用本课学到的新方法进行速记，此时教师会在视频中同步为学生展示记笔记的具体操作方法，接着学生暂停视频，并用笔记进行故事复述	让学生初步尝试新方法，也让学生通过教师的亲身指导，对新技能的操作有更清楚的了解。由于练习难度低，学生有机会摆脱自己原来的速记方式，尝试新方法。另外，层次高的学生看一次教师的操作可能就学会了，而后进生在这里可以反复多次观看和训练，如此一来，不同层次的学生便能得到有针对性的指导
	Practice	教师选取高考模拟题作为练习材料，指导学生进行听前预测，听时速记（注：此处需要学生听完一次故事之后重新把故事再播放一次），并指导学生在听后如何整理笔记，让学生暂停视频，进行两分钟的故事复述	这个练习模仿标准的高考试题流程，但同时，教师会提醒学生善用听前20秒进行预测，接下来用新学的技能进行速记，并利用复述前60秒的时间整理笔记，做好准备。这一流程拆解并放大了解题过程的每个环节，让学生更清楚考场上每一个步骤如何做到精益求精
	Summary	教师总结本课所学技能	让学生直观地回顾本课知识脉络，巩固所学技能

续上表

步骤		教学活动	设计意图
课后任务	Task 1	学生连续五天，每天用听说训练软件做一个故事复述练习	持续集中训练能不断提高学生对新技能的熟悉程度，同时，软件能提供即时反馈，这让教师和学生都能清楚技能的掌握情况
	Task 2	学生上传速记笔记，教师加以点评	教师能对学生的速记情况进行针对性的指导
	Task 3	学生把自己的速记笔记发到微信朋友圈，小组内成员互相点评	给学生展示作品以及表达意见的机会，激发学生学习动力，同时，教师可从学生发布的内容中观察学生的学习情况

（微信扫描二维码可观看微课，网页下载链接：https://portal.scnu.edu.cn/article-13959-478-1.html）

三、教学成效与反思

（一）教学成效

这节课的成效主要体现在以下两方面。

1. 技能习得

通过学习本节微课以及进行一系列的课后操练，学生在速记效率、听力理解以及故事复述技能上有了一定程度的改善，一改过去"听不懂""记不来""说不出"的困境，在故事复述这道题上的信心有一定的提高。

2. 学习态度转变

在这节课后，学生通过微信朋友圈的方式上传自己的速记笔记，并由小组成员互相点评，在"在线教学"阶段，这样的任务给学生提供了在学习上分享与合作的机会，学生的学习兴趣提高了，也更重视这一任务，有的学生甚至还能主动分享自己的训练心得，这让本课的学习目标能够落到实处，也促使学生对学习内容进行内化与输出。

（二）教学反思

以下是这一教学实践给笔者的体会。

1. 制作"在线教学"微课的一些建议

①目标明确。一节课的学习内容应该尽量保证少而精，学生在课后的训练中才能更有针对性，教学目标也更能落实。

②简明扼要。学生的耐力有限，家庭的学习环境更让大多数学生难以在网络学习中保

证足够的专注力，简洁且能够突出重点的文字更能保证一节课的效率。

③界面友好。微课界面的直观和美感是保持学生兴奋点的重要因素。

④指令清晰。微课中的指令必须足够清楚，比如哪里需要学生停下来思考，哪里需要学生回放，必须在画面中清楚显示，以保证学生能够接收到指令，跟上课堂节奏。

2. 在线教学课后任务落实建议

一种技能或一个知识点的习得需要时间，因此，教师可以通过布置连续几天的集中训练，让学生不断试错，最终得到提升。同时，在这个过程中如果教师能给予及时的反馈，学生便能不断修正。此外，充分利用同伴的力量来互相点评，减轻了教师的负担，提升了反馈的效率，也有利于培养学生自主学习和合作学习的意识。

作者简介

吴怡文，现任教于汕头市聿怀中学。从教以来专注于英语教学的改革与创新，曾多次承担区、市级公开课进行示范教学。课例曾被"广东省普通高中教师职务培训"采用为培训课例。曾获"教学业绩显著教师""教学改革先进教师"等荣誉称号。

专家点评

本堂课教学目标清晰且达成度良好，通过让学生掌握新速记方式，提升学生在听说考试中对故事复述题型的处理能力。整堂课教学逻辑清晰，重点突出，通过"present – practice – production"的方式突破学生的学习难点、习得技能。通过让学生将自己的速记作品发到朋友圈的形式，让学生展示自己的作品以及评价同伴作品发表自己的意见，激发学生的学习兴趣，锻炼学生的批判性思维。教师的语音语调优美，PPT 制作精良，美观度佳。

——华南师范大学外国语言文化学院　刘晓斌

非谓语动词作定语

——描述英雄

东莞市第一中学　苏　烨

一、案例简介

本案例是一节高三语法复习网络直播公开课。结合了"疫情"这个热点话题，以"英雄故事"作为主题语境，遵循 EEA（experience – explore – apply）的语法学习规律，从篇章感知目标语法，到引导学生探索发现语法规则，再到结合高考题型，以抗疫英雄钟南山的故事为语言载体，在原创的新语境和篇章中运用语法，最后以篇章形式输出语法，完成真实任务，进行文化交际，帮助学生梳理非谓语动词作定语不同形式的用法与意义，以及其在高考中的考查形式及解题思路，同时也让学生体会到可以在写作中有意识地运用非谓语动词作定语来润色文章。

整堂课思路清晰，目标明确，循序渐进，环环相扣，并将情感教育渗透其中，最后引导学生归纳"英雄"品质，升华对英雄的认识，鼓励他们做生活中的英雄，从而实现"立德树人"。

为了让网络直播课更接近真实课堂，师生共进行了五次连麦，通过真实自然流畅的师生在线互动提升了教学效果。

二、教学设计

（一）教学内容

人教版普通高中新课标 Book 10 Unit 1 Learning about language—Revision of Non-finite Verbs as Attribute。

（二）教学思想

《普通高中英语课程标准（2017年版）》指出，普通高中英语课程应倡导指向学科核心素养的英语学习活动观和自主学习、合作学习、探究学习等学习方式。教师要重视应用现代信息技术，促进信息技术与课程教学的深度融合。教师应设计具有综合性、关联性和实践性特点的英语学习活动,使学生通过学习理解、应用实践、迁移创新等一系列融语言、文化、思维为一体的活动,提高学生英语学习能力和运用能力。普通高中英语课程应以德育为魂、能力为重、基础为先、创新为上,注重在发展学生英语语言运用能力的过程中,培养中国情怀,坚定文化自信,逐步提升跨文化沟通能力、思辨能力、学习能力和创新能力,形成正确的世界观、人生观和价值观。

《普通高中英语课程标准(2017年版)》关于语法知识教学的要求:高中英语语法教学,要帮助学生意识到英语语言使用中的语法知识是"形式—意义—使用"的统一体。通过在语境中学习和运用语法知识,认识英语语法的基本体系及其特征;在常见的具体语境中整体性地运用所学语法知识,有效地使用口语和书面语表达意义和进行人际交流。

(三)教材分析

本课时是人教版高中英语选修十第一单元语言学习语法部分,复习非谓语动词作定语的用法。学生们在高一、高二已分块学习了非谓语的知识,但对非谓语作定语的知识并没有系统化学习。该语法项目内容多且碎,难点不易掌握,但又是高考考查的重点,近些年来在全国卷语法填空、改错、写作中都有考查。所以,如何创设情境,帮助学生系统复习非谓语动词作定语的基本语法知识,突破语法难点,引导学生将其吸收内化,恰当地在具体语境中运用该语法的同时,培养学生的优秀品质,将成为设计语法教学活动的重点,更是难点。

(四)学情分析

本节课的学习主体为高三(14)班的学生,该班学生语法基础知识有所欠缺,在做语法填空和篇章改错题时特别容易在跟非谓语动词有关的考点上出错,写作中也不大会运用非谓语来写出高级句式。同时,高三学生任务重,压力大,一方面有提高英语水平的强烈愿望,另一方面,语法的"枯燥"、学习生活的单调又使得他们缺乏主动性和学习英语的热情。所以,如何设计教学活动,调动学生积极性,搭建支架,引导学生积极思考和归纳,在轻松愉快的氛围中复习和运用语法知识,循序渐进帮助学生向更高的发展区迈进,将是重中之重。

(五)教法学法分析

根据课标要求、学情和笔者的自身特点,本节课教学中,笔者从以下几方面体现了英语新课程的理念。

(1)以人为本,以学生为中心。注重培养学生英语学科核心素养,落实阅读技能和语法知识的学习指导。以"任务型教学"作为课堂教学设计之理念,结合使用了基于语篇的语法教学策略、语境教学法和支架式教学模式,为学生创设全新语境。学生先通过一篇以非谓语动词作定语为主体结构的小短文,在完整的语篇中感知并归纳非谓语不同形式在句子中作定语的用法,再以抗疫英雄钟南山的故事为语言载体,进行语法填空、改错、合并句子、翻译等各种语言形式的练习来复习和灵活运用非谓语作定语,最后又以猜人游戏、作文等作业来巩固所学,使学生能"用英语进行交际,用英语讲好中国故事",感受成功。

(2)英语语法教学和情感教育有机结合。从用来感知目标语法创设的语篇,到运用该目标语法的新语境,到拓展活动,再到课后的提升训练,全部围绕"英雄"主题展开语法教学。从影视中的英雄，回归到现实生活中的英雄，带领孩子们了解抗疫英雄钟南山的故事，用目标语法向世界介绍我们的民族英雄，完成真实任务，进行文化交流。总结英雄们的伟大品质，明确新时代"英雄"的全新含义，鼓励孩子们向英雄学习，成为生活中的"英雄"。课后再进行有关"抗疫英雄"的说写练习。除此之外，笔者为学生营造宽松气氛，多次连麦，点拨引导，帮助他们形成积极的学习态度。

（3）现代信息技术与英语语法教学深度融合。对于英雄这一话题的挖掘，利用课前播放音乐、视频剪辑、展示图片、致敬逆行者的视频混剪等多种多媒体辅助教学手段，调动学生学习语法的热情，启发学生的英语思维，发展学生交际能力，提高课堂教学效率。

（六）教学目标

根据2017年版普通高中课程标准和教学大纲关于三维目标的描述，结合学情和教材内容，笔者将本节课教学目标设定如下：

（1）知识目标。

①引导学生观察归纳出不同非谓语形式作定语在意义和用法上的区别。

②在新创设的语境中使学生理解非谓语动词作定语与定语从句间的联系。

③了解与新冠病毒有关的一些表达。

（2）能力目标。

①学生能够在新创设的语境中，熟练掌握与非谓语动词有关的语法填空、改错等高考题型的解题思路。

②学生能够有意识地运用非谓语动词作定语写出更生动、简洁、高级的句子，增强作文色彩，能运用非谓语动词作定语来描述英雄人物，进行文化交流。

（3）情感目标。

①学生能够在新的语境中发现学习英语语法的乐趣。

②学生能够通过了解抗疫英雄钟南山的故事，感恩英雄，坚定文化自信，学习英雄的品质，并努力做生活中的英雄。

（七）教学重点

（1）引导学生归纳非谓语动词作定语不同形式的用法及意义，构建语法知识体系。

（2）在高考语法填空、改错、作文等题型中熟练运用非谓语动词作定语。

（八）教学难点

（1）创设语境，突破非谓语动词作定语的难点知识。

（2）创设语境，教会学生自如运用目标语法，增强作文色彩。

（九）教学步骤

Step 1：Lead-in

A song named "Hero" and a video clip about spider-man.

Step 2：Experience

Skim the following passage and pay attention to the underlined verbs：

（1）What kind of verbs are they?

（2）What sentence components do they serve as in the sentences?

Spider-man's Story

Spider-man is a boy named Peter. A spider running out of the scientific lab happened to bite him. Then Peter got the super power to fly freely. He became a super man dressed in the costume as a spider and flying around the city. After Uncle Ben got killed by Sandman, Peter realized he had the responsibility to fight against the bad guys and to save people faced with dangers. A young actor, Tom Holland, stars in *Spider-man: Far From Home*, which is a fictional film published on July, 2019 and the sequel being expected by Marvel Fans now is still in production. Who will star in the sequel to be published in the future?

Step 3: Explore

Observe the following sentences and discover the grammatical rules of non-predicate verbs as attribute.

(1) A spider running out of the scientific lab happened to bite him.

doing: _____

(2) *Spider-Man: Far From Home* is a fictional film published on July, 2019.

done: _____

(3) Peter realized he had the responsibility to fight against the bad guys and to save people faced with dangers.

to do: _____

(4) The sequel being expected by Marvel Fans now is still in production.

being done: _____

(5) Who will star in the sequel to be published in the future?

to be done: _____

Step 4: Apply

Zhong Nanshan's Story

Ⅰ. Blank-filling

(1) The man _____ (wear) a mask in the picture is named Zhong Nanshan, a famous respiratory specialist. （呼吸病专家）

(2) This ordinary but great man, _____ (bear) in a medical family in 1941, has been working in the medical fieldfor over 40 years.

(3) The man _____ (talk) about by us now got married to a famous basketball player, Li Shaofen, in 1955.

(4) In 2003, SARS, _____ (spread) all over the world and _____ (last) nine months, was finally defeated by this devoted man and his team.

(5) At the age of 43, Zhong Nanshan got the opportunity _____ (continue) his study at the university of Edinburgh.

(6) After the arrival of novel coronavirus, many problems _____ (solve) in the following days troubled the whole nation and it was Zhong Nanshan that set our mind at rest.

(7) The 84 year's old man _____ (work) hard day and night to fight against the

COVID-19 now asked us to avoid _____ (protect) contact with live or farm animals.

(8) With Zhong Nanshan and many other people's joint efforts, there appears a decreasing number of _____ (confirm) cases and _____ (suspect) cases.

Ⅱ. Proof reading

(1) The man interviewed now strengthens our confidence to win the battle against novel corona-virus.

(2) Professor Zhong Nanshan is adored by an increasing number of people has saved numerous lives.

Ⅲ. Sentences compounding

(1) The great scientist was sitting on the high-speed train to Wuhan. The great scientist warned us not to go to Wuhan.

(2) We are looking forward to his inspiring announcement of victory. The inspiring announcement of victory is to be given in the near future.

Ⅳ. Translating

Introduce our national hero to the world by using non-predicate verbs as attribute.

A Super Hero

Zhong Nanshan is a famous respiratory specialist _____ (1936年出身于一个医学世家). As a child, he always wondered why he couldn't fly as a bird, and made a plan _____ (从窗户跳出去) of the third floor with the biggest umbrella in his family. The man _____ (创造了全国纪录) in the men's 400 meters finally chose to study medicine, following his father's step. In 2003, Mr. Zhong Nanshan _____ (夜以继日战斗) with his team defeated SARS and saved many people _____ (遭受病毒的痛苦). At the beginning of 2020, when a new corona virus _____ (医学界不了解) struck Wuhan, the 84-year-old man rushed there. Thanks to Zhong Nanshan, we saw the hope _____ (打赢这场战役). The news of victory, _____ (正被我们期待) is around the corner. The virus _____ (即将被彻底打败) in the near future teaches us a lesson that knowledge is power and the true hero is someone _____ (用自己的力量) to empower others.

Step 5: Summary

For blank-filling and proof reading:

1. Analyze the sentence components, find the predicate, and identify the non-predicate.

2. Follow the rules of non-predicate verbs as attribute.

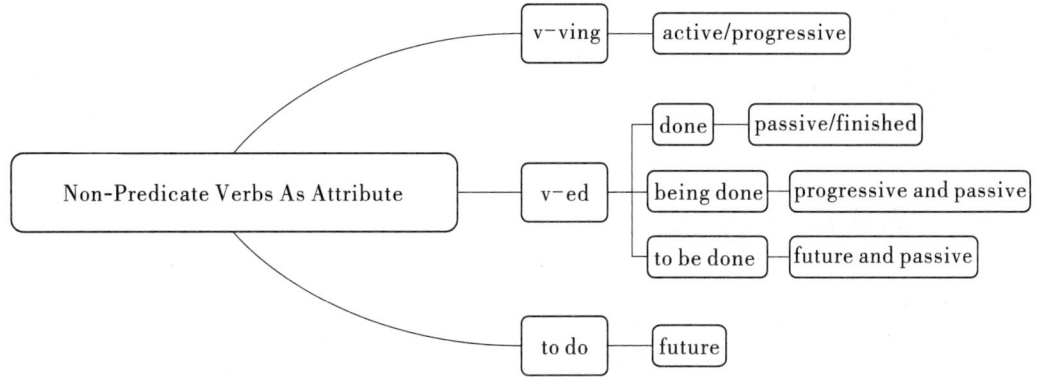

For writing:

Sometimes using non-predicate verbs properly can make your writing more concise, vivid, and advanced.

Step 6: Homework

Watch a video clip to salute all the heroes in the battle against COVID-19.

Assignment 1: Speaking

Introduce a hero during the battle against COVID-19 to your partner by using non-predicate verbs as attribute and ask him/her to guess who the hero is.

Assignment 2: Writing

假定你是李华,你的外籍教师 Tom 来信询问武汉的新型冠状病毒肺炎(COVID-19)的有关情况。请你给他回信,内容包括:

(1) 疫情简况;

(2) 抗疫英雄事迹;

(3) 战疫信心。

注意:

(1) 词数 100 个左右;

(2) 可以适当增加细节,以使行文连贯。

Step 7: Moral Teaching

Guide the students to figure out the common qualities of heroes and give a new definition to "hero":

H hardworking, hopeful, helpful…

E energetic, enthusiastic, extraordinary…

R reliable, responsible…

O optimistic…

Hero is a name to everyone using their **powers** to empower others.

Knowledge is **power**. ——Francis Bacon

（微信扫描二维码可观看微课，网页下载链接：
https://portal.scnu.edu.cn/article-13959-476-1.html）

三、教学成效与反思

1. 教学成效

本节网络直播公开课，获得了学生、教研员、听课教师的一致好评。学生表示很享受在语境和故事中学习语法，对该课所选取的话题很感兴趣。通过这节课，他们逐渐构建了非谓语动词作定语的语法知识体系，对该语法形式在高考中的各种考查形式及解题策略有了更清晰的概念，还学会有意识地运用该语法形式润色作文。同时，他们对钟南山这位英雄人物有了更多的了解，对新时代的"英雄"有了更深刻的理解，树立了正确的价值观。

教研员及听课教师都称赞此课教学设计精巧，思路清晰，材料鲜活，围绕一个主题语境贯穿整节课，落实阅读技能与语法知识的学习指导。注重培养学生的思维品质和文化意识，读写结合，完成真实任务，进行文化交流。学科内容融合情感教育。师生互动自然流畅，教师循循善诱，学生配合默契，最后很自然地做到了情感升华，是非常值得推广的一节课。

2. 教学反思

本节网络直播课，笔者采用的是简单的"屏幕分享模式"。可能因为自身对网络直播技术还摸索得不够，感觉直播课在课堂活动的开展上还是相对受限。如小组讨论、游戏等课堂活动，可能需要学习更专业的直播模式才能更好地开展。今后将进一步学习网络技术并探索更专业的直播模式。

作者简介

苏烨，广东省骨干教师，广东省初中英语学业水平考试命题专家库成员，东莞市高中英语中心组成员，东莞市首批高中英语教学能手。10项教学课例、优课、微课、赛课获全国省市一、二等奖。主持并参与多项课题研究，16篇论文在全国省市获奖或在刊物上发表。多次获"全国中学生英语能力竞赛优秀辅导教师一等奖"。多次承担省市级公开课及专题讲座。曾公派赴英国进行英语教师培训。

专家点评

苏烨老师的这一节课教学目标具体、清晰，教学容量适合；整体教学设计巧妙，教学思路清晰，教学流程的层次感及逻辑性很强。本堂课突出的亮点是将真实鲜活的具体语境融入学生的语法学习当中，基于语篇进行语法讲解的这一做法符合2017年版课标要求。

同时，整堂课围绕一个主题语境贯穿全程，材料紧密联系目前大家正经历的新冠病毒肺炎事件，用钟南山的例子作为英雄模范进行教学，比较容易引起学生的学习兴趣。通过教师的引导，学生在表达自己的看法时逻辑性比较清晰，教学效果较明显。虽然是一堂语法课，但是整节课的文化价值和意义生成是层层递进的，从歌曲到视频到文本，采取不同形式介绍同一个主题的内容，让学生在不同类型的语篇中感知英雄的特征，到最后让学生用本节课的语法点去介绍自己心目中的英雄——钟南山，整体逻辑性非常清晰，也非常有利于学生正确价值观的形成。这虽是一堂网络直播课，但师生之间的互动流畅而自然，学生积极地参与到学习的过程中，师生之间的配合相得益彰。教师的PPT制作精良，通过不同的颜色来突出重点内容。对本堂课的建议是，教师在选取多媒体资源辅助教学时，可选择相对高清的图片或视频资源。

——华南师范大学外国语言文化学院　黄丽燕

The Awareness of Discourse in Gap Filling
——七选五之语篇意识

东莞市万江中学　廖海燕

一、案例简介

在高中英语阅读教学和训练中，教师和学生更多聚焦于知识点的学习以及微技能解题技巧的训练，而语篇意识一直比较薄弱。笔者认为，知识点是为理解语篇服务的，但掌握知识点不等于理解了语篇；微技能有助于阅读解题，但是光靠微技能解决不了大格局的题。因此，笔者认为，阅读教学应该"自上而下"，从语篇高度掌握文章的整体内容和结构，从细节层面把握文章的逻辑和衔接。阅读训练应该结合宏观技能和微观技能，先了解文章的写作思路、写作内容及篇章布局，然后分析句间衔接和句子逻辑。因此，笔者尝试从语篇的宏观角度训练学生应对阅读填空题（即七选五）的技巧，培养学生在解题过程中的语篇意识。本案例是笔者根据东莞市教研室的安排在疫情期间通过网络平台向本校高三1班学生进行的二轮复习课。虽为网络授课，但笔者通过互动实时检测学生的掌握程度，尽可能贴近实际授课效果。

二、教学设计

Analysis of the teaching and the students：

This class is for senior three students. This is the second-round revision for the second semester. At this time, the students have got quite familiar with gap filling, and they have also got plenty of practice up till now. But when we talk about the skills in dealing with gap filling, most of time we will just focus on the micro skills by analyzing the words repetition, and cohesive sentences, etc. They have seldom been introduced the macro skills while concerning the discourse analysis.

Teaching aims：

After the class, most of the students will be able to：

1. Know two kinds of structures of discourse, and two kinds of skills accordingly.

2. Analyze the macro structure of a passage by using the macro skills.

3. Match the answers in gap filling based on the consistent content with the passage.

Teaching important and difficult points:

1. The students know the macro skills and use them to deal with the gap filling.

2. The students master the skills of analyzing a passage and choose the answers based on content.

Teaching procedures:

Step 1: Warming up and leading in

1. Put three pictures in correct order

Teacher shows three pictures—a mountain, a temple, two monks, and asks the students to put them in correct order. Students think about it and type their answers on the chatting board. The supposed answer should be 3 - 2 - 1.

2. Expose the story behind the pictures.

Teacher explains the reason for the order and presents the story behind the pictures: "Once upon a time, there was a mountain. Inside the mountain, there was a temple. Inside the temple, there was an old monk telling stories. The stories went like this..." The order of the pictures is decided by the content. Teacher thus leads to the theme of this class: "content first" and it is the same case in gap filling.

<u>Purpose: use the pictures and the story hidden behind them to arouse the interest of the students, and to lead to the theme of the class "content first" in gap filling.</u>

Step 2: Requirements & strategies

1. Introduce the requirements of gap filling

Teacher introduces the requirements of gap filling. According to the test instructions, gap filling aims to test the understanding and mastery of the overall content and structure of the passage, and the logical meaning of the context.

2. Introduce the concept of discourse

According to the requirements, teacher introduces the concept of discourse. A discourse contains two aspects: micro structure and macro structure. Micro structure involves the grammar, collocation, cohesion, and coherence among sentences, and the way of developing sentences. Macro structure refers to the relation among paragraphs, the relation between the paragraphs and the passage, and the style and format of the passage. Students listen carefully and take notes.

3. Introduce the relative skills

Based on the two kinds of structures, teacher introduces the two kinds of skills: micro skills and macro skills. Micro skills are about cohesion and logic among words and sentences. In correspondent with the macro structure, there are some macro skills accordingly, such as the writing method, the writing content and the writing structure. Students learn the skills attentively and take notes.

4. Show the strategies in dealing with gap filling

Teacher shows the "five steps" strategies in dealing with gap filling, explains the meanings in detail, and tells the concrete ways to follow them: identify the writing style→writing method→writing structure→writing content→at last match the answers. Students understand the strategies and keep them in mind.

<u>Purpose: help the students know the requirements of gap filling and introduce them the new and useful macro skills and strategies when dealing with gap filling.</u>

Step 3: Example

1. Set assignments the night before

Teacher sets the assignments for the students the night before: the gap filling from *2019 College Entrance Exam.*

任务：1）写出段落大意/关键词，概括文章结构和写作思路。

文体：（记叙文？议论文？说明文？）

段落大意：①_____　　②_____
　　　　　③_____　　④_____

文章结构：_____　　写作思路：_____

2）在每个选项后面写出其大意/关键词。

3）根据选项与段落<u>内容</u>的<u>吻合度</u>匹配答案。

Students need to finish the homework accordingly and hand in their homework by taking photos of them and sending them to the app.

2. Analyze the passage together and check the answers

Teacher asks the students to type their answers to the passage on the chatting board to check the correctness of the homework. After that, as an example to show the strategies in dealing with the gap filling using the macro skills, teacher analyzes the macro structure of the passage, tells about the meaning of each option, and matches the sentence to the paragraph based on the consistent content. Students listen carefully, follow the methods, take notes, and check their own answers.

3. Summary

Teacher summarizes the structure of the exposition, which usually contains the introduction part to state the topic, the body part to illustrate the different aspects, and the conclusion part to restate the topic.

<u>Purpose: by analyzing an example, show the students how to use the macro skills in dealing with the gap filling, and show them how correct and how easy it could be by matching the options based on the same content as the paragraph.</u>

Step 4: Practice

1. Set assignment the night before

Another passage was offered to the students the night before, but the options were not given.

任务：写出段落大意/关键词，概括文章结构和写作思路。

文体：（记叙文？议论文？说明文？）
段落大意：① _____ ② _____
③ _____ ④ _____
文章结构：_____ 写作思路：_____

The students were asked to analyze the macro structure of the passage according to the tasks. They finished the homework accordingly and handed it in by taking photos and sending them to the app. Teacher checked their homework before the class to know the possible difficulties and problems.

2. Check their understanding of the passage

In the class, teacher asks one student to analyze the passage according to the assignment. The student tells about the style, the main idea of each paragraph, the method, and the structure of the passage. Teacher offers some help when necessary, and gives the supposed version of answers to make sure that the students comprehend the macro structure of the passage correctly and thoroughly.

3. Show the options to the students

At this point, teacher shows the options of the passage to the whole class. Teacher reads them out and analyzes the meaning of each option. At the same time, the students read them carefully and understand their meanings.

4. Match the options accordingly

Then the students are asked to make their choices, to match the answers based on the same content. Several minutes are given for the students to finish the task. If finishing them, the students type the answers on the chatting board. Then teacher asks two students to share their answers and tell the method they used while choosing the correct sentences.

5. Summary

At last, teacher reviews the strategies in dealing with gap filling: identify the writing style→writing method→writing structure→writing content→at last match the answers. The students review the skills and keep them in mind.

<u>Purpose: by practicing in the class, we can check whether the students have mastered the skills taught just now and at the same time consolidate the skills.</u>

Step 5: Summary & homework

1. Summary

Towards the end of the class, teacher summarizes the whole lesson briefly: use the macro skills to deal with gap filling and master the style of the exposition introduced in this class, which is the most commonly seen style in gap filling. In the continued lesson, there will be the introduction to the other two styles—narration and argumentation.

2. Homework

At last, teacher issues the homework for the class—read another gap filling, use the macro skills learned today to choose the correct answers based on the content. The students might need to analyze the macro structure of the passage first as previous, and they also need to take photos and send them to the app after finishing the homework.

Purpose: by summarizing, help the students to review the macro skills learnt today, and help the students consolidate the skills through the homework.

（微信扫描二维码可观看微课，网页下载链接：
https://portal.scnu.edu.cn/article-13959-470-1.html）

三、教学成效与反思

这节课是全市网络公开课，笔者的课件和授课内容（除高考题外）全部是原创，包括堂上训练的文章也是笔者对3月份 *CHINA DAILY* 上的文章改编而成的。直播班级是东莞市万江中学高三1班（50名学生），联播群是"东莞市高中英语网络教学研讨群"（共739人）和"东莞市2020届高三英语教研群"（共308人）。虽然不是群里所有的教师都在直播线上，但是平台提供了回看功能，有需要的教师都可以去回看。同时，市教研员把直播视频连同教学课件和学案，一起压缩打包发回群里，供各个学校的教师下载使用，影响广泛深远。根据直播过程中和之后的互动面板反馈，听课教师好评如潮，认为题材紧扣高考，角度新颖，从全新的高度和知识层面展示了新的解题方法和技巧，教学设计比较新颖，可以给大家带来启发和思考；上课过程中教师引导和启发学生很到位，学法指导很到位，学生的配合度很高，学生能够在堂上训练环节运用新学的方法选对所有的题目，教学效果都很不错；从内容展现的语篇知识上看，上课教师有一定的理论功底，做了一定的理论准备。由此可见，本节课得到了大家的一致认可和好评。

由于受"网课不超过20分钟"的要求所限制，本节课的设计只能是一个小方面的内容。所以，上课时间比较紧张，笔者语速可能也稍微快了一点，同时也没有更多时间给学生进行堂上效果检测，导致课上得不够细致。如果时间充裕一些，这节课的教学内容会得到更好的扩展和深化，学生也会掌握得更加牢固。

作者简介

廖海燕，东莞市万江中学教师，东莞市第三批名师培养对象、第四批高中英语学科带头人、第一批高中英语教学能手，广东省骨干教师；东莞市裴海燕名师工作室学员，李智名师工作室成员，王世建名师工作室指导老师；万江区优秀教师、优秀班主任、优秀党员。

专家点评

　　廖海燕老师的课一直围绕着目标进行，较好地实现了教学目标，教学效果良好；通过给图片排序和小故事的形式引入本堂课的内容，能够引起学生对接下来所学内容的兴趣与期待，方法巧妙；选择恰当的联系材料，使其适应不同学生的水平，关注学生水平的差异性，通过展示不同难度的教学材料实施差异化教学。本堂课的重点是掌握阅读理解"七选五"的微技能，难点是让学生从语篇意识层面掌握阅读理解的"七选五"微技能，重点突出，对难点的解决方式恰当，对学生的指导到位。整体来说，教师对知识点的演示规范；教师教学思路清晰，对于学生的回答能够进行及时有效的反馈。

——华南师范大学外国语言文化学院　刘晓斌

高中英语书面表达之提高篇
——高分作文赏析

广东高州中学 何玉玲

笔者现任教高三英语，深感优秀学生到了高三第二学期所面临的一个问题就是如何写一篇高分的作文。因为优秀学生的客观题几乎可以全对，语法填空和短文改错也较容易拿满分，而作文则是瓶颈，难拿高分。所以笔者根据自己曾三次担任高考卷作文改卷老师的经验，深入研究一篇高分的英语作文的要素是什么，以及如何写一篇高分的英语作文。本课主要讲述高三学生二轮复习时如何提高书面表达能力。

学生想写一篇高分的英语作文，首先，他们要有机会看看高分作文是什么样的，所以，笔者先呈现给学生的是 2019 年广东一模的两篇高分作文，跟学生指出该范文的亮点，从而指出高分作文的要素；然后让学生赏析一些高分作文；如果学生可以看得出哪些高级句型或词汇用得好，那么他们在写作时就可以有意识地运用这些高级句型或词汇。在本节课的最后，则跟学生总结出在高三后阶段书面表达复习方法。

一、教学设计

（一）教学背景分析

经过前两年语言知识和技能的积累，高三学生能进行基本的语言输出，但在词汇、句式的恰当性、文章的层次结构、语句的连贯性等方面还需要引导，所以本节课将通过引导学生学会赏析高分作文，从而学会有意识地运用高级词汇、高级句式和适当的连接词等，更好地优化自己的写作。

（二）教学方式

根据书面表达的内容特点，考虑学生的实际学习情况及学习能力，按照理解体验—自主运用的教学思路，以解决问题为导向，通过独立思考和小组合作讨论的活动形式，使学生写作能力得到拓展，在英语写作上达到形象表达和令人印象深刻。

（三）教学目标

学生通过观察高分作文，通过独立思考、小组交流，并对文字信息进行分析，了解高分作文的要求，提高书面表达中运用高级词汇、高级句式和适当地运用连接词等的能力。

（四）教学过程

Step 1　Learning Goals

Learn to appreciate excellent compositions and find out what is an excellent composition and how to write an excellent composition.

设计目的：让学生清楚本节课的目标是通过赏析高分作文来提高自己的英语书面表达能力。

Step 2　Introduction

Show the students two excellent compositions of the 2019 Guangdong mock exam of English, explain the brilliant writing skills used in the compositions, like the complicated sentence structures and some outstanding vocabulary used.

（2019 广东一模书面表达题目）假定你是李华，你校学生会创办的你最喜爱的英语月报（*English Monthly*）向读者征集意见，请你给主编写封邮件，内容包括：

1. 自我介绍；
2. 说明该报的优点：内容丰富，指导英语学习；
3. 提出建议：多介绍中国传统文化及励志故事。

注意：

1. 词数 100 个左右；
2. 可以适当增加细节，以使行文连贯。

▶ 范文 1（见图 1）

> 第二节　书面表达（满分 25 分）
>
> Dear editor,
>
> 　　I am Li Hua, an ethusiastic reader of the English Monthly. I'm writing to give my personal views in response to your inquiry.
>
> 　　The newspaper boasts various advantages, among which the rich storehouse of knowledge in it shines most. Filled with culture around the world and introductions of normal people and big names, English Monthly offer readers a good chance to broaden their vision and embrace the exotic beauty. Meanwhile, the language of it outshines many informative newspapers and popular magazines. Not only concise but also vivid, the expressions make English study more enjoyable and more lasting. However, as a Chinese, I suggest the newspaper add more Chinese traditional cultural and inspiring stories, which can deepen our understanding of the great glorious motherland and motivate us to face our life with a more positive attitude.
>
> 　　Thanks for your time with my letter, I would appreciate it if you take my opinion into your favourable consideration.
>
> 　　　　　　　　　　　　　　　　　　　　　　　　Yours sincerely,
> 　　　　　　　　　　　　　　　　　　　　　　　　Li Hua

图 1　范文 1

范文1亮点:

(1) 卷面整洁。

(2) 明确分段。主要要点前有主题句。

(3) 要点齐全。

(4) 巧用连接:meanwhile, however。

(5) 高级词汇:inquiry, boast, embrace, exotic, outshine, enjoyable, informative, concise, vivid, glorious。

(6) 复杂句式:among which 引导定语从句;非谓语动词 filled with, I suggest 接宾语从句;which 引导定语从句。

(7) 具体的描述性形容词:enthusiastic, personal, various, rich, exotic, informative, popular, concise, vivid, enjoyable, lasting, traditional, cultural, inspiring, great, glorious, positive, favourable (共18个)。

> 范文2(见图2)

Dear editor,

  Hi, I'm Li Hua, a student of our school who treasure English Monthly as his favorite magazine. Knowing that you're gathering advice on English Monthly, I lost no time in writing this letter to express my heartfelt thankness for founding it.

  As is known to us all, a valuable magazine is to success what an engine is to an automobile. Such is English Monthly, which not only provides us a variety of reading materials but also exerts a long-lasting and far-reaching effect on our futher English study for it maintains a great number of beautifully written sentences. However, from my perspective, more introductions about Chinese minority culture and folk customs as well as some inspiring stories which can not often be seen may also light up the English Monthly to some degree.

  I would highly appreciate it if you would take my suggestion into consideration. Please do not hesitate to attach me whenever more detailed information is needed. Looking forward to the latest issue!

Yours sincerely,
Li Hua

图2 范文2

范文2亮点:

(1) 卷面整洁。

(2) 明确分段。

(3) 要点齐全。

(4) 连接词:however, from my perspective。

(5) 高级词汇:heartfelt, exert, long-lasting, far-reaching, attach。

（6）复杂句式：who 引导定语从句，knowing 非谓语动词，as is known to us all 定语从句，A is to B what C is to D，such 引导倒装句，which 引导定语从句。

（7）具体的描述性形容词：favourite, heartfelt, valuable, long-lasting, far-reaching, further, beautifully written, inspiring, detailed, latest（共10个）。

> 总结高分作文要素

（1）要点齐全，严格按照内容来展开。
（2）写作层次清楚，明确分段，注意连贯性。
（3）运用高级词汇和较复杂的句型。
（4）卷面整洁。

【设计意图】
教师通过分析高分作文的亮点，让学生注意到高分作文的要素。

Step 3　Practice

找出以下作文的亮点：画出高级词汇、复杂句式、连接词。

假设你是李华，你的美国朋友 Tom 给你发了封邮件，想了解茶在中国文化中的作用。请你给他回封邮件，内容包括：

1．茶的历史悠久（拥有近5 000年历史）；
2．茶与文学（唐代"茶圣"陆羽写了第一本关于茶的书《茶经》）；
3．茶在生活中的作用。

参考词汇：《茶经》*The Classic of Tea*　　　　茶圣 Tea Saint

第一段：

答案：1. <u>Delightedly knowing</u> your interest in Chinese culture of tea, I am <u>more than</u> willing to offer some introductions related. <u>What distinguishes tea from other drinks</u> is its long history in combination with its value on literature and people's daily life.

答案：2. <u>Upon receiving</u> your email saying that you intend to learn something <u>relevant to</u> the Chinese tea culture, I am more than delighted to make a simple introduction to you.

最后一段：

答案：In short, it is my sincere <u>hope that</u> you could fall in love with tea. Don't hesitate to ask me questions about it. Look forward to hearing from you!

正文部分：

答案：China, <u>as is widely known</u>, possesses a <u>profound</u> culture, <u>among which</u> tea is an essential element. The habit of drinking tea can date back to five thousand years ago. <u>What is worth mentioning is that</u> it is not merely the tea that ancient people were appreciating, but also the literature works related, <u>of which</u> *The Classic of Tea* is an example. Written by Lu Yu, the famous Tea Saint of China, the book sings highly of tea for its <u>unique elegance</u>, introducing the culture in the meantime. Hence it is an easy access for you to learn more about the history behind tea.

Ranging from black tea to green tea, tea plays a vital part in our daily life. The pace of our life slows down as we sit down to enjoy a warm cup of tea. <u>With the unique fragrance</u>

overwhelming us, we feel incredibly relaxed and delighted. It also strengthens the relationship between people.

When it comes to tea culture, it's second to none with a long history of about 5,000 years. Lu Yu, who is named Tea Saint in Tang dynasty, wrote *The Classic of Tea*, on account of which, tea culture has remained in our mind for generations without being forgotten. Besides, it also has been widely spread to the west, which accounts for the development of Black Tea.

What's worth mentioning is the advantages of tea. Not only will forming the habit of drinking a cup of tea every day promote the blood circulation, but it will also improve the quality of our life. Bitter as tea is, it improves our brain system and digestion system. The most important effect is that we are enabled to live longer. Where there is a cup of tea, there is a healthy person.

> 整篇作文赏析

Dear Tom,

Knowing that tea caters for your taste, I would like to introduce you to some knowledge of tea in China. As is known to all, China boasts a broad and profound history, where tea is just a case in point. With a history of nearly 5,000 years, tea gains a large popularity among us Chinese.

When it comes to the literature of tea, Lu Yu, the Tea Saint of China, must be the first to be mentioned. Living in Tang dynasty, a multicultural period of China, he was able to make a further study on tea and *The Classic of Tea* earned him a big fame.

Undoubtedly, tea has a large amount of advantages ranging from physical health to mental health. With its ingredient all collected from nature, tea has a cutting edge over other drinks in protecting our health from illness. By drinking tea, one can refresh his body and promote the circulation of blood. What also shouldn't be ignored is the process of making tea, from which people can get the peace in heart.

In summary, so beneficial is tea that under no circumstances will you regret drinking it.

Yours Sincerely
Li Hua

【设计意图】

巩固所学，综合运用。培养学生的评判能力以及语言鉴赏能力。

Step 4　Conclusion

要写高分作文，我们要怎样做？

（1）注意积累使段落连贯的衔接词。

（2）注意积累高级词汇（注意不是生僻词）。

（3）多练笔，每次都尽量用上复杂的句式。

【设计意图】

培养批判性思维和自我反思的能力。

（微信扫描二维码可观看微课，网页下载链接：
https://portal.scnu.edu.cn/article-13959-467-1.html
https://portal.scnu.edu.cn/article-13959-468-1.html）

二、教学成效与反思

1. 本节课的优点

（1）教学目标设计明确，发展学生学科素养，符合高三学生的实际，重难点突出，有针对性，并且能够达成。

（2）教学过程始终围绕教学目标展开，教学内容的呈现方式点到即止，预测到学生的难点，做好了指导工作。

（3）课前做了大量的资料收集和整理工作，练习设计分层且适量，针对性强。

（4）教学目标达成并取得较好的效果，无论是学习策略的引导还是学生的语言运用能力都达到了预期的目的。

（5）本次学习提高了学生学习的有效性、针对性和策略性，为学生，特别是优秀学生高中最后阶段冲刺书面表达的学习和能力的突破指明了方向。

2. 本节课的不足

本节课只针对优秀学生如何通过赏析高分作文，从而提高自己的书面表达能力，如果配有针对性的写作练习，效果会更好。

注：本课例中的广东一模学生范文图片选自郭贤良名师工作室，部分练习参考了英语学科网的"真实高分学生作文整理好词好句好段"。

作者简介

何玉玲，华南师范大学教育硕士（学科教学——英语）。广东高州中学英语科组长，培养出2015届茂名市英语单科状元。主持和参与了多项市级和省级课题研究，多篇论文发表在省级以上刊物。

专家点评

本堂课是一堂书面表达提高课，教学目标清晰、明确，整个教学过程围绕教学目标展开，教学目标达成度好。通过展示高分作文的形式，让学生对高分作文进行赏析，从词汇、句法、语法的角度针对学生的写作薄弱处进行教授，针对性强；还能够在写作策略上为正在冲刺的高三学生提供明确的方向。

——华南师范大学外国语言文化学院　徐曼菲

牛津沪教版八年级下册
Unit 4 Listening & Speaking

广州市铁一中学　周　瑜/广州市铁一中学外国语学校　李　敏

一、案例简介

本单元的话题是动画片与漫画，听力（Listening）板块是听一则关于一只小恐龙的故事，然后根据故事情节给图片排序，并在此基础上补全漫画中的人物对白，训练听懂故事情节发展的听力技能，并巩固记录关键信息的听力技能。在口语（Speaking）板块中，学习常用的警示语，并在特定情境中运用这些警示语，合理、有效地向他人发出警示，提醒他人注意。除了课本中的警示用语外，课程设计时还加入了警告标示及地铁英文警示等与生活息息相关的元素，让警示语的用法立体起来。最后在会话（Speak up）部分使用警示语复述修改后的听力板块的故事。

二、教学设计

（一）课型

听说课。

（二）学情分析

学生对动画片与卡通比较了解，也懂得利用此类题材的特点看懂故事的情节。本单元的听力内容，学生可以结合漫画内容，扫清很多生词障碍，降低部分听力难度。在口语板块，学生可以结合生活中不同情况给出的警告，更有效地掌握本节课的知识。

（三）教学目标

语言知识：认读和理解单词和短语 score, captain, don't be silly, play for, play against 等。

语言技能：
(1) 结合听力技巧进行听力训练。
(2) 学习和使用警示语。

（3）根据提示，复述更改后的听力板块故事并设计结尾。

学习策略：

（1）听前快速浏览图片。

（2）结合漫画图片中的气泡内容，猜测故事可能发生的情节。

（3）利用已知内容，猜测文本缺失的单词。

（4）利用儿童绘本、警告标示及地铁警示等材料了解不同情形下警示语的用法。

（5）利用听力材料对本课内容进行复习和运用。

文化意识：了解漫画及卡通图片，结合不同场景中的警告，加强生活中对英语学习的运用意识。

情感态度：通过阅读英语漫画，复述英语故事，体会英语学习的乐趣。

（四）教学重点

（1）结合听力技巧，完成听力训练。

（2）学习和了解不同生活场景中警示语的使用。

（五）教学难点

（1）学习和了解不同生活场景中警示语的使用。

（2）结合听力和口语板块已学内容，进行故事的复述。

三、教学实施

表1 教学实施表

Teaching steps	Specific aims	Teacher's activity	Students' activity
1. Warming up	Lead in the topic and get Ss ready for listening	Ask Ss questions and let them know the main character in listening part	Answer what can dinosaurs do
2. Listening A—Before listening	Have Ss get ready for the listening exercise	Ask Ss to look through pictures quickly, guess what might happen in the story and predict what the correct orders may be	Use the tips before listening and get ready for it
3. Listening A	Let Ss finish Listening A and check the answer	Ask Ss to put the pictures in the correct order by writing down the numbers 1～6 in the boxes while listening and check the answer after listening	Put the pictures in the correct order by writing down the numbers 1～6 in the boxes while listening and check the answer after listening

续上表

Teaching steps	Specific aims	Teacher's activity	Students' activity
4. Listening B—Before listening	Have Ss get ready for the listening exercise	Ask Ss to look through pictures quickly, understand the words in speech bubbles and predict the missing words	Use the tips before listening and get ready for it
5. Listening B	Let Ss finish Listening B and check the answer	Ask Ss to listen to the recording again. And complete the conversations in the comic strip in A	Listen to the recording again. And complete the conversations in the comic strip in A
6. Post listening	Check Ss' answers and translate the expressions in handout	Ask Ss to find 6 expressions mentioned in handout while checking answers and then translate them into English in handout	Find 6 expressions mentioned in handout while checking answers and then translate them into English in handout
7. Speaking—To give warnings in urgent cases and daily conversations	Let Ss know how to give warnings in urgent cases and daily conversations	Ask Ss to look at the story of Five Little Monkeys Sitting in a Tree and think how to give warnings of different structures in urgent cases and daily conversations	Look at the story of Five Little Monkeys Sitting in a Tree and think to give warnings of different structures in urgent cases and daily conversations
8. Speaking—To give warnings in signs	Help Ss understand the warnings in signs	Ask Ss to match the sign with its correct meaning in their handout and summarize the useful expressions when giving warnings in signs	Match the sign with its correct meaning in the handout and summarize the useful expressions when giving warnings in signs
9. Speaking—The announcers' warning in a subway	Get Ss understand the warnings in the subway	Ask Ss to fill in the blanks in handout while listening to the recording of announcers' warning in subways and check the answer	Fill in the blanks in their handout while listening to the recording of announcers' warning in subway stations and check the answer
10. Summary	Help Ss to summarize how to use warnings in speaking	Walk through the chart with Ss and summarize the expressions in different situations	Look at the chart and summarize the expressions in different situations

续上表

Teaching steps	Specific aims	Teacher's activity	Students' activity
11. Speak up	Get Ss to review what they've learnt in class and use warnings in the story-telling	Adapt the comic strip in listening, ask Ss to use the words in bubbles to retell the story	Use the words in bubbles to retell the story, and add some details if necessary and a logical ending

12. Homework: Finish the handout in this period

　　　　　　　Retell the story about the baby dinosaur and send them to C30

（微信扫描二维码可观看微课，网页下载链接：

https://portal.scnu.edu.cn/article-13959-474-1.html）

四、教学成效与反思

（一）教学成效

英语教学倡导以话题结合语境引导学生通过完成具体的任务活动来进行语言学习。传统的听说教学中，教师一般会利用现成的教学文本，让学生利用已有的听说技巧进行操练，来达到巩固的目的。在这样的教学中，学生的主体性没有得到充分发挥，课堂气氛容易让学生感到枯燥乏味。因此，本堂课设计了多种语境，结合本单元的动画片与漫画话题，活用教材，增加卡通动图、儿童绘本图片及地铁内英文广播音频，创设情境，让学生在一种自然、真实或模拟真实的情境中体会语言、掌握语言和运用语言，使学生成为真正的课堂"主人"，让学生展开联想，实际运用，最后达到"学以致用"的目的。

本节课的课程设计主要从以下几个方面入手。

1. 趣味教学

教无定法。英国著名语言学家爱克斯利曾说："教英语的最好方法就是能引起学生学习英语兴趣的那种方法。"

要使学生在学习的全过程中处于主动地位，积极参与课堂的语言实践，就要求教师的教学方法灵活多样，设法利用各种能引起学生兴趣的方法，去启发感染他们，充分调动他们的积极性。所以在本次听说教学过程中，教师不是单纯让学生完成听说的任务，而是结合卡通漫画让学生身处其语境，结合听力技巧及生活常识来完成本堂课教学任务。实践证明，教师在教授技巧的同时，再辅以现代化的教学手段，借助动图、音频、卡通动画等载体，真正达到趣味教学的目的。在英语教学中适时地加入这些美味的"作料"，给学生呈现教学的最优组合。

2. 活用教材

教材Speak up部分仅要求学生对之前的听力内容进行复述，和课堂上警示语的内容联系较弱。因而在备课环节，在利用故事框架的基础上，教师对听力图片材料做了处理：更改故事情节设定，增加故事的趣味性；利用连词成句的方式，活用警告，复述故事。这样处理能帮助学生更好地掌握本课内容，及时进行巩固和使用。

3. 操练到位

在进行听力训练时，除了要求学生完成听力任务，还应注重对学生听力技巧的传授，并且在听力进行完后，让学生结合文本找到重点单词和短语，尽量让每个学生吃透文本，对学习更有收获。在口语板块，结合儿童绘本图片、警示牌及地铁内的英文广播音频给学生创造情境，让学生充分掌握给出警告的不同英文表达。在课程结束的设计中，结合不同的语境，培养学生根据已有知识去进行归纳和总结，并通过结合听力和口语板块进行最后故事的转述，养成积极模仿的好习惯。

4. "句景不离"

英语的教学都应遵循"词不离句，句不离景"的教学规律，单词是构成语言的三大要素之一。如果听说教学仅仅局限于完成书本听力练习和口语对话的操练，课堂则会变得单调无趣，间接扼杀学生学习英语的兴趣。所以在教授本堂课时，会在特定的语境中引出听力和口语练习，加上妙趣横生的漫画及生活中经常见到的英文表达，这样的结合既有利于学生理解，也让学生对这节课的印象更深刻。

5. 学以致用

听说练习是为了训练学生的听力和口语，鼓励学生进行语言输出。在英语教学中创设一定的语言情境，比如给学生展示不同的故事以及生活场景，使学生宛如置于一种真实的语言环境中，能使学生自然地而然地使用所学词汇来表达思想感情，从而达到学以致用的效果。这与外语教学的"3P（presentation – practice – production）"模式是相通的。

（二）教学反思

课堂教学中有所得也必定会有所失，学生性格各异，知识水平和理解能力参差不齐，即使是精心准备过的教学设计，在实际教学过程中也会有不相适应的地方。

就教学环境而言，受在线学习环境限制，不能和学生面对面，教师不能充分把握学生的学习情况及学生的反应等。在听力过程中，受课程时长限制，教师不能全面收到学生听力情况的反馈。在口语操练过程中，无法做到因材施教，也不能像平常教学那样让学生进行小组对话。就课后作业的完成情况来看，学生未能对作业要求有更好的理解。所以在布置课后作业时，教师应该要对学生进行更好的引导，让学生在语言输出时敢于发挥自己的想象力，在特定的语境中，提高学生的学习用心性。

就课程设计而言，本课时设计的环节较多，时间会略为紧凑，未能让学生利用听力技巧完成配套B册的听力练习，故只能在课后让学生自觉多做一些听力练习，提高听力水平。口语板块，如果时间充足，可以让学生根据思维导图的提示进行总结，并在最后的故事复述时，让学生分角色进行表演，把改编的故事演绎出来，从而达到堂课的语言输出目的。

尽管此次教学有一些不足之处，但同样的教师，同样的准备，同样的教学设计，会出现不一样的教学效果。针对以上所出现的现象，教师在教学活动中要善于总结，善于应用，才能不断地推进教学活动的开展。所以，对于教学工作的不足，教师要反复思考，仔细琢磨，采取措施，及时补救。

正如胡教授在华师协同发展联盟在线教学案例云分享会议中所提出的，在本次在线教学中，"双师课堂"受到了重视，让不少教师感受到了信息化教学中，一块电子屏幕也可以传达知识并改变学生的命运。每次的备课授课中，集体备课及团队授课发挥了巨大的作用。学生也可以通过在线学习平台，对课程进行反复观看，对自己的学习进行查漏补缺，对教学资源进行更好的利用。这样的学习也更加重视学生的数字化学习素养及自律性的培养。课堂教学不再是教师单一的"填鸭式"教学，而是发挥学生的主观能动性，增加对知识的渴求性。

所以，教师必须明确教学任务，熟悉教学资料，利用网络教学资源，做到承上启下，准确授课，不仅仅备教材，还要备学生。胡教授还提到了以下观点：在信息时代的教育变革期，教师虽然不会被"取代"，不会被"replace"，但是，教师必须时刻"重置"，时刻"replace"自己的角色，调整定位。疫情后在线教学不会是中小学教学主态，但混合教研会延续，成为常态。所以作为教师的我们更应该充分融合线上线下，利用资源，解决现实的教学矛盾。在特殊的疫情期间，感谢"互联网+"时代，让教师体验新型授课模式，迎接时代所给予的巨大挑战。非常时期，教师与学生共成长。

作者简介

周瑜，有11年的教学经验，其中包括4年的大学英美文学教学经验。在教学中，周瑜老师除了注重学生文学素养的培养，也注意打破学科之间界限，根据特定主题，适时加入其他学科内容，拓展学生词汇储备，达到"一石二鸟"的效果。

李敏，中共党员，中学英语教师，热爱教育事业。曾获学校"年度优秀青年教师"奖项。坚守着"眼中有光，心中有爱"的职业信念，始终牢记"不忘初心"，希望能以个人的赤诚之心在平凡岗位上书写别样的精彩。

专家点评

周瑜老师和李敏老师合作的这一堂课教学目标比较清晰，教学容量适合，整体教学思路清晰。本堂课的亮点是教师通过对文本漫画内容的改编，科学合理地处理教学内容，关注学生的差异性；并且能够从漫画的内容延伸到学生的现实生活场景进行学习，充分调动学生学以致用的能力。整体教学过程结合了主题语境，符合《普通高中英语课程标准（2017年版）》倡导的理念，教师借助现代化教学手段，利用多模态资源（动画、音频、卡通图片）等组合呈现，降低文本难度，加深学生对语篇内容的理解。教师制作的PPT生动可爱，切合本节课的话题，能够提升学生的学习兴趣。本节课稍有不足的地方是教学过程中师生互动稍微欠缺，此外，听力语篇和口语语篇之间的联系并不是很密切，建议加强语篇之间的联系。

——华南师范大学外国语言文化学院　徐曼菲

粤教牛津英语八年级下册
U3 Listening and Speaking 教学案例

广州市天河外国语学校　傅　莹

一、案例简介

本案例为疫情背景下,广州市教育局联合广州电视台推出的"广州电视课堂"初二英语第16课时,面向全广州市初二年级学生。授课教师为广州市天河外国语学校初二英语教师傅莹。本节课内容为粤教牛津英语八年级下册U3的听说训练,主要包括三部分:Speaking第一部分为人物外形描述,第二部分内容为剪纸文化,Listening部分为Mark描述他弟弟的一幅画,画里有七处错误,学生需要通过听力找出七处错误及其他细节信息。本案例有以下特色:①充分使用信息技术,实现多模态教学;②课堂活动丰富,以学生为中心;③能力与思维并重,培养学生核心素养。

二、教学设计

(一)素材分析

本节课教材选自粤教牛津英语八年级下册U3听说部分。

(1) Speaking第一部分为人物描述,分别从年龄、身高、体型等角度提供了相关词汇、例句以及图片,内容较为简单。第二部分内容为剪纸文化,形式为问题加提示词,并配有三张剪纸图片,能够让学生了解中国传统剪纸文化。

(2) Listening板块主题为Mark描述弟弟的画,学生需要通过听力找出七处错误及其他细节信息。书本提供图片,因此学生在听前可先对图片进行观察分析。文本涉及许多关于人物和周边环境的细节描述,包括时间、地点。对人物的细节描写主要有人物的外貌特征(衣着、年龄)及动作,其中动作描写全部用了现在进行时。

(二)学情分析

课堂形式:广州电视课堂。录制现场无学生,时长20分钟左右,形式为教师单向输入。

学生水平：本课堂面向全广州市初二年级学生，因此将学生能力设定为中等稍偏弱。学生在七年级已有学过简单的人物描述，所以在书本提供的词汇基础上，可适当进行拓展。而对剪纸历史和文化，学生并不熟悉，尤其对其相关英文表达不甚了解。本节课如果运用恰当的活动，能够激发出学生极大的兴趣。

（三）教学目标

（1）语言能力：学会从多角度描述人物；能够简单介绍剪纸文化。

（2）思维品质：通过观察图片细节培养逻辑思维。

（3）文化品格：了解中国传统剪纸文化并树立传承意识。

（4）学习策略：通过生生互评，巩固所学人物描述知识；在听前运用观察、预测等策略，抓取听力细节。

（四）教学重难点

能够结合人物描写，介绍剪纸作品里的人物及剪纸文化。

（五）设计理念

（1）利用现代信息技术，实现多模态教学。现代信息技术不仅为教学提供了丰富的教学手段，也提供了丰富的教学资源、跨时空的语言学习机会和使用机会。本节课运用视频、音频、图片、文字等形式，进行多模态教学。尤为特别的是，在进行人物描述活动时，教师制作了与学生在线互动的视频——学生根据教师的描述现场画画并互评，使课堂更生动活泼，起到了巩固所学知识的作用。

（2）灵活运用教学活动，综合训练学生能力。《普通高中英语课程标准（2017年版）》指出：学生只有在具体学习活动中不断实践，才能达到最终目标。教师要根据学生实际情况，设计由浅入深、由易到难的各种语言实践活动。本节课运用了看图说话、根据教师指令画画、听前扮演侦探查找图片中的"疑点"、看视频回答问题、对剪纸文化发表演讲等课堂活动，让学生能够隔空进行语言实践。

（六）设计思路

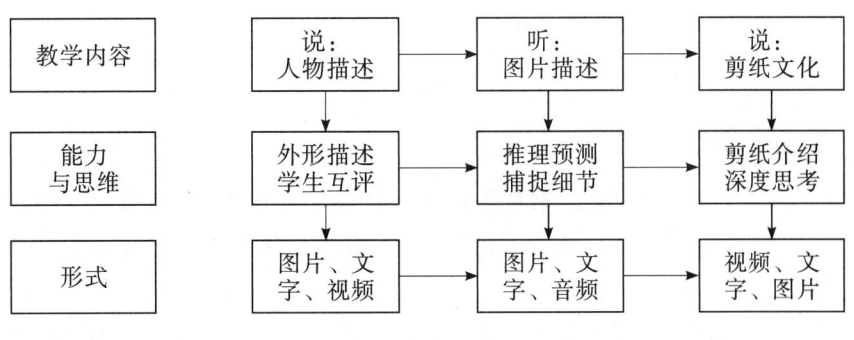

图1 教学思路图

（七）设计亮点

由于电视课堂为教师的单向输出，为增强与学生的互动感，本节课设计了以下教学手法。

（1）在电视课堂实现与学生"在线对话"。本案例中的第一个视频，教师与四名学生创建视频会议，学生根据教师的描述在线进行人物绘画，并对同学的画进行点评，营造出在电视课堂上与学生"在线对话"的场景。此活动不仅帮助学生巩固了所学知识，也活跃了课堂氛围，同时很好地展示了利用信息技术与学生远程互动的可行性。

（2）化身侦探，带学生现场"破案"。在引导学生做听前图片观察和听后分析听力文本主角时，教师以侦探的身份给大家提供线索，并演示如何查找线索及文本内在逻辑，营造出"破案现场"的氛围，让学生更有代入感和参与感。

（3）自制剪纸视频，将书本文字转化成动态视频，调动学生的听觉和视觉感官，使课堂形式更多样化。

三、教学步骤

（一）激活导入

教师带学生回顾上节课描述"大民"的句子，并提问句中从哪些方面描述人物，总结出"age"和"build"两方面。

【设计意图】

激活学生原有认知，并导入本节课内容。

图 2　激活导入图

（二）人物描述

教师通过图片、文字等形式，教授外貌描写的词汇及句型。接着教师连线学生进行在线互动——教师口头描述一个人物特征，学生根据指令现场作画，之后学生互评作品。

【设计意图】

教师先进行知识输入，接着通过图文匹配、填空、根据教师指令作画等形式，对所学知识进行阶段性巩固。教师与学生连线视频既能活跃课堂气氛，同时也展示了师生远程互动的可操作性。另外，学生的画作也对课堂过渡到听力内容起到承接作用。

(1)   (2)

图 3   人物描述 PPT

（三）听取细节

教师化身侦探，引导学生听前通过观察图片，推理图片细节信息。接着播放听力，第一遍让学生圈出七处错误，第二遍让学生记下细节关键词。听完之后让学生运用句型，改正错误并描述图片细节信息。之后教师引导总结出另外两种人物描述的角度：衣着和动作。最后教师引导学生关注图片主题，通过分析人物关系寻找图片主角——剪纸艺术家，从而引出下一步的重点——剪纸。

【设计意图】

通过图片观察，帮助学生学会听前预测技巧——抓取细节。听后归纳出人物描述的另两个方面——衣着和动作，完善人物描述思维导图。通过图片分析和人物关系梳理，培养学生思维的逻辑性和灵活性。

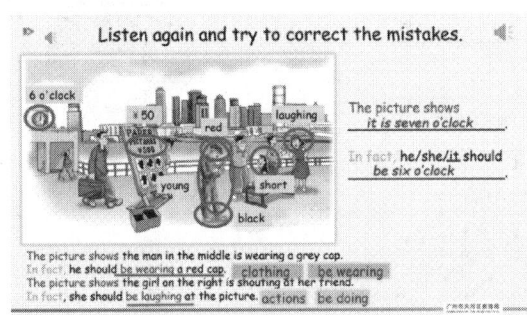 

(1)   (2)

图 4   听取细节 PPT

（四）剪纸文化

教师首先提问学生几个剪纸相关的问题，然后播放视频让学生找出答案。学生回答完之后从中总结出如何介绍剪纸，并思考剪纸文化的现状及保护剪纸文化的意义。

【设计意图】

首先由问题唤起学生对剪纸的认知，再通过视频、图文的形式帮助学生了解剪纸文化,获取信息。总结介绍剪纸文化的角度可为学生后续的产出做铺垫;而思考关于剪纸文化的现状和意义有助于学生树立保护传统文化的意识。

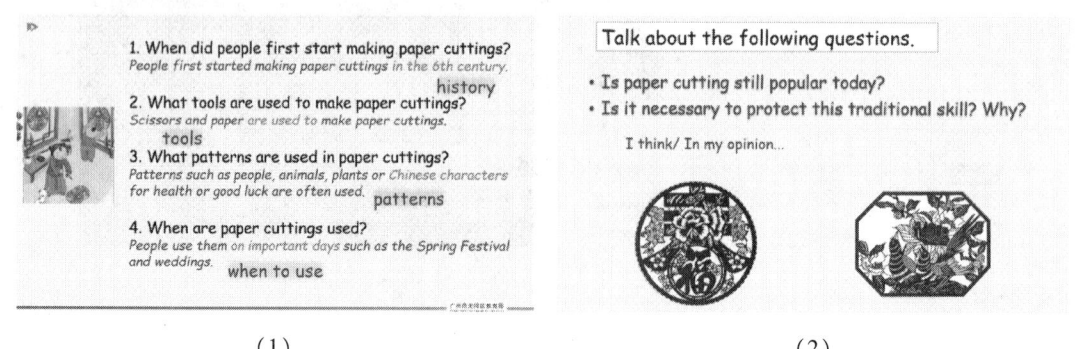

(1)   (2)

图 5   剪纸文化介绍 PPT

(五)总结实践

教师首先对本节课所学知识与技能进行总结,并引导学生就剪纸文化及所给的剪纸作品里的人物做一个演讲,教师选取其中一个作品先做示范。

【设计意图】

梳理本节课所学,并综合产出,巩固习得。

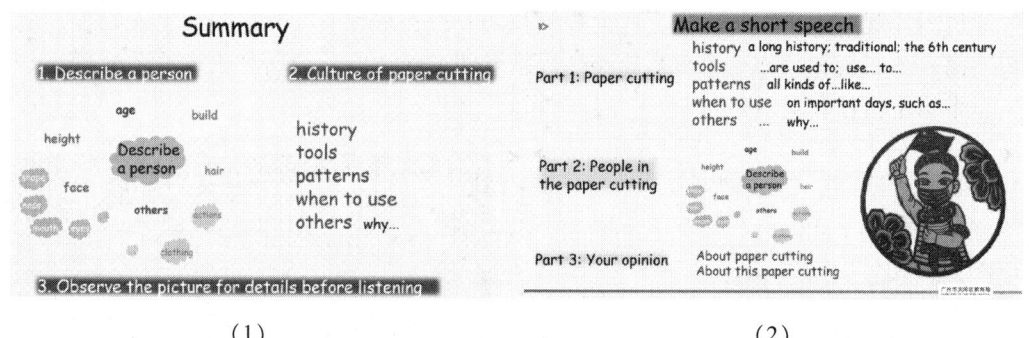

(1)   (2)

图 6   课堂总结

(微信扫描二维码可观看微课,网页下载链接:
https://portal.scnu.edu.cn/article-13959-477-1.html)

四、教学成效与反思

本节课播出后,在播出当周(2020 年 3 月 30 日—4 月 3 日)荣登初中最受欢迎课堂榜首,说明本节课的设计深受学生喜爱。本课也获得了各学科教师及家长的肯定。

从课堂内容来看，本节课由三部分内容构成，课堂容量大，在书本的基础上还进行了适当拓展，对于基础较为薄弱的学生来说稍微有一点难度。

从时间上看，由于课堂时间只有 20 分钟，因此环节与环节之间衔接得非常紧凑，节奏较快，而给予学生思考和做笔记的时间相对较少。因此学生需要自行回看，并在需要的地方按暂停，以便给自己更多思考和做笔记的时间。

从课堂活动上看，本节课的活动丰富，不仅能够极大地激发学生的兴趣，也能调动学生的学习积极性和参与性，让远程课堂也能产生面对面课堂的互动效果。

本节课在疫情的特殊背景下录制。当时各地未能如期开学，广州市推出了"电视课堂"这种新型的教学模式，并受到了全市师生甚至家长的肯定和欢迎。教学本就可以而且应该多样化，本节课旨在培养学生的学科核心素养，在信息技术上也做出了新的尝试和挑战。信息技术融入课堂将是时代所趋，而作为新时代的教师，应紧跟时代步伐，在新型课堂中不断地创新和尝试。

图 7　教学反响截图

作者简介

傅莹，中学一级教师，曾获浙江省金华市英语教师素养大赛一等奖、广州市天河区"工匠杯"教师技能大赛金奖、广州市首届青年教师教学能力大赛一等奖等荣誉。曾有多篇教学论文获市（区）级奖项，承担数节市（区）级公开课并获好评。

专家点评

傅莹老师的这一节课紧紧围绕英语学科核心素养有效设定教学目标，且非常具体、清晰，课堂活动设计针对学生学科核心素养的培养，教学目标整体达成度较高。整堂课的教学容量恰当、重点突出，根据学生的学情设置由浅入深的活动，教学思路清晰、逻辑鲜明，整体教学效果良好。本堂课突出的亮点是教师在听前给学生做足铺垫，扫清语言和内容理解上的障碍，通过图片观察，训练学生的听前预测技巧；在说的环节，让学生通过口头描述作画、完善思维导图，加深对剪纸的认识，有利于树立学生对传统文化的保护意识。同时，教师利用在线网络工具连线自己的学生进行互动，化身侦探，带动学生进行思考，学生的参与度和积极性比较高，体现了互动的真实性，也有利于提高学生的学习兴趣。教师的 PPT 制作精良，通过将书本文字转化为多模态视频，降低文本难度，调动学生的多种感官，培养《普通高中英语课程标准（2017 年版）》所提倡的"viewing"（看）的技能；较大地调动学生的学习兴趣，使课堂的活动形式多样化。

——华南师范大学外国语言文化学院　刘晓斌

多模态助力中国传统文化理解

广州市天河外国语学校　王文琛

一、案例简介

本课例为"广州电视课堂"初二英语第三单元 Reading：Fishing with birds（《鸬鹚捕鱼》）的教学。本节课主要是在对《普通高中英语课程标准（2017年版）》及英语核心素养进行解读的基础上，探索如何与线上课堂教学有机灵活地结合的方法，通过设置情境增强线上教学的互动性，增加多模态素材简化学生对《鸬鹚捕鱼》文本理解的难度；加入词汇云图、思维导图及批判性思维训练等，加深学生对中国传统文化《鸬鹚捕鱼》的理解；使用闯关小游戏形式增加课堂趣味性；从语言能力、思维品质及文化意识三个方面分析课文，引发学生对中国传统文化现状及人与动物关系的思考，提升学生对家国情怀的理解，形成正确的世界观。

同时，在教学过程中，本节课采取"以写促读"的理念，引导学生对文本写作的思考，再阅读文本，使文本内容的理解能在电视课堂的有限时间内得以高效呈现。

二、教学设计

（一）教学内容分析

本节课为广州市牛津教材八年级下册的第三单元，主要内容为 Traditional skills 的主阅读篇章：Fishing with birds。学生对于该技艺的理解和认识并不多，也许在生活中从来没有见过，所以对于文本理解存在一定的难度。

（1）题目：Unit 3　Reading：Fishing with birds。

（2）体裁：说明文。

（3）题材：鸬鹚捕鱼——中国传承千年的古老技艺。

（4）内容：

第一部分：渔夫的介绍，涵盖个人外貌简单描写。

第二部分：鸬鹚的介绍，涵盖鸬鹚外形及特殊技能描写。

第三部分：最重要及精彩部分，即鸬鹚捕鱼的过程。该部分采用大量的被动语态描述渔夫使用鸬鹚捕鱼的过程。描述中采用较多形象、生动的动词,增加了课文的逻辑性及趣味性。

第四部分:鸬鹚捕鱼从过去到现在的发展历程及现状,引发学生思考。

（二）教学对象分析

（1）语言能力分析。本节课主要面向全广州市八年级下学期的学生。学生们已经学完了七年级及八年级上册的内容,有一定的语言基础。但是这个阶段的学生对英语学习也最容易出现两极分化的情况,并且对于鸬鹚捕鱼的知识理解不足,所以在教学过程中既要有高阶思维能力的培养,也要有基础知识的解释及巩固。

（2）心理发展程度分析。八年级的学生开始努力地形成自己的世界观,希望自己的各方面得到认可。所以借助文本帮助学生形成正确的世界观及家国情尤为重要。本文以中国传统文化鸬鹚捕鱼作为阅读材料,学生不一定能够完全理解。结合学生自身的经历,不对文本内容过于拔高,运用多模态技术能让学生更好地理解文本及内涵。

（三）教学目标

（1）语言知识目标。掌握有关人物描写、鸬鹚外形描写及捕鱼过程的相关词汇。

表1

单　　词	词性、汉语意思	单　　词	词性、汉语意思
net	n. 网	set off	出发
although	conj. 虽然,尽管	get … ready for	为……准备
fit	adj. 健壮的,健康的	tie … around	绕着……绑
cormorant	n. 鸬鹚	stop … from	阻止做某事
fisherman	n. 渔夫	take … from	从……取回
reach	v. 到达,抵达	thrown … into	扔到……里去
attract	v. 吸引,使喜欢	dive down	下潜
hang	v. 悬挂,吊	push … into	推进去……
post	n. 柱,杆,桩	bring … back	带回……
require	v. 需要,依靠	jump up and down	上下跳动
		enjoy doing sth.	喜欢做某事

（2）思维品质目标。

①观察:引导学生观察课文配图,结合文段找到对应的细节描写。

②理解:阅读前引导学生关注标题,理解标题的主要意思。

③预测:运用词汇云图、思维导图等方式鼓励学生进行合理猜测。

④查找:通过鼓励学生结合自己的猜测,针对性地找到文本中的对应信息。

⑤对比:通过提前完成练习内容,对比课文文本描写,重点找出各个文段中的关键词,以先写后读的思路引导学生进行阅读。

⑥批判性思考：通过网络搜索到鸬鹚捕鱼现状，引发学生对保存传统文化的思考。

（3）情感目标。

①通过文本的阅读，帮助学生理解课文内容，了解鸬鹚捕鱼这项传统技艺，树立对中国传统文化兴趣的培养及传承的决心，培养个人的家国情怀。

②通过本文的学习，使学生明白人类与动物的合作关系，培养爱护动物、爱护自然的情感。

（四）教学方式及手段说明

本节课主要使用电视录播的方式，为使教学效果更好，本节课注重环节分明，同时增加多模态元素，如词汇云图、思维导图、视频语音等，帮助学生进一步理解文本的主要内容，全面了解鸬鹚捕鱼的过程。

（五）整体设计思路

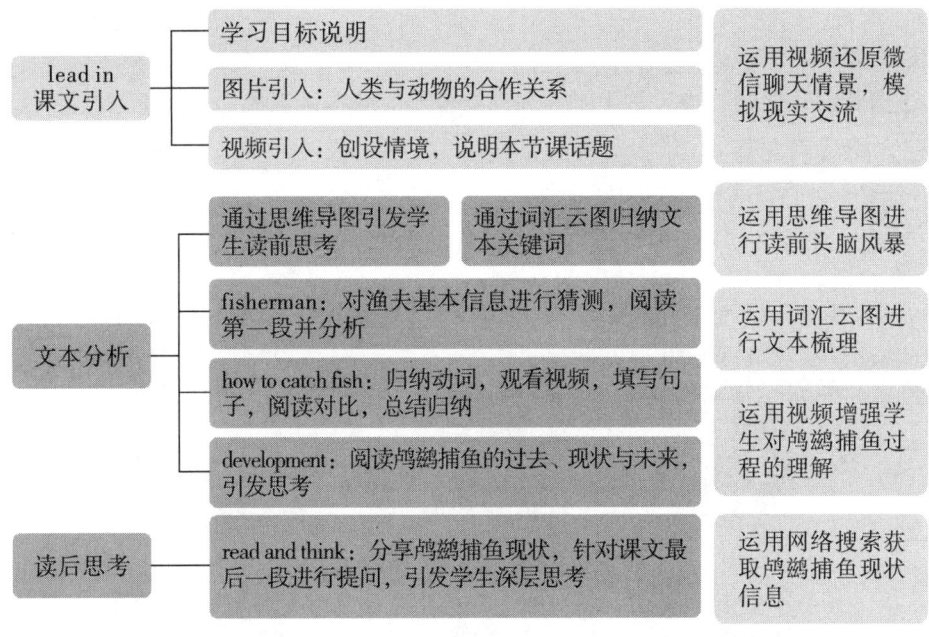

图1　整体教学思路图

三、教学实施

（一）引入课文

引入本课话题内容，说明本节课的主要学习目标，帮助学生简单了解本节课的内容。

（二）热身环节：讨论课前导学卷问题

(1) What do you know about …?

(2) Animals are our friends. How do people and animals work together?

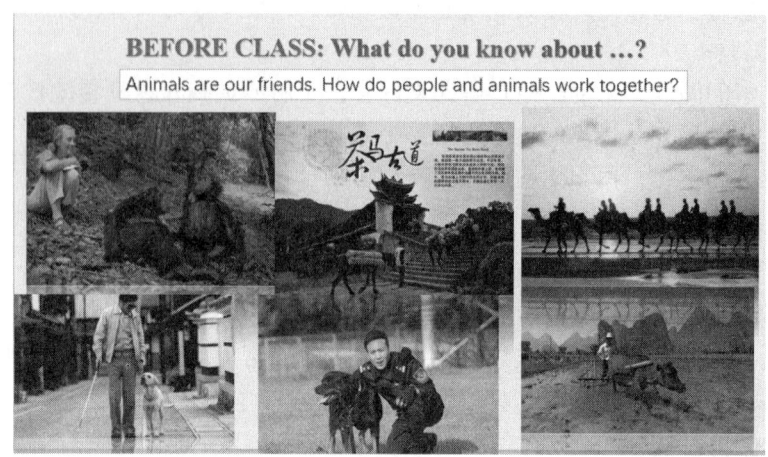

图 2　课前任务解说图

【设计意图】

通过图片引入话题，唤起学生对人和动物合作的基本认识，为下文学习做铺垫。

（三）阅读前准备

（1）播放微信对话视频，创设情境。

（2）通过对话内容介绍本节课主要内容及课文插图，引入闯关活动。

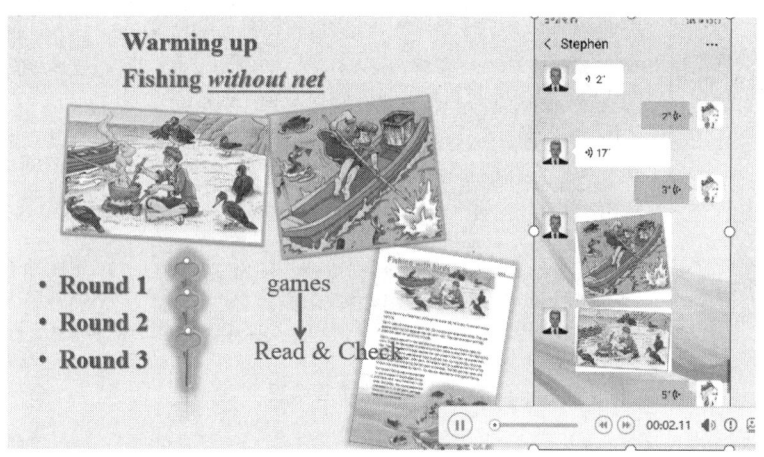

图 3　阅读前的铺垫

【设计意图】

运用微信对话形式增加情境的真实感；通过对话配合动画说明本节课学习内容及主要闯关环节，自然有趣地导入课文把学生带入情境中，激发学生继续阅读的兴趣，并为下文做铺垫。

（四）文本理解与分析

（1）通过思维导图鼓励学生根据上一环节情境任务进行猜测。

（2）通过词汇云图总结出文章的高频词，并展示高频词出现次数。

(1)   (2)

图 4   阅读前的内容梳理

【设计意图】

通过思维导图的问题引入，为学生的读前提供了充足的心理准备，并激活了相应的背景知识和阅读图式。

通过思维导图这种开放性的读前预测活动后，进一步使用词汇云图缩小了对文章内容的预测范围，体现课文内容呈现的逻辑性与条理性，并回应开头的情境内容。

（3）阅读第一文段。

通过词汇云图关键词进行猜测，然后进行文本阅读。通过结合图片，分析写作要点，完成闯关活动第一环节。

(1)   (2)

图 5   第一文段分析

【设计意图】

通过问题引入，引发学生对写作框架的思考，然后结合自己的理解阅读文本，更容易找到文本中描写上的侧重点，加深阅读理解。

通过强调图片的配合来引导学生理解文中词义、句义。提示学生通过留意图片中渔民 Damin 强壮的臂弯来理解形容词 fit，以及通过留意他嘴角上扬的微笑来理解动词短语 enjoys working。关注和解读图片的细节，以此来联系文本、推测意图、解码情感。

（4）阅读第二文段。

通过词汇云图第二关键词引入鸬鹚的介绍，结合图片先让学生思考填写内容，再进行文本阅读分析，完成闯关活动第二环节。

(1)

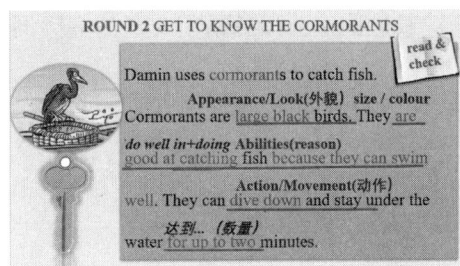
(2)

图 6　第二文段分析

【设计意图】

通过问题引入，引发学生对鸬鹚写作细节的猜测，然后结合自己的理解阅读文本，更容易找到文本中描写上的侧重点，加深阅读理解。

结合图片及对鸬鹚技能的理解，思考作者将从哪些方面对鸬鹚进行描述，加强学生对作者选词用词的准确性理解。

（5）阅读第三文段。

①通过关注问题 How to catch fish，顺着思路理解并思考需要关注的重点类型词，找出文章关键词帮助学生理解。

②要求学生完成练习中的句子填写，配合视频播放理解捕鱼过程的各个动作。

③阅读课文，对比课文与所示句子的不同，找到句子中缺失的部分，引导学生关注时间状语词并理解时间状语词在文本中的作用。完成闯关任务第三关。

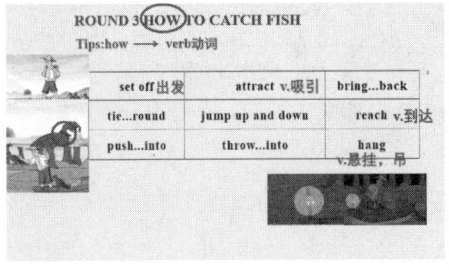
(1)

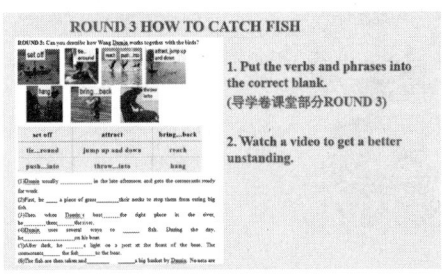
(2)

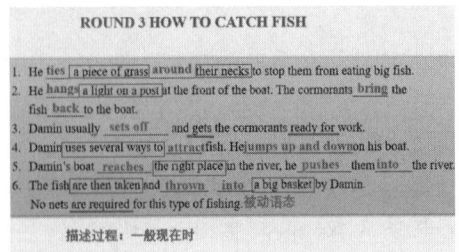
(3)

(4)

图 7　第三文段分析

【设计意图】

通过引导学生关注 How to catch fish，而 How 应该通过找 verb（动词）来回答。列出所有涉及的动词（动词短语）后再进行作答。

通过一个打乱顺序的导学案让学生在空格中填入恰当的动词（动词短语）。让学生返回原文，标注出所有时间标志词（time marker），并引导学生留意作者是通过这些时间标志词来体现描写动作的逻辑性，同时也为口头复述（retell）鸬鹚捕鱼的过程提供了足够的语言知识和策略指导，让学生通过阅读体会到文本描写的巧妙。

（6）阅读第四文段。

通过让学生选择闯关奖品，巧妙引导学生关注文章最后一段，并讲述最后一段的主要内容，引发学生思考。

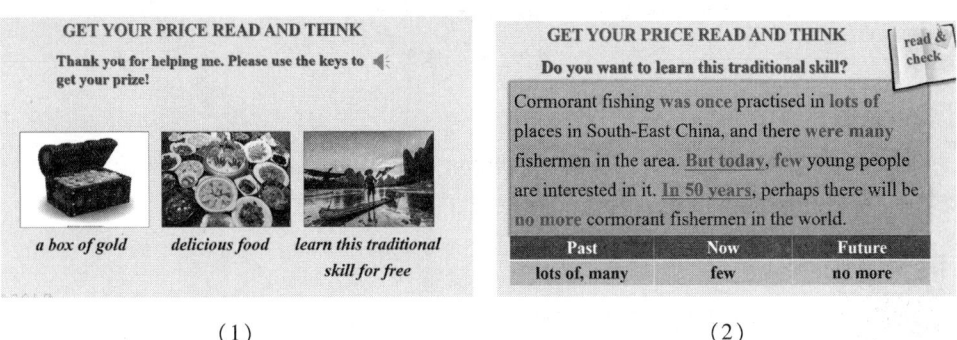

图8　第四文段分析

【设计意图】

结合语言知识和语言技能。通过提取关键词 lots of/many→few→no more，让学生体味这种古老的捕鱼方式正日益衰落，同时也引发学生对于传统文化传承的思考。

（五）读后思考

通过展示网络上关于"鸬鹚捕鱼成为旅游景点的一种表演形式"的新闻，鼓励学生思考几个问题：为什么很少年轻人对这项技能感兴趣？我们是否应该保护这项传统捕鱼方式？我们该以何种形式对其进行保护/传承？

【设计意图】

激发学生搜集证据，表达自己的观点，并证明观点合理可信；通过引导学生思考如何传承以及讨论该项文化的将来发展，增强学生的文化理解与认同感。

（六）小结与作业布置

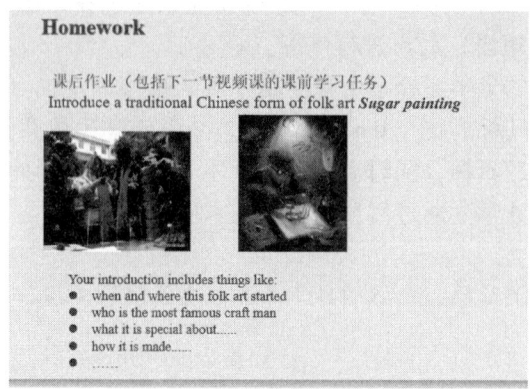

图 9　课后作业

【设计意图】

了解另一项中国传统文化——sugar painting（糖画），帮助学生汲取文化精华，涵养内在精神，形成正确的价值观，构建文化意识。

（微信扫描二维码可观看微课，网页下载链接：
https://portal.scnu.edu.cn/article-13959-473-1.html）

四、教学成效与反思

第一，从课后教师的反馈来看，本课的设计及多模态元素的使用使课文内容得到更好的落实，学生能够更好地进行阅读。

第二，本堂课颠覆了传统意义上的阅读课及写作课的形式，采用了"以写促读"的方式，通过设置不同的写作思考及写作技巧训练任务，促使学生带着明确的目标去阅读，给他们一种新的思考方式及学习语言的方式，鼓励他们在已有语言基础上再提升、再创造、再思考。

第三，本堂课每个环节并不是独立存在的，而是围绕 Mind-map 及词汇云图中的关键词层层递进的，使学生能够理解和体会写作前的构思及阅读前对话题理解的重要性。课堂活动既照顾到了学生的认知、学习习惯和能力水平，又更好地进行了读写结合。

第四，本课例在教学过程中增加学生模拟互动及视频的环节，使课程显得更真实及简单易懂，增加学生对课程的好感度。

作者简介

王文琛,华南师范大学教育硕士,就职于广州市天河外国语学校,任教导处副主任,初中英语科组长。现任广州市初中英语中心组成员,广州市英语特约教研员。曾获广东省优秀团员、天河区第十一届教坛新秀及天河区三等功等荣誉称号。

专家点评

整堂课围绕"新课标"的核心素养进行设计,教学目标清晰,且达成度比较高,教学容量恰当,重点突出。教师的教学思路清晰,PPT的展现也清晰且富有逻辑性,整个教学过程的每个环节衔接流畅、层层递进,富有逻辑性。在这堂课中,教师利用了大量的多模态资源,将晦涩、枯燥的文本转换为多模态的形式,让学生从多元角度深刻理解语篇的内容,激发学生的学习兴趣;采用多种活动形式,如思维导图、词汇云图的方式培养学生的批判性思维等思维品质,加深对语篇的理解。整堂课颠覆传统的读写课堂的模式,采用"以写促读"的方式,非常的巧妙,用一种全新的方式引导学生对语篇进行深层次的思考。本堂课的主要内容是讲述中国的传统技艺"鸬鹚捕鱼",通过用英文讲述中国故事,引发学生对中国传统文化的思考,思考人与自然的关系,增强对民族文化的认同感。

——华南师范大学外国语言文化学院 刘晓斌

沪教版九年级下册 "Unit 1 Great Explorations" 话题复习

广州市执信中学　刘敏莉

一、案例简介

基于核心素养的沪教版九年级下册英语第一单元"Great Explorations"（伟大的探险）话题复习课教学设计与实施，体现授课教师整合教材的意识和主动性，线上录课方式给教师提供理解整合教材的教学意义的平台，为线上学习的学生提供更丰富的、多元的积极体验，引导学生灵活运用云图及思维导图构建英语知识复习体系，从而提升初中阶段学生在话题复习课上的自主探究和合作交流等能力。作为广州电视课堂初中三年级英语录课之一，为提高课堂教学效果，授课教师在上课前系统性地整理出单元话题词汇和相关史实，然后整合材料进行教案设计，尝试"创设话题情境—归类核心词汇及句型—结合词汇阅读听力训练—训练话题写作"的流程，利用图式把听、说、读、看、写各环节融入复习课中，立足于教材本身，发掘适用于设计任务的语言材料，再根据需要设计出真实交际情境及熟悉的话题场景，让学生在实施任务的过程中自然理解语言的意义，亲身体验语言的交际功能。

二、教学设计

（一）设计思想

开展初三年级线上学习一轮复习，考虑面向广州市各级各类学校展开授课的托底课程的需要，笔者对重点难点问题集中用力，切实高效地帮助学生修复和完善学科核心知识体系。笔者将话题复习与听说备考有机整合起来，树立整体复习意识，以话题为主线、以语言为暗线设计教学环节，使学生在话题和内容的学习中体验语言使用、感知语言结构、尝试运用语言；通过设计基于话题的听说读看写整合的学习活动，使学生在理解和表达的学习活动中提升综合语言运用能力。

（二）教材分析

（1）教材按照《义务教育英语课程标准（2011年版）》修订。课程目标是以学生为主体，充分考虑学生的心理特点、知识结构和已有经验，强调学生的参与和体验，激发他们的学习兴趣，调动学习积极性，培养学生的语言交际能力，鼓励他们用所学语言分享个人的经历和观点，加深对自己、他人和周围世界的认知和理解。

（2）以模块—单元（Module – Unit）为框架，以话题为主线。单元话题旨在为学生提供不同的观点和丰富的信息，以拓展他们的知识面。本单元话题为"Great Explorations"（伟大的探险），学生在本单元了解人类社会历史上的伟大探险家的生平及他们的探险故事和相应的历史功绩，激活学生已有的历史背景知识，培养学生的探索精神，增强学生的民族自豪感。

（3）基于线上课程单元整体设计要求，每单元共划分为五课时：阅读理解、听说、写作、拓展阅读及话题复习。本课时旨在有针对性地进行单元话题词汇巩固和复习，引导学生培养自主学习能力，以巩固、梳理已学知识、技能，促进知识系统化，提高学生运用所学知识解决问题的能力为主要任务。

（三）学情分析

（1）学生已阅读关于郑和七次下西洋的历史故事及对郑和的历史功绩做出客观评价，重点关注了典型的人物传记类文章所出现的年份信息，把握主人公在各个人生阶段的经历，从而了解郑和生平以及篇章的脉络。

（2）通过完成听说练习，学生在听力文本的讲座中已了解张骞生平、出使西域的背景、经过及其历史意义，以及"丝绸之路"的相关信息。

（3）学生掌握人物小传类文章的写作方法，学会介绍虚构的著名旅游作家 James Turner 的个人信息、经历以及作品。

（四）教学目标

（1）知识和技能目标。通过复习，大部分学生能认读和理解单元话题的核心词汇：exploration, emperor, the Ming Dynasty, goods, valuable, fleets, the Silk Road, get its name from, the voyages of Zhenghe, set off, sail across 等；在语法板块学习结果状语从句以及表示结果的两种结构：so … that …, too … to …, not … enough to …；熟练说出并正确翻译下列表达：set up trade routes with foreign countries（和外国建立贸易路线），lead the (first) voyage to sail around the world（率领船队开始首次环球航行），opened up cultural contacts between …（开拓……之间的文化交流），develop relations with foreign countries（发展与外国的关系），encourage the exchange of cultures and technologies（鼓励文化和技术的交流），make the relationship between countries stronger（使各国之间的联系更加紧密）。

（2）能力和方法目标。通过回顾课文，按需求组织语言知识，大部分学生能较为熟练地运用话题词汇描述郑和、张骞及马可·波罗等探险家的生平经历（如出生、逝世、居住、训练等发生的时间及地点，航行或其探险的经历等）和对其历史功绩做出客观评价的表达；通过自主探究，学生尝试归纳话题词汇记忆小窍门。

（3）情感、态度和价值观目标。话题复习的课外延伸提出了探究"为何郑和从非洲带回长颈鹿而不是其他的野生动物？"的问题，旨在激发学生在听力理解文本中查找答案从而验证假设的兴趣，进一步激发学生探究问题的兴趣及产生通过查阅历史文献及相关故事来验证的愿望与动力。

（五）教学重难点

（1）教学重点：回顾"伟大的探险"相关话题词汇，将词汇与语法有机结合。

（2）教学难点：指导学生归纳探险家生平经历的相关描叙。

（六）教学模式、策略与手段

（1）教学模式：基于图式理论，以话题为主线，设计有效的"听说读看写"课堂教学活动，把听说读看写融为一体，创设以学为中心的有效复习课堂，让复习课堂变得生动、别具一格。在教师的带领下，学生进行自我知识梳理，思维创新，从而达到温故知新的效果。

（2）教学策略：首先教师帮助学生建立良好的认知结构，让学生将知识按照一定顺序储存在大脑中；遇到新知识时，帮助学生将所学知识系统地进行罗列，通过设置有意义的情境，让学生自主回忆脑海中的旧知识。然后教师有意识地设计一些提高学生水平的教学活动，让学生创造新图式，从而实现有效复习。

（3）教学手段：把学生已经学过的单元和基本话题，以话题为主线，归纳话题下的核心词汇和功能句型，积累话题的典型句式，梳理话题的主要语法，训练话题下的书面表达。教师通过设计一系列环环相扣的教学活动，以清晰的教学思路，系统地归纳话题下所学过的内容，形成完整的知识网络和框架，提高线上话题复习课的效率。

（七）课前准备

（1）学生的学习准备：按学案要求，课前复习本单元词汇，通过完成学案"翻译单词及词组"练习进行自我检测，并且能清晰、准确、流利地朗读相关话题下有关探险家介绍的文本。

（2）教师的教学准备：整合教材中同一话题的单元内容，归纳单元话题核心词汇及短语，查阅文献，挑选相关话题的拓展素材，剪辑视频，设计与教学同步的匹配学生水平的学案，改编写作训练并提供参考答案。

（3）教学环境的设计与布置：网络信号好、相对安静的授课环境。

（4）教学用具的设计和准备：电脑、鼠标、翻页笔、麦克风。

（微信扫描二维码可观看微课，网页下载链接：https：//portal.scnu.edu.cn/article－13959－475－1.html）

三、教学成效与反思

1. 源于课本、高于课本的教学设计

教师整合教材同一话题的单元内容，全面开展听、说、读、看写综合训练，夯实语言基础，落实好词汇、语法知识的梳理及在语篇中的正确运用。本节话题复习课重点突出理顺单元话题词汇温故与词汇运用之间的关系，从温故到运用产出，从感性到理性理解，从课内到课外延伸，都是围绕着沪教版九年级下册第一单元话题"Great Explorations"（伟大的探险）复习展开，教师所使用的教学素材都是学生熟悉的教材及熟悉的背景和人物，源于课本，高于课本，既服务于打好扎实的基本功，又提升学生的创造力。

2. 促进情感和思维的深度参与，领悟话题意义

教师巧妙设置情境引出单元话题，情境与学生生活紧密相关，能引起共鸣，激发兴趣。通过"前置学习"，引导学生把零散的知识和语言素材变成一个有逻辑层次的知识框架，使教学获得学生的认知支持和智力支持，提升学习能力和思维品质。本节话题复习课的任务具有"层次性""建构性"特点，由浅入深，由词汇到段落再到篇章，循序渐进，螺旋式上升，通过听、说、读、看、写等方式发展学生语言技能，提升学生在情境中运用语言的能力。教师贴近学生实际生活的听、说、读、看、写任务活动，让学生在活动中运用知识，提升能力。本节话题复习课选取与话题相关的语言素材，丰富学习内容，对所筛选的语言素材进行多方位技能训练，提升学生的创新能力。在任务的驱动下，教师采用不同方式引导学生从情感和思维出发对任务的解决进行反思，让学生的情感、思维发生交融与碰撞。此外，教师把课堂评价贯穿始终，即渗透于教学各环节，如课前自我检测、课中自我探究及课后综合评价。听课过程中学生情感和思维的深度参与能有效地深化话题，让学生深入领悟话题意义。20分钟的线上高效课堂中，学生注意力集中，兴趣浓厚，在教学设计的明线（话题词汇复习）指引下逐步完成任务，潜移默化地受课文主人公品质的影响与感染，情感态度价值观得以升华，内在探究的欲望被激发，保持科学严谨治学态度的热情得以增强；暗线（记忆词汇及整合发散性信息的技巧）则让学生在实践中出真知，体验深切，印象深刻。

3. 实现"教"与"学"成效的最大化

线上学习，师生隔屏相见。如果授课教师通过简洁、精练的语言概括本节课授课重点，师生能快速达成共识，高效"教"与有效"学"能更好地有机结合。建议在上课前，教师不妨向学生说明本节课的授课重点，可更好地让学生明确教学目的，提供给学生自主灵活选择适合自己的学习策略或调整自己学习方法的机会，自我探究适合话题复习课型特点的学法，从而实现"教"与"学"成效的最大化。

作者简介

刘敏莉，广州市"百千万人才培养工程"第二批"中学名教师"，中学英语骨干教师，中学生英语能力大赛国家级优秀指导教师；省级课题"合作授课提升高中生自主学习能力的实证研究"主持人；参与"广州电视课堂"及区"空中课堂"名师线上导学课程录制。

专家点评

　　刘敏莉老师的这一节课教学目标具体，达成度良好；教师的教学思路清晰，整体教学过程富有层次感，教学活动之间环环相扣。本堂课的突出亮点在于教师通过词汇云图的方式引入话题，通过让学生预测文本内容，提高学生的学习期待，且有利于培养学生的思维品质。同时，教师通过设置与学生生活密切相关的主题语境进行教学，将学生的实际生活与课堂学习紧密联系，激发学生的学习兴趣，这一做法符合《义务教育英语课程标准（2011年版）》的要求。教师在前期阅读过程中进行词汇、句法的学习和巩固，并且穿插文化意识的渗透，能够夯实学生的语言基础，为后面的教学做铺垫。在教学评价方面，教师将评价贯穿整个教学过程，充分体现了过程性评价的理念；课前、课中、课后的评价能够帮助学生进行自我反思，加深对所学知识的理解。对本堂课的建议是，可以适当增加师生之间的互动，让学生更好地参与到学习的过程中。

——华南师范大学外国语言文化学院　黄丽燕

用定语从句讲述魅力肇庆

肇庆市高要区第一中学　李国斐

一、案例简介

本课授课内容为Short Talk—My Hometown，Zhaoqing"用定语从句讲述魅力肇庆"。本节课为练习课，教学时间20分钟，授课对象是九年级学生。本课内容由目标语法（定语从句）的运用和中考英语口语话题（我的故乡）整合而成；课程由直播、人机交互模拟中考口语考试、生生互动、师生互动等多种学习方式结合而成。教学设计整体采用"语法运用+中考口语话题"双主线，在巩固运用目标语法的同时，进行中考话题的口语训练和模拟测试，且重视学习反馈和评价。整合、灵活、新颖的课程设计凸显了线上课程特点，发挥了线上教学和学习的优点，力求扬长避短，提高课堂效率和学习实效。

二、教学设计

表1　教学设计表

课程名称	Short Talk—My Hometown, Zhaoqing "用定语从句讲述魅力肇庆"
课程类型	练习课
课程学时	20分钟
授课对象	九年级学生
教学目标	（1）用定语从句进行话题简述（Short Talk），介绍我们的故乡肇庆。 （2）堂上进行中考口语考试题型（Short Talk）模拟考试。 （3）根据评分标准到考试平台（班级小管家）互相评分
教学内容	由目标语法（定语从句）的运用和中考口语话题（我的故乡）整合而成；话题真实，贴近学生生活，渗入本土文化，能极大引起学生兴趣。整体采用"语法运用+中考口语话题"的双主线，在巩固运用目标语法的同时，进行中考话题的口语训练和模拟测试。精简化、整合化、生活化的课程内容凸显线上课程特点，有利于提高课堂效率和学习实效

续上表

学情分析	（1）学生的已有知识分析。本班学生之前已经学习了关于定语从句的基本知识，包括定语从句的功能，三个关系代词 who、which、that 的用法，以及如何将两个简单句变成含有定语从句的复合句，对有关家乡著名景点的话题也十分熟悉。针对学生已有的知识结构，本课程设计采用"语法运用＋中考口语话题"模式，即运用已经学过的语法知识结构（定语从句）介绍"我的家乡"（魅力肇庆），设计目的是希望能极大激发学生已知，培养学生用英语解决实际问题的能力。 （2）学生的心理特点分析。本班学生整体英语基础较好，个别学生英语基础较差；心理上总体自尊心较强，喜欢受到同龄人的关注和教师的鼓励；思维灵活，有创新精神。针对本班学生的英语基础和心理特点，本课程设计采用分层、分难度挑战的方式进行中考口语模拟考试：基础一般的同学可以选择一般难度的测试，能有更多的支架依托；基础好的学生可以挑战高难度测试，有更多的自由发挥空间。课程设计的目的是希望每个学生在本课程中有获得感，激发学生的英语口语学习的自信心和热情
教学方法	本课程由直播、人机交互模拟中考口语考试、生生互动、师生互动等多种学习方式结合而成。学生通过教师直播和互动积累输入语言素材，然后通过手机考试平台进行输出——限时进行话题简述模拟考试，最后通过考试平台进行自评、小组成员互评、教师评价等多种评价反馈。本课程学习方式设计一方面凸显了线上课程的优点，充分发挥线上教学人机交互的优点，实现口语的高度仿真测试；另一方面弥补了线上合作学习的不足，在话题简述考试评价中设计小组协作任务，加强了生生、师生线上互动及反馈

教学资源和工具及其应用方法	课前准备	在线教学、学习活动的顺利开展，离不开在线教学学习资源的支持。学生借助互联网、电脑、手机等设备工具，能突破时间、空间的界限，享受到海量、丰富、强大的线上资源支持。课前，教师为学生准备了以下线上学习资源： ①在线授课教师。主要负责组织网上学习活动及利用微信、QQ、电话、短信等方式进行答疑，以及监督学生的学习状况。 ②微信小程序——班级小管家。这是一款具有作业、打卡功能的手机微信小程序。学生可以将录音、图片、文字发布在这个平台，实现自评、小组互评口语答卷。课前，学生已经在微信小程序上注册并加入班级，在课堂上可以直接进行口语简述模拟考试。 ③网络学习小组。课前，教师已经对学生进行了分组。学生以 5 人为一个学习小组，在教师指导下，到考试平台——班级小管家进行交流讨论，共同协作完成互评口语答卷、评选优秀答卷的任务。 ④英语课程学习的微信班群。班群平常用于课前发布英语学习的通知、课程资源的分享、学生课后反馈、教师线上答疑，以及分享学生的优秀口语答卷等。 ⑤其他。教师的教学课件 PPT、关于家乡肇庆的图片、《魅力肇庆》宣传片等
	课堂参与	教师利用教学平台——腾讯课堂，以直播方式开展教学活动，以问题和任务逐步引导学生思考，在需要提问或者互动时开启线上举手功能；学生可以通过举手连接麦克风和在课堂评论区域打字的方式回答问题或者进行互动，深度参与课堂
	学习评价 评价形式	以模拟中考英语口语人机考试的形式，进行堂上限时口语考试和评价

续上表

教学资源和工具及其应用方法	学习评价	评价方法	①学生自评。学生到班级小管家手机平台根据评分标准进行自评。（评分格式如下：2+1+1+1=5，可以适当给文字评语） ②小组互评。学生5人一小组，到班级小管家手机平台收听组员的录音，给小组其他4个成员评分，然后小组讨论选出组内最优秀的答卷分享到微信班群。（评分格式如下：2+1+1+1=5，可以适当给文字评语） ③教师评价。教师课后在班级小管家手机平台给每个同学评分，选出全班优秀答卷，分享到微信班群
		评价工具	①Short Talk考试评分表。这是本课程授课教师参考中考口语考试评分标准制作而成的。评价表见下图： 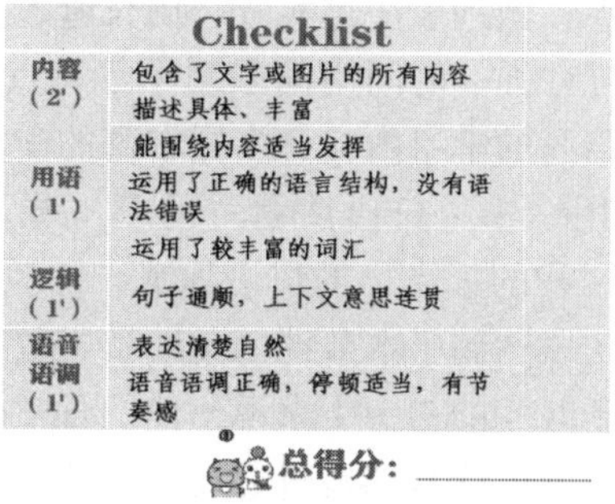 **Checklist** 内容（2'）：包含了文字或图片的所有内容；描述具体、丰富；能围绕内容适当发挥 用语（1'）：运用了正确的语言结构，没有语法错误；运用了较丰富的词汇 逻辑（1'）：句子通顺，上下文意思连贯 语音语调（1'）：表达清楚自然；语音语调正确，停顿适当，有节奏感 总得分：_____ ②微信小程序——班级小管家。学生将考试录音、图片、文字发布在这个平台，实现进行自评和小组互评口语答卷。
		目的及优点	①及时精确反馈学生学习成果，实现当堂测评、当堂评价。 ②熟悉中考口语考试评分标准，指导学生今后口语练习方向。 ③充分发挥线上教学人机交互的优点，实现高度仿真模拟。 ④充分发挥小组协作的优点，促进生生、师生线上互动
教学过程			步骤一：视频导入（2分钟）。学生观看《魅力肇庆》宣传片。此环节目的是导入本课程话题——魅力肇庆，激活学生相关背景知识。教学方式是教师利用腾讯课堂电脑客户端直播、师生线上互动。 步骤二：复习输入（3分钟）。在教师引导下，学生复习定语从句的三个关系代词和简单句变定语从句的步骤。此环节目的是巩固上节课关于定语从句的知识，同时输入有关家乡肇庆名胜的定语从句表达，为下一步话题简述口语练习提供语言、结构、内容等支架。教学方式同步骤一。 步骤三：限时练习（3分钟）。全体学生根据所给的语言模板限时训练，然后个别学生展示成果。此环节目的是运用上步骤所输入的语言表达、结构、内容等语言素材进行限时输出训练，为下一个环节的话题简述模拟考试做好准备。教学方式同上。 步骤四：模拟考试（5分钟）。全体学生选择适合的考试难度（Level A：使用课上所给模板，用定语从句谈谈我们的家乡肇庆；Level B：用定语从句谈谈我们的家乡，可以适当自由发挥）进行中考口语题型——话题简述的模拟考试。学生需要到微信小程序——班级小管家录音并上传。学生有3分钟准备时间，要求用6句话以上进行话题讲述，发言时间不超过90秒。开头已给出：Hello, my name is ... I'd like to share something about my hometown, Zhaoqing. 此环节目的是对中考口语考试题型进行仿真训练，培养学生学以致用的能力。教学方式同上。 步骤五：欣赏互评（7分钟）。全体学生进入录音平台，根据评分标准进行自评、小组互评、教师评价，选出优秀答卷分享到微信班群供全班欣赏学习，起到榜样作用。此环节目的是为学生学习成效提供及时反馈，并促进生生、师生互动。教学方式是生生、师生在考试平台研讨、互动，教师对学生的疑问答疑

（微信扫描二维码可观看微课，网页下载链接：
https://portal.scnu.edu.cn/article-13959-471-1.html）

三、教学成效与反思

本节课的优点：做到了注重实效、扬长避短。本节课针对线上教学授课时间短、课堂容量小、人机交互性强、时间空间限制小等特点，立足学生学情、心理特点、知识背景，精心设计了整合精简的学习内容、多样丰富的学习资源支持、人机交互的教学模式。整节课采用"语法运用+中考口语话题"的双主线，学生在巩固运用"定语从句"的同时，进行了中考话题"我的家乡"的口语训练，并顺利完成了仿真口语测试，用定语从句介绍了我们的家乡肇庆，达到了本节课的预期学习效果。与传统课堂相比，线上课堂面对面的交流少了，但对新时代的初中生来说，他们日常生活中已经熟练掌握了线上通信工具的使用，甚至比部分教师更能自如地进行线上交流，线上交流对他们来说不是障碍，反而是优势。事实上，从学生的学习反馈来看，学生参与度高，表现出较大的学习兴趣和创新性，学习效果良好。

本节课的不足：课程内容深度和广度有待拓展。一方面，由于课程时间的限制，课堂上只输入了关于鼎湖山、七星岩、牌坊广场的相关表达，而没有对肇庆其他旅游名片进行拓展。要解决这个问题，教师在课前可以布置学生利用互联网搜索相关的外文资料用作语言素材，拓展学生的知识面和词汇量。另一方面，学生在选择口语考试难度时，教师要多鼓励有能力的学生挑战 Level B，多使用丰富的词汇来介绍魅力肇庆。相信只要做到扬长避短，在线教学同样能收到良好的效果。

作者简介

李国斐，中学英语教师，现任教于肇庆市高要区第一中学。其微课作品《听歌学连读》曾获 2013 年云浮市中国移动"同步课堂杯"中小学微型教学视频课例（微课）大赛一等奖，该作品于 2020 年 2 月被收集在"学习强国"平台展示。

专家点评

本节课较好地实现了教学目标，教学效果良好；在进行 Short Talk 模拟考试环节之前，教师提供了足够的教学脚手架，让学生在进行说的环节时有更加明确的方向，并且更能加深学生对定语从句的印象；利用"肇庆"作为情境进行定语从句教学，渗透当地文化，激发学生的学习兴趣；PPT 制作精良，且在上课过程中较好地利用平台的优势与学生进行有效的互动，针对说的内容进行反馈；通过小组互评，让被评价者发现自己的不足之处，增强了学生间的互动性,培养了学生的批判性思维;教学过程具有层次感,难度层层递进,符合学生的认知规律;教师教学重点突出,整体教学思路清晰。教师对信息技术的使用较为熟悉,通过微信小程序、网络考试平台——班级小管家、微信群、腾讯课堂等辅助教学,能够有效地促进线上教学的效果。

——华南师范大学外国语言文化学院　黄丽燕

政治篇

政治线上教学的可能性

华南师范大学哲学与社会发展学院　何　亮

为积极响应教育部"停课不停学"的号召,华南师范大学组织开展了"华南师大－中小学"协同发展联盟优秀在线教学案例评比与优秀在线教学案例云分享会活动。广大联盟学校教师积极响应,为实现高效的在线教学进行了可贵的探索,涌现出一批较高质量的优秀案例。作为此次活动的协办方,哲学与社会发展学院承担了政治科优秀案例的评选任务。政治科共计收到75份案例,其中评选出了一等奖8个、二等奖11个、三等奖19个。经专家评议,我们决定将荣获一等奖的教案结集出版,供一线政治教师参考。由于版面有限,我们压缩了原教案的篇幅,使得其中不少宝贵内容被精简。其他获奖教案未能列入出版计划,在此只能留下遗珠之憾了。

对于许多政治教师而言,在线教学原来是与自己的教学工作几乎不沾边的事。本次疫情使我们不得不赶鸭子上架,开始学习使用各种网络教学工具,设计网络教学教案和课件,面对冷冰冰的电脑显示屏进行"电视直播"。由于未经培训、仓促上马,我们的第一课大多以失败而告终。我们按线下教学的模式设计教案并开展教学,面对"无人之阵",我们不知道怎样组织线上教学,不知道如何与学生交流,不知道学生是否在线听课,不知道速度快慢和学生是否听懂……只是机械地讲下去,没有表情与语调的变化,没有节奏调整,直到把备好的课播送完毕为止。这种网上"满堂灌"的教学方式，其效果可想而知。等到逐渐摸索并积累一定线上教学经验之后，我们不难发现，其实网络教学具有许多优势，关键在于教师能否熟练掌握现代教育信息技术，能否将政治学科与教育信息技术有机整合。我们也开始感悟到，媒介素养是现代教师的基本素养，无论何时何处，教师都应能将现代教学设备信手拈来并运用自如。

　　当前，随着大中小学陆续复学，我们或许该思考另外一个问题：复学之后，在线教学何去何从？作为政治教师，我们是否还需要继续探讨在线教学设计、教学质量评价和教学管理等问题？关于这些问题，华南师范大学教育信息技术学院胡小勇教授指出：在线教学还会长期存在，线上线下融合的混合式教学将兴起，并成为未来的常态趋势。"互联网＋"，改变了教育服务的供给，线上教育有助于促进师资智力流转和教学资源共享，具有解决教育发展"不平衡、不充分"问题的重要价值。"互联网＋"，也改变了教师的教研方式，提升了在线教学素养。因此，作为一位智能时代的教师，我们一定要看准教育发展的大势，在继续提升自己的媒介素养和实用技术的同时，重视学生数字化学习、创新素养与自律性的培养。

"在疫情防控中感悟社会主义核心价值观"在线教学案例

汕头市聿怀中学　杨　佳

一、案例简介

"培育和践行社会主义核心价值观"是人教版《思想政治　必修3　文化生活》第十课第一框的教学内容，这一课涉及了文化最深层的内核，内容重要且繁多，理论性强且抽象，教学的难点在于突破现实生活中对其口号或标语式的宣传。大多数教师在处理本课时注重的是知识立意，而忽视了素养培育。本课教学尝试打破这种现状，避免学科素养培育成为空中楼阁。笔者结合当前疫情防控的生活实例和感人事迹，促使学生在网课学习中能够把耳熟能详的"社会主义核心价值观"从纯理论的死记硬背到真正信、真正懂，使素养目标得以实现，新课标精神得以落实。

二、教学设计

（一）教学目标

（1）在小组合作探究中，充分认识到社会主义核心价值观是凝魂聚气、强基固本的基础工程，增强政治认同。

（2）懂得践行社会主义核心价值观与培养担当民族复兴大任时代新人的关系，培育科学精神。

（3）结合生活实践，增强践行社会主义核心价值观的自觉性、主动性和积极性，内化于心、外化于行，实现公共参与。

（二）学情分析

高二的学生渴望了解社会，在思维方面比较活跃，对社会提倡和弘扬的社会主义核心价值观有所了解，但是缺乏科学理性的全面认识，只停留在喊口号式的表面上，需要老师加以正确的价值引领。

特殊时期进行在线教学，教师还要在课前提前充分了解学生在家学习的实际情况，比如学习的准备、原有的知识储备、学习困难和学习期待等。笔者以小程序等方式对以上情况进行调查，结果如图1所示。坚持以学定教，确定教学起点，是线上教学非常重要的环节。

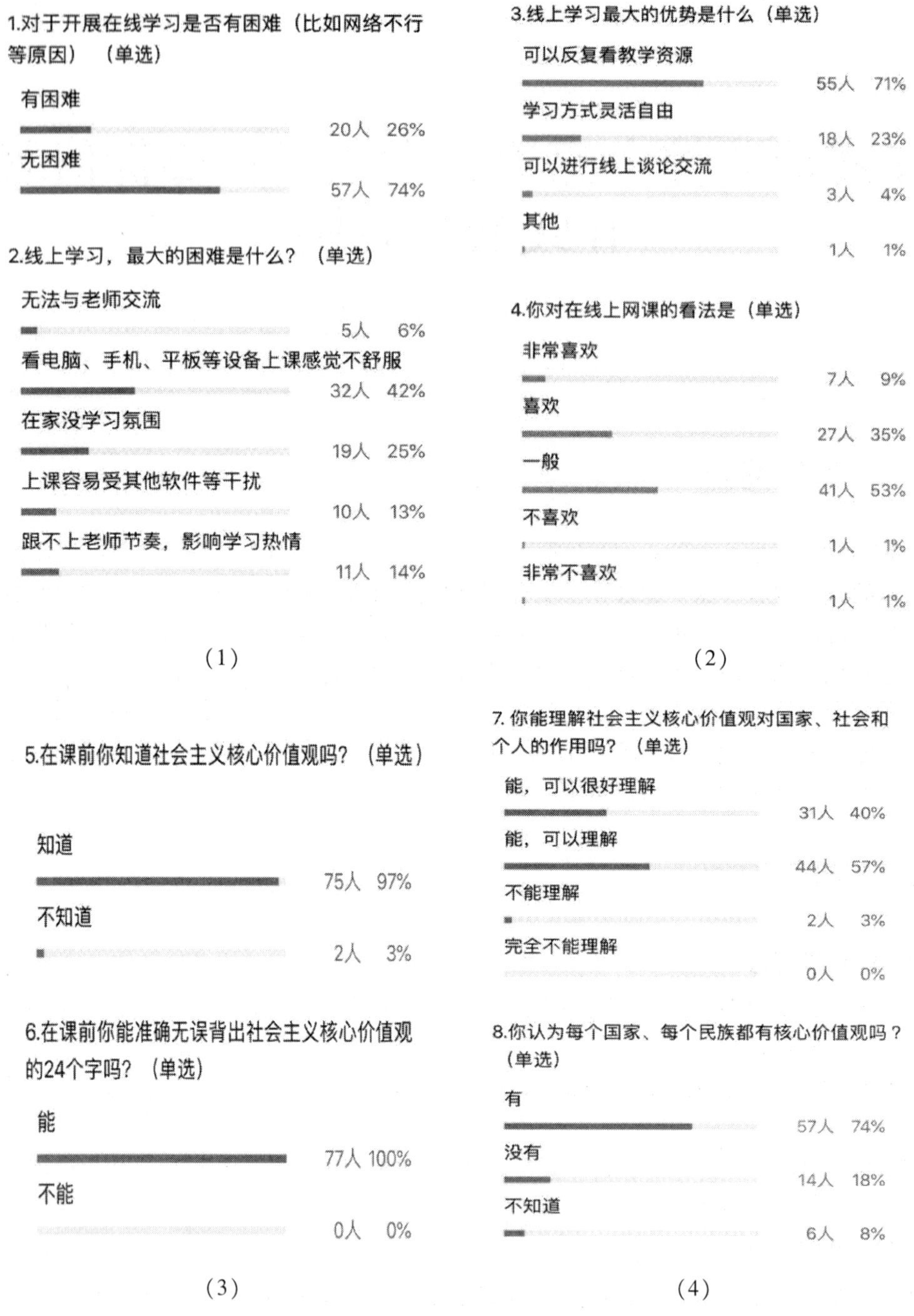

1.对于开展在线学习是否有困难（比如网络不行等原因）（单选）
- 有困难　　20人　26%
- 无困难　　57人　74%

2.线上学习，最大的困难是什么？（单选）
- 无法与老师交流　　5人　6%
- 看电脑、手机、平板等设备上课感觉不舒服　　32人　42%
- 在家没学习氛围　　19人　25%
- 上课容易受其他软件等干扰　　10人　13%
- 跟不上老师节奏，影响学习热情　　11人　14%

（1）

3.线上学习最大的优势是什么（单选）
- 可以反复看教学资源　　55人　71%
- 学习方式灵活自由　　18人　23%
- 可以进行线上谈论交流　　3人　4%
- 其他　　1人　1%

4.你对在线上网课的看法是（单选）
- 非常喜欢　　7人　9%
- 喜欢　　27人　35%
- 一般　　41人　53%
- 不喜欢　　1人　1%
- 非常不喜欢　　1人　1%

（2）

5.在课前你知道社会主义核心价值观吗？（单选）
- 知道　　75人　97%
- 不知道　　2人　3%

6.在课前你能准确无误背出社会主义核心价值观的24个字吗？（单选）
- 能　　77人　100%
- 不能　　0人　0%

（3）

7.你能理解社会主义核心价值观对国家、社会和个人的作用吗？（单选）
- 能，可以很好理解　　31人　40%
- 能，可以理解　　44人　57%
- 不能理解　　2人　3%
- 完全不能理解　　0人　0%

8.你认为每个国家、每个民族都有核心价值观吗？（单选）
- 有　　57人　74%
- 没有　　14人　18%
- 不知道　　6人　8%

（4）

图1　学生问卷调查情况

（三）教学重难点

（1）教学重点：社会主义核心价值观的地位和作用。

（2）教学难点：如何将社会主义核心价值观内化于心、外化于行。

（四）教学方法

问题教学法、案例剖析法、讲授法。

（五）教学手段

多平台协作（e校通、希沃白板、微信群、猿题库APP、各种小程序应用）。

（六）教学过程（见表1）

表1 "培育和践行社会主义核心价值观"教学过程

教学环节及教学内容		教学活动		设计意图
		教师活动	学生活动	
一、新课导入		教师过渡：说到社会主义核心价值观，在课前的调查统计中发现同学们并不陌生，绝大部分同学能够准确无误地说出这24个字。那么今天我们首先来深入理解和学习社会主义核心价值观的基本内容	参与课前小程序调查：关于在线学习的准备、原有的知识储备、学习困难和学习期待	以学定教，因材施教
二、凝魂聚气、强基固本的基础性工程	活动1：小记者云端报道——立足核心价值观，讲中国战"疫"故事	教师提问：假如你是战"疫"小记者，请分享你的所见所闻，传递战"疫"正能量，感悟社会主义核心价值观。 教师对学生的学习成果分享进行点评和小结，深化学生的思想认识。 教师点评1：多难兴邦，玉汝于成 教师点评2：敬畏法则，累世安康	学生以小组的形式在15分钟内围绕确定的主题搜索网络资源，在小组学习群里探讨，接着由每组选派发言代表将小组成果在班级网课微信群上分享。 第一、第二小组从国家层面分享：中国疫情暴发，可谓牵一发而动全世界，彰显了我们强大的综合国力。关于疫情病例的数据报告、防疫知识、措施成效，集中体现国家信息公开，民主管理。全国上下一盘棋，这就是我们国家文明和谐的最好表达。 第三、第四小组从社会层面分享：真正的自由是需要制度和法律来约束的。人人都是平等的，湖北人、感染者都不应受到歧视。对于刻意隐瞒或者不配合者，要依靠法治来维持社会公平公正。	引导学生从感性认识上升到理性认识，增强政治认同

续上表

教学环节及教学内容	教学活动		设计意图
	教师活动	学生活动	
二、凝魂聚气、强基固本的基础性工程	活动1：小记者云端报道——立足核心价值观，讲中国战"疫"故事	教师点评3：沧海横流，英雄本色	第五、第六小组从个人层面分享：海外华人捐防疫物资回国内，全国各地医疗团队、部队和许多其他的一线工作人员齐聚湖北。他们都是最美的逆行者，都在用实际行动向我们诠释什么是真正的敬业精神。特殊时期，我们非常需要友善地对待每一个感染者、隔离者，包括每一个坚持在岗位的人	
	自主探究，阅读梳理	教师过渡：历史和实践证明，支撑中华民族不断兴旺发达的社会主义核心价值观具有很强的向心力、凝聚力、战斗力，这是中国特色社会主义制度的伟力，也是我们坚定"战疫必胜"信念、守护好共同精神家园的底气。由此可见社会主义核心价值观凝结着全体人民共同的价值追求，是当代中国精神的集中体现，是凝魂聚气、强基固本的基础性工程	学生归纳和理解社会主义核心价值观的特点和地位，并思考：其他国家和民族都有核心价值观吗？它们和我们国家一样吗？	深入了解社会主义核心价值观的要求和作用
	回归课本，把握核心价值观的要求和作用	教师过渡：课前调查显示，有57%的同学认为每个国家、每个民族都有自己的核心价值观，这是对的。比如这次为中国捐赠防护用品的日本，将崇尚科学作为核心价值观。他们的货币上印的不是政治家，而是学者	学生认真听讲，做好笔记，在课本相应的地方做标记	引导学生从个体深入剖析，以求达到以小见大的教学效果

续上表

教学环节及教学内容		教学活动		设计意图
		教师活动	学生活动	
三、内化于心，外化于行	活动2：学习榜样人物，践行社会主义核心价值观	教师播放视频和发送人民日报新闻链接《中国抗疫图鉴》，它们浓缩了中国抗疫的过程，记录了疫情下老百姓的人生百态（https://mp.weixin.qq.com/s/J4CUHndFKXxb5S2CY7QpIg），请学生选取感受最深的一个画面或了解的一个故事，谈谈视频中的"'我'是谁""我想成为谁""我要怎样成为谁"	学生观看视频和《中国抗疫图鉴》，在微信群里畅所欲言，分享自己的真实想法与感受，寻找自己身边的榜样人物并结合自己的生活实践谈具体做法（比如我为祖国升国旗，参与线上云升旗；参与创文志愿者活动；参与2020线上祭英烈活动；唱响主旋律，弘扬正能量；穿街走巷防蚊虫，志愿精神入社区；等等）	以鲜活真实感人的榜样事例，引起情感上的共鸣，从而内化于心、外化于行，培育公共参与素养
	议题探究，突破难点	教师过渡：中国和意大利同样是为抗击疫情封城，《纽约时报》却是两种评价，被网友调侃《纽约时报》驰名"双标"。结合本课所学内容，请你谈谈怎样看待和应对西方媒体的双重标准。 教师引导学生首先必须坚定社会主义核心价值观，不能有动摇，别让西方普世价值消解社会主义核心价值观；其次是保持冷静，用事实说话；最后要在个人层面做到勤学、修德、明辨和笃实	学生结合本课所学内容，在互联网上搜索和了解该事件的具体内容和张维为教授答学生问的相关视频，对此进行讨论	通过议题讨论的形式，让学生明辨是非，坚定社会主义核心价值观的立场，培养科学精神
四、总结归纳，思维提升		教师小结：这节课我们主要学习社会主义核心价值观这个知识点，了解什么是社会主义核心价值观（从国家、社会、个人三个层面加深理解），为什么要坚持社会主义核心价值观（强基固本、凝魂聚气的基础性工程，凝结着全体人民的共同价值追求），以及怎样坚持社会主义核心价值观。而我们所讲的社会主义核心价值观与核心价值观两者是共性与个性的关系。 时政链接：面对形形色色的网络信息和西方借着疫情趁机妖魔化中国，我们更应当深刻理解和把握社会主义核心价值观内涵，提高政治站位，内化于心、外化于行，同心战"疫"，做社会主义核心价值观的信仰者、传播者和践行者	学生根据教师的小结，巩固所学的知识，构建本课的知识框架	

续上表

教学环节及教学内容	教学活动		设计意图
	教师活动	学生活动	
五、课堂巩固，布置作业	教师要求学生打开猿题库，完成本课配套练习10道选择题，针对学生的答题得分率情况做针对性的讲解	学生完成猿题库配套练习	帮助学生深化对本框内容的理解和运用
六、合唱歌曲，情感升华	教师播放《社会主义核心价值观之歌》并展示歌词。 《社会主义核心价值观之歌》 我们生活在中国 时时刻刻要好好学习 社会主义核心价值观 二十四字内容要熟悉 我们都是中华儿女 大家都有美好的梦 社会主义核心价值观 二十四字内容要牢记 富强民主文明和谐 自由平等公正法治 爱国敬业诚信友善 爱国敬业诚信友善 富强民主文明和谐 自由平等公正法治 爱国敬业诚信友善 爱国敬业诚信友善	学生唱响《社会主义核心价值观之歌》	齐唱歌曲，以达到升华情感、浸润心灵的效果
七、板书设计	社会主义核心价值观（共性） { 1. 基本内容（是什么） 2. 地位及作用（为什么） 3. 内化于心、外化于行（怎么做） } ⟷ 核心价值观（个性）		

三、教学成效与反思

1. 教学成效

（1）坚持以学定教，在线精准施教

在线教学与传统课堂教学有所区别，但是两者都离不开对学情的充分把握。学生是教学的主体，只有科学把握学情即其认知规律，才能改变削足适履的备课模式。笔者在此案例教学中对学生在线学习的基本条件、原有知识储备、预习情况进行摸查，为教学设计做充分的调研，努力实现精准施教。

（2）利用多种平台，灵活融合运用

在线教学比传统教学有更多的选择性、便捷性和灵活性，利用多种平台和软件可以实现不同教学环节优化配置，不同教学内容"取长补短"，这是在线学习巨大的优势。比如使用e校通签到、发布作业、上交作业；使用希沃白板录播微课进行"翻转课堂"教学；使用微信群组织教学、小组分组讨论和课后答疑；使用猿题库APP便于学生进行课堂习题巩固训练；使用各种小程序便于教学的互动和课前调查。学生可以利用平台和互联网及时搜索相关教学信息，快速全面了解讨论内容，打破了传统课堂教学的诸多限制条件，使课堂教学更具开放性、共享性和交互性。

（3）借助云端数据，把握学情反馈

在线教学对信息技术有高度的依赖性。与传统课堂教的过程与学的过程不同的是，在线教学情况下，师生时空分离，要保证教学效果，使学生达到教学目标，需要教师设计课程、创设教学情境、发送资源和对学生学习过程给予支持。借助云端大数据，学生学习过程出现的问题一目了然，教师既可以立即对学生预习中、课堂中反馈的重难点进行重点讲解，提高教学的针对性，又能为后续教学进度的调整提供依据。

（4）精选教学案例，凸显价值引领

习近平总书记在推动思政课改革创新时提出"八个统一"，其中有一个就是"要坚持价值性和知识性相统一，寓价值观引导于知识传授之中"。苦难往往是最好的教育。社会主义核心价值观教育只有和学生内在情感认同与外在的实践自觉紧密融合起来，成为共同意识和集体行动，才能在他们身上孕育出中华民族独有的风骨与情怀。笔者精选疫情期间的榜样实例，增强了社会主义核心价值观的亲切力、感染力和渗透力，激发学生的社会责任感和提升对"中国榜样"的自豪感，坚定政治认同，在生活中争当别人心目中的"榜样"，增强公共参与的意识。

2. 教学反思

这节课也有一些不足之处，由于内容多，具体教学实施过程还是比较紧凑。如果安排成两个课时，并且采用腾讯课堂直播的方式，课堂互动性会更强，教学效果更为显著，最后全班齐唱《社会主义核心价值观之歌》也能实现云端在线高潮、情感升华。后期笔者为了弥补不足，再用希沃白板软件平台制作了两个微课，作为课后"翻转"教学，弥补本课安排过于紧凑、个别内容无法详细展开的遗憾。

作者简介

杨佳，2008年毕业于华南师范大学思想政治教育专业。汕头市优秀思政课教师，汕头市聿怀中学高二备课组组长，汕头市金平区优秀班主任。多次参与省、市、区各级教学技能比赛，荣获佳绩。教学之余还参与各项论文评比。

专家点评

"践行社会主义核心价值观"涉及文化最深层内核，内容重要且繁多，理论性强且抽象。学生对于24字核心价值观早已耳熟能详，但多对其内在意涵不甚了了。作者借助云端数据准确把握学情，精选教学案例，让学生在疫情防控中感悟部分社会主义核心价值观，实现了网上精准施教。当然，抗疫案例毕竟无法涵盖所有核心价值观，一节课也无法讲透所有核心价值观。教师可利用网络充实相关素材，让学生自主学习，自我成长。

——广州市第九十七中学　林黎华

实践是认识的基础

广东广雅中学　张雅博

一、案例简介

2020年初，因新冠病毒肺炎来袭，假期延长，开学延迟，根据《关于中小学延期开学期间"停课不停学"有关工作安排的通知》要求，广雅中学高二政治备课组认真研读要求，坚持国家课程学习与疫情防控知识学习相结合，注重加强爱国主义教育，限时限量合理安排学习。

课例选取在抗击新冠病毒肺炎疫情期间，人们对新冠病毒的探索认识，思路清晰地展开探索：首先，疫袭武汉，当务之急是认识病毒，认识敌人，通过实践的三个镜头引导学生理解实践是认识的来源。其次，鏖战疫情，疫情发展到白热化阶段，实践中出现的新情况新问题、一些新的科学技术工具的使用、之前SARS的治疗经验等，在这次疫情中都推动了人们对新冠病毒的认识；在抗疫过程中，不同的机构提出不同的用药方法，评判药物有效的标准要看疗效，即实践，疗效结果也证明中医药在此次抗疫中发挥了作用；在党中央、国务院的有力决策部署和统筹实施下，云开月明，抗疫终于产生了效果。最后，引导学生利用本课所学知识，谈一谈疫情面前有什么想法和认识，接下来打算如何将这些认识转化为实践，同时播放同龄人视频启发学生。

二、教学设计

（一）指导思想

以习近平总书记在学校思想政治理论课教师座谈会上的讲话精神为指导，依据2017年版《普通高中思想政治课程标准》的有关要求，全面提高教学质量。着眼于目前人们对新冠病毒肺炎的认识，结合中国人民认识新冠病毒肺炎的具体事例，讨论如何在实践中深化认识、追求真理。

（二）对应的学科素养、表现与水平等级（见表1）

表1　对应的学科素养、表现与水平等级

学科素养	水平等级	学科表现	教学过程
科学精神	水平4	用认识论中"实践是认识的基础"，观察事物、分析问题； 对此次疫情中的科学探究实践，做出正确的判断和合理的选择； 过有意义的生活，以锐意进取的态度和负责任的行动促进社会和谐	结合对新冠病毒肺炎的认识过程，探寻对新冠病毒的认识不断发展的原因，观察和分析实践和认识的辩证关系
法治意识	水平1	在疫情期间，遵守社会秩序，依法履行义务，让社会更和谐、生活更美好	抗疫期间，每位同学自觉居家生活学习
政治认同 公共参与	水平4	在中国人民抗击疫情的过程中，形成政治认同，看到祖国的强大力量，拥护党的领导，领会中国特色社会主义最本质的特征是中国共产党的领导。 实践与认识的辩证关系原理：实践决定认识，认识对实践具有反作用	在抗击疫情的纪事时间轴中，看到中国的大国担当，形成认识，同时思考作为青少年该如何将爱国付诸实践

（三）教学内容分析

"实践是认识的基础"选自人教版《思想政治　必修4　生活与哲学》第二单元"探索世界与追求真理"第六课第一框第二目，是这一单元的重要内容。课程内容上，要求了解人的实践活动的特性和作用，理解社会生活的实践本质，阐明实践是认识的基础、是检验真理的唯一标准。以"人的正确思想是从哪里来的"为议题，探究"实践—认识—再实践—再认识"的过程。根据课标和教材，对本课的知识点进行整理，得出图1。从该课的内容结构来看，本课之前，学生学习了意识的能动性，人对世界的正确认识，人类认识世界的过程。通过分析学情，高二学生虽初步具备自主探究的意识和能力，但仍有待进一步提高，学生对事物的认识多停留在感性阶段，尚缺乏理性思考。

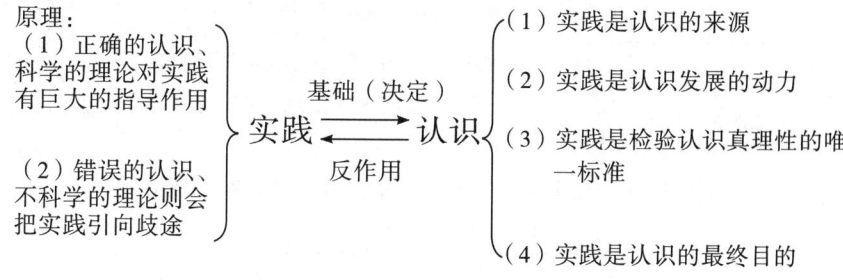

方法论要求：
1. 树立实践第一的观点，自觉参与实践活动。
2. 重视认识的反作用，重视科学理论对实践的指导作用。

图1　知识点整理图

（四）学情分析

这一部分内容的教学对象是高二年级的学生，高二学生居家自主学习能力令人担忧，此外，对文字的理解能力、抽象思维能力较欠缺，线上教学教授认识论这部分内容对他们的确是一个很大的考验。但好在大部分同学愿意充分发挥主观能动性，在家进行自律学习，对实践和认识两个词的理解也不是非常陌生，加之新冠病毒肺炎疫情的时政热点，可以使课堂教学顺利进行。出于对学生线上学习的健康考虑和时长考虑，授课课时的微课视频内容选取第六课第一框的其中一目内容。

（五）课的类型

新授课。

（六）教学重难点

（1）实践是认识的基础。
（2）实践和认识的辩证关系原理及方法论。

（七）教学过程设计（见表2）

表2 教学设计

新课教学		教师教学活动	设计意图
新课导入		人类病毒发展史，今天人类面对一个新的认识难题——新型冠状病毒	将时政热点融入课堂
一、疫袭武汉	实践是认识的来源	展示疫情初期三个特写镜头：对于突如其来的新冠病毒，通过专家们的做法，人们对新冠病毒的认识从哪里来？	使用2020年抗击新冠病毒肺炎疫情时政案例，从抗疫纵向时间轴中截取特写镜头详细挖掘案例，思路清晰、材料真实丰富地引导学生思考
二、鏖战疫情	实践是认识发展的动力	通过疫情中出现的新问题、新状况以及对发布的七版诊疗方案进行对比可发现，实践是推动认识发展的动力；中国新冠病毒肺炎疫情和世界历史上的其他两次重大疫情对比，死亡率下降，新的科学技术工具的使用是有利条件；之前治疗SARS病毒的经验为此次疫情防控积累经验，促进此次对新冠病毒认识的发展	
三、药物之争	实践是检验真理的唯一标准	列举此次疫情过程中研究使用的几种药物，使学生思考：哪个是攻克新冠病毒的"神药"？什么是评判标准？	
四、云开月明	实践是认识的目的	党中央、国务院发布的方案措施有了成效，启发学生这些认识的目的是实践	
知识升华		播放厦门六中合唱团《微光》视频，引导学生将认识和实践相结合，思考：同为青少年，可以从自身出发，思考如何为他人、为社会、为国家做贡献	

三、教学成效与反思

本课以"实践是认识的基础"为学习内容，选取认识新冠病毒肺炎为案例，基于学科核心素养，体现新课程理念，是践行新课程标准理念下的教学的一次探索和尝试。

微课能有效地突破时间和空间的限制，让学习随时随地发生。课前，教师用电脑制作"实践的含义及其特点""实践是认识的基础"系列微课，将其推送至学生客户端。学生结合学习任务单完成自主学习，同时可在班级讨论群分享对"实践"的理解，初步理顺实践与认识的关系。学生可随时借助互联网与云系统开展个性化学习，促进自学能力的提升，课堂结构也能更好地实现以学定教、以学生为中心，在交流协作中发现问题、表达观点，提升思维水平，提升自主学习、合作探究能力，获得美好的学习体验。教师则从知识的传授者转变为学生学习的指导者、陪伴者、鼓励者。

本课例知识体系清晰准确，线索明了，抗疫时间轴线和知识线清晰并自然融合。但整堂课下来，教师缺少线上与学生交流互动的环节及措施，缺少学生活动，抓不住学生的落实情况，容易造成教师自说自话"满堂灌"的情况。

另外，新高考"选课走班"的实施，让学生实现"一人一课表"，这为教师掌握学生学情等数据增加了难度。

作者简介

张雅博，广东广雅中学政治科教师，2018年北京师范大学硕士毕业，广州市林金桦政治名师工作室成员，广东广雅中学模拟联合国社团指导老师，省级优秀指导老师、优秀班主任。

专家点评

本课以"实践是认识的基础"为知识框架，选取人们对新冠病毒肺炎的认识过程为案例，从抗疫纵向时间轴中截取特写镜头，详细挖掘材料，层层递进，逐步引导学生理解马克思主义的实践观。本课例总体上属于常规设计，最大亮点是教师制作相关微课并将其推送至学生客户端，有利于学生自主学习。

——华南师范大学哲学与社会发展学院　罗长青

"用联系的观点看问题"议题式教学设计

广州市第九十七中学 翟 霞

一、案例简介

疫情之下,全国中小学生"停课不停学"。在广州市海珠区教育发展中心的领导下,笔者在广州市第九十七中学为区高二级教师上了一节网络公开课,这是笔者教学生涯中的首次网络公开课。本课例是《思想政治 必修4 生活与哲学》第三单元第七课第二框"用联系的观点看问题"。教学主要内容是整体和部分的辩证关系、系统和要素的辩证关系。

本节课主要通过时政议题"众志成城 抗击疫情",以"活动一:观看视频——众志成城 抗击疫情"和"活动二:疫情防控部署我投票"开展教学,引导学生步步探究,分别理解、厘清整体和部分、系统和要素之间的辩证关系,在此过程中,通过全国人民众志成城抗击疫情的行动,渗透爱国主义教育、生命健康教育,让学生在议题体验中实现政治认同,在议题剖析中培养科学精神,在议题感悟中实现公共参与和政治认同的核心素养。

二、教学设计

(一)学情分析

(1)从学生学习情况看:笔者所任教的班级为高二政治选考班(高考5班、6班、普通班),由于政治是学生自主选择的科目,大部分学生学习积极性比较高,但学生理解运用知识的能力、分析问题的能力、提炼概括知识的能力有待提高。

(2)从学生知识储备和认知特点看:高二政治选考班学生已接受过一定的哲学生活的知识的学习,已有一定的历史、文化、哲学知识的积累。而且经过高二选科之后,学生对政治学科重视程度增加,学习更加主动,主体意识更强,为本节课的学习提供了有利条件。

(3)从学生所处的客观环境来看:中国发展进入新时代。2020年初,我国遭遇新型冠状病毒肺炎疫情,全国中小学生"停课不停学",学生已经在3月2日开始进行网上学习，因此学生对于网上听课已经比较熟悉，为上好线上公开课打下了基础。当前，全国人民在党中央的坚强领导下，齐心协力、众志成城，共同抗击新冠疫情，这是同学们熟悉的话题，也是学生体会最为深刻的事件。如果从哲学角度引发学生思考全国和武汉市是什么关系，全国整体和武汉疫情的情况是怎样联系、怎样影响的，它们之间的辩证关系是怎样的，这对于提高学生的思辨能力、落实科学精神和政治认同的核心素养有重要意义。

（二）教学目标

（1）通过"活动一：观看视频——众志成城 抗击疫情"，激发学生的兴趣，使学生结合在现实生活中的真实体会，如当前疫情防控取得了越来越好的成绩（当日武汉新增确诊病例441例，武汉10多家方舱医院逐渐撤销，患者逐步转到定点医院治疗），理解抗击疫情得来的战果是在党中央的统一领导下获得的，增强爱国爱党感情，坚定走中国特色社会主义道路，培养学生的政治认同。

（2）通过"活动一：观看视频——众志成城 抗击疫情"，使学生了解国家对疫情的防控尤其是武汉疫情的防控，从而理解整体和部分的含义、功能、地位，以二者之间的辩证关系及相对应的方法论要求，培育学生的科学精神。

（3）通过"活动二：疫情防控部署我投票"，让学生理解我们想问题、办事情要着眼于事物的整体，从整体出发，把各个部分、各个要素联系起来考察，统筹考虑，优化组合，形成关于这一事物的完整准确的认识，培育科学精神，理解全国的疫情防控是一个综合系统，是全国人民共同努力得到的战果，只有在我们这样的国家、在我们这样的政党的领导下，才能实现全国抗疫一盘棋，夺取抗疫斗争的最后胜利，由此提升学生的爱党爱国情感，培育学生的政治认同。

（三）教学重难点

（1）重点：整体和部分的辩证关系。
（2）难点：系统和要素的辩证关系。

（四）教学方法

议题教学法、问题教学法、情景探究法、讲授法。

（五）教学手段

借助"腾讯课堂"、QQ群、问卷星等软件进行授课和交流。

（六）教学过程

1. 课题

用联系的观点看问题。

2. 思路

本节课以"众志成城 抗击疫情"为时政议题，以"整体和部分、系统和要素的联系"为知识议题，以"当前我国对新冠疫情联防联控的总体部署"为素材创设情境。具体的设计思路如图1所示。

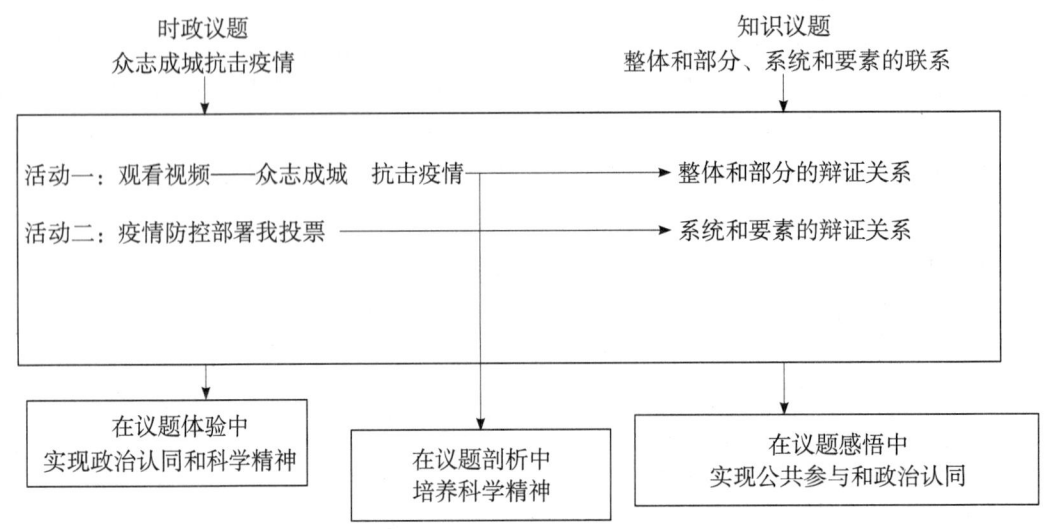

图 1　设计思路

3. 教学步骤（见表1）

表1　教学步骤

教学环节	学生活动	教师活动	设计意图
活动一	思考并回答问题： （1）党中央是如何部署疫情防控的？（请记录关键语句） （2）视频中提到了哪个城市？它和全国是什么关系？	引导学生理解： 全国一盘棋、总体意识、大局意识，即哲学上的"整体"。武汉市是中国的一个城市，是中国的一个部分，即哲学上说的"部分"。 中央政府起主导调控作用，指挥各省市采取各项措施进行疫情防控。中央政府能从全国范围内进行物资、人员、技术的调配，而任何一个单独省份都做不到，说明整体具有部分不具备的功能。 各省听从中央政府的指挥，服从于中央政府的调配	学生通过了解国家对疫情的防控尤其是武汉疫情的防控，了解整体和部分的含义，理解整体居于主导地位，整体统率着部分，具有部分所不具备的功能，部分服从和服务于整体，由此得出：我们要树立全局观念，立足整体，统筹全局，实现整体的最优目标，培育科学精神
	思考并回答问题： 哪个城市是疫情重点防控地区？为什么？	引导学生理解：武汉是全国疫情最严重的地方，控制了武汉的疫情，全国的疫情也就基本得到了控制	让学生理解：部分功能及其状态会影响整体的功能，关键部分的功能及其变化甚至对整体功能起决定作用，因此，我们必须重视部分的作用，用局部的发展推动整体的发展，培养科学精神

续上表

教学环节	学生活动	教师活动	设计意图
活动一	思考并回答问题：假如该城市的疫情防控只由这个城市自己来做，你认为结果会怎样？	引导学生理解： （1）武汉的疫情防控需要全国人民的大力支持：食物、药品、医护人员、科研专家……此外，其他省市的确诊患者不能进入武汉，避免交叉感染。国家要有人力、物力、财力为武汉提供相关物资，整个国家的状态及其变化都会影响到武汉疫情防控情况。 （2）武汉是中国的一部分，离开了中国，武汉也不能成为真正的武汉（例如腿和人的关系）	让学生理解：整体的功能状态会影响到部分，部分是整体中的部分，离开了整体，部分也就不成为部分了，因此，整体和部分相互联系、不可分离
活动二	选出你认为在疫情防控中要优先保障的三方面工作，并说说你的理由	鼓励学生阐述各自的观点，引导学生理解：无论要优先保障哪三项工作，各项工作的安排都要有先后次序，都要从整体来考虑，都要让内部各要素的机能更协调、更优化	通过投票和教师的讲解，让学生理解：（1）我们想问题、办事情要着眼于事物的整体，从整体出发，把各个部分、各个要素联系起来考察，统筹考虑，优化组合，形成关于这一事物的完整准确的认识，培育科学精神。 （2）全国的疫情防控是一个综合系统，是全国人民共同努力得到的战果。只有在我们这样的国家，在我们这样的政党的领导下，才能实现全国抗疫一盘棋，夺取抗疫斗争的最后胜利。由此提升学生的爱党爱国情感，培育政治认同
课后拓展	收集疫情防控各种活动中你印象最深的内容，制作成视频、文字或图片发送到抖音、微博、B站或者微信等平台上	引导学生传播正能量，并总结"有你的建议和参与，我们一定能打赢疫情防控阻击战、总体战。没有过不去的寒冬，没有到不了的春天"	通过将疫情防控中印象最深的内容发朋友圈等活动，传播正能量，培育公共参与意识

三、教学成效与反思

笔者觉得要上好网络公开课，首先必须在教学内容方面下功夫，以立德树人为根本目标，以培育学生核心素养为指导，教学设计要贴近学生生活进行创新，如导入新、结构设计新、事例新、板书设计新等这些方面，而这所有的新都要贴近学生生活，这样不仅有利于激发学生的学习兴趣，同时又尊重了学生的主体性，体现新课改的要求，让学生经历学习体验。其次，既然是网络教学，那么教师肯定要摸索网上教学的各种软件并要熟练操作，这样既可以改进教学方式，又有利于教学效率的提高。最后，教师自身的素质是最根本的。一堂好课需要教师具有扎实的专业知识、较高的综合素质、较强的心理素质等。时代在进步，我们需要努力学习、学会学习、终身学习，以适应快速的时代发展潮流。笔者作为一名政治教师，会不断努力提高教学质量，提高课堂效率，让学生更喜欢笔者的课。

作者简介

翟霞，广州市第九十七中学教师。2016年毕业于华南师范大学思想政治教育专业（教育硕士）。2016年获得广州市思想政治教学比赛特等奖、广东省思想政治教学比赛二等奖；2019年获广东教育学会中学思想政治课教学专业委员会论文评比二等奖，"优秀班主任"称号。

专家点评

本课例以"众志成城　抗击疫情"为议题，在网络环境下设置活动开展教学。活动一是观看视频——众志成城　抗击疫情，活动二是疫情防控部署我投票。本课例在活动中引导学生探究问题，进而理解整体和部分、系统和要素之间的辩证关系，并在此过程中渗透爱国主义教育和生命教育，在议题体验和剖析中培育学生的科学精神和政治认同素养。本课例素材选择、教学设计与实施新颖，注重利用网络与学生交流互动，教学效果良好，为网络思政课提供了一个学习与研讨的范本。

——广州市教育研究院　张云平

新冠疫情下，请教给学生这六堂哲学课

东莞市石龙中学　冯春柳

一、案例简介

2020年新冠肺炎疫情，是一场与每个人都息息相关的灾难。新冠疫情下，社会就是一本马克思主义哲学书，我们应当教给学生这六堂哲学课：一、唯物论——敬畏自然，尊重自然；二、认识论——科学、理性之独立精神；三、联系观——没有人会是一座孤岛；四、发展观——没有一个冬天不能逾越，没有一个春天不会到来；五、矛盾观——有趁机逃跑，更有逆向而行；六、价值观——不论生死，不计报酬。

二、教学设计

（一）导入

（视频）电影《流浪地球》的开篇："最初，没有人在意这场灾难，这不过是一场山火，一次旱灾，一个物种的灭绝，一座城市的消失。直到这场灾难和每个人息息相关。"

（二）引入课题

在"停课不停学、停课不停教"精神的指导下，2019年2月8日、9日，学生通过微信小程序上交了寒假作业，其中有一项是《苏菲的世界》书评。有学生写道："毕竟哲学离我们不是那么远，也不是那么高深。真理亦是""追求真理，与真理为友""永葆好奇心"……是啊！其实哲学是最接地气的学科，它就在我们身边，尤其是变化发展的马克思主义哲学。

新冠疫情下，社会就是一本马克思主义哲学书。这本马克思主义哲学书深刻地印上了新冠疫情的烙印。开学第一课，就让老师给你们展开一本哲学书，教给你们六堂思政课。

（三）教学过程

第一课　唯物论：敬畏自然，尊重自然

世界统一于物质，自然界的存在与发展是客观的，不以人的意志为转移，自然界有它自己产生、发展和消亡的过程。我们应该学会与自然和谐相处，尊重自然、顺应自然、敬畏自然。

新型冠状病毒因病毒颗粒像一顶帝王皇冠而得名。历史显示，病毒与生命亦敌亦友，在地球生活了数十亿年，处于生物链顶端的时间远超人类，与人类相安无事可以平衡生态。但同时，历史也证明，潜伏的、无害的病毒也会发生突变，感染人类，变成传染病。鉴于此，人类要始终对大自然抱有敬畏之心。

怎样做才是敬畏自然、尊重自然呢？

首先，要端正观念、态度，正确处理人与自然的关系。在地球上，人类从来不是主宰一切的国王，而只是生命进化链中的一个微小环节，是那样的渺小和微不足道。

其次，要认清能力边界，对自然界什么能做、什么不能做，必须成为人类的一种共识，一种精神，一种品格。

最后，要建设好生态文明，构建"生物命运共同体"，树立平等意识，自然界的每一类物种都有和我们一样的生存权利。"天人合一""人与自然和谐共生"是老祖宗教给我们的亘古不变的大道理。

第二课　认识论：科学、理性之独立精神

实践是检验真理的唯一标准。认识反作用于实践，要树立正确的认识，促进实践的发展。《普通高中思想政治课程标准（2017年版）》明确指出，要培养学生的科学精神核心素养。陈寅恪先生曾提出以"独立之精神，自由之思想"为追求的学术精神与价值取向。

疫情之下，怎样做才符合科学、理性之独立精神呢？

第一，照顾好自己，少出门，不染病。

当前，照顾好自己，少出门，不染病就是对国家与社会的最大贡献。列一个令自己感到愉悦的生活、娱乐与工作清单，并执行它。比如可以是电影清单，多看几部豆瓣评分高的电影，像《流感》《传染病》《流浪地球》等，还可以是书单，像《霍乱时期的爱情》《鼠疫》《富兰克林传》等会给予我们正能量。

第二，会甄别各种信息，坚持做适量的运动。

不要道听途说，只关注必要信息。无论何种情况，务必保持自身的独立判断与思考，遵循基本的逻辑。

保持适量运动，保持身心健康有活力。即使是在危机时期，也不要忽略我们身边的美好事物。要培养自己"面对一丛野菊花而怦然心动的情怀"，例如，学会做几道菜，柴米油盐酱醋茶，更能体会"人间有味是清欢"；多与家人互动，琴棋书画诗花，都可以有，你会发现，亲情是如此美好！

第三，生活必需品要理性消费，不抢购，按需购买。

我们理应遵纪守法，不信谣，不传谣，不造谣。相信"谣言止于智者"，疫情信息和

数据，以官方公布为准，不在微信群、朋友圈发布和传播不可靠的信息，不要人为地制造恐慌。

第三课　联系观：没有人会是一座孤岛

唯物辩证法的联系观告诉我们，世界是普遍联系的，一切事物总是与周围的事物有着这样或者那样的联系，我们要用联系的观点看问题，反对用孤立的观点看问题。

新冠病毒一出现，很快以"蝴蝶效应"的方式发酵、传播。首先，只是对海鲜市场的影响，很快是一个城市，然后一个省，再次是许多省、一个国，直至波及五大洲……目前，疫情扩散至180多个国家和地区，成为全球性挑战。

怎样才是用联系的观点对待这次疫情呢？

首先，要清楚只有"利他才能利己"。无私的人是最无敌的，疫情面前没有人可以置身事外。正如鲁迅先生那一句"无穷的远方，无数的人们，都和我有关"，值得我辈永远铭记。所以，对患病的人，我们不嫌弃不抛弃，怀着真诚的悲悯和同情，竭尽所能地做一些力所能及的事情。也正如非洲之父史怀哲所说：当悲悯之心指向人类，又涵盖众生时，才能到达最恢宏深邃的人性光辉。

其次，要有家国情怀。"家是最小的国，国是千万家。"国家是我们共同的家，没有安定富强团结的国，哪来的安稳幸福温情的家。一个具有强大凝聚力的国家是无数幸福小家的坚强保障。无论是医护人员日复一日的辛勤工作，还是全国数亿人民的团结，都让人热泪盈眶。

再次，社会的每一个成员都可以增强社会责任感，从而树立"每个人是自己健康第一责任人"的意识。要知道：你怎样，你的国家就怎样。

最后，疫情是人类共同的敌人。战胜关乎各国人民安危的疫病，没有哪个国家可以置身事外，没有人是一座孤岛。唯有加强协作、凝聚合力，才能共克时艰。

第四课　发展观：没有一个冬天不能逾越，没有一个春天不会到来

世界是永恒发展的，要用发展的观点看问题。发展趋势是前进性与曲折性的统一，面对困难，我们要迎难而上，不怕困难与挫折，相信前途是光明的，但是道路是曲折的。

是的，没有一个冬天不能越过，没有一个春天不会来临。我们看：隔离期间，武汉人自发地开窗大合唱，高喊"武汉加油！""湖北加油！"一起高歌《我和我的祖国》，这让我们看到武汉人的乐观，也让我们看到武汉人的士气高涨，更让我们看到了中国人民像是一股拧紧的绳，充满温暖与力量，永远昂扬向上，永不言败。请相信，终会有春暖花开的那一天！

我们没有理由不相信：有公开透明的信息，有精准细致的防护，有科学人性的治疗，有齐心协力的人民，有坚强的党中央领导，有强大的祖国后盾……这场没有硝烟的战争，我们一定可以打赢。迎接我们的一定是美丽的春天！

同样，世界人民只要秉持人类命运共同体理念，齐心协力，联防联控，就一定能够战胜凶恶的病毒。

第五课　矛盾观：有趁机而逃，更有逆向而行

唯物辩证法的矛盾观告诉我们，矛盾就是对立统一，矛盾是事物发展的源泉和动力，同一性和斗争性是矛盾的基本属性。矛盾是普遍的、客观的。

疫情之下，有人生产黑心假口罩，有人贩卖天价口罩，有人哄抬物价，有低效的 H×红十字会、W×红十字会；但是，也有人无偿捐赠口罩，有人无偿捐赠各种物资，有高效的韩红基金会，更有丢下家人悄悄报名驰援湖北、武汉的救援队员……

首先，我们要善于分清主流和支流。疫情像一个三棱镜，社会上的各种真善美、假丑恶都会在它面前现出原形。务必请你辨别！有精致利己，更有以身许国；有推波助澜，更有力挽狂澜；有见利忘义，更有舍生取义；有趁机而逃，更有逆向而行；有弃民不顾，更有临危受命。我们要学会分清主流与支流，当前社会的主流是好的，但也不能忽视支流，要会分清真善美、假丑恶，要学会求真、向善、至美。

其次，我们要抓重点。在这场战役中，我们不是军人、医生和护士，没办法冲锋在前线，此时此刻，"照顾好自己，保护好家人就是对国家对社会的最大贡献"。不出门，坚持生命第一、安全第一，是我们当前要解决的最大的主要矛盾。

最后，我们要具体问题具体分析。"网课"，是非常时期采取的非常手段，需要看手机、平板的时间会比较多。这时你就必须具体问题具体分析，每天刷朋友圈、刷怪玩游戏、刷明星煲剧等读屏的时间必须相应地减少，让眼睛得到充分的休息。

第六课　价值观：不论生死，不计报酬

人的价值就在于创造价值，就在于对社会的责任和贡献，人既是价值的享受者，又是价值的创造者。人生的真正价值就在于贡献，爱因斯坦曾经说过："一个人的价值，应该看他贡献了什么，而不应该看他取得了什么。"

第一，要在劳动和奉献中创造价值，投身于为人民服务的实践是实现人生价值的根本途径。7 000 多名工人和 800 多台挖掘机、推土机同时作业，只用了短短 10 天时间，火神山医院拔地而起。其实，哪有什么"基建狂魔"，只不过是坚韧的逆行者，是他们用生命、用汗水拼搏的结果。

第二，要在个人与社会的统一中实现人生价值。他，84 岁，告诫大家不要去武汉，然而他自己却坐上了开往武汉的高铁。她，70 多岁的老人，这段时间不分昼夜，每天只睡 3 小时，到处奔走，普及相关病情知识……他，钟南山；她，李兰娟。其实，哪有什么岁月静好，只不过是有人替我们负重前行。

第三，在砥砺自我中共克时艰。疫情当下，立下"不论生死，不计报酬"的生死军令状的救援队员，令人动容、令人泪目；医生昼夜不停地为患者治疗，不敢喝水、少上厕所甚至不上厕所；……

相信吧，春天或许会晚到，但一定不会不到。期待春暖花开，阳光灿烂！

（四）课堂小结

最后，借用朱光潜先生那句恪守一生的座右铭结束本课，并与诸君共勉。

但凡此身应该且能做的，决不推诿给别人；

但凡此时应该且能做的,决不拖延到明天;
但凡此地应该且能做的,决不幻想着彼地。

三、教学成效与反思

(一)教学成效

(1) 适合线上教育,能对新冠疫情期间学生的身心健康发展起到很好的导向作用。
(2) 促进学生公共参与、法治意识、科学精神、政治认同核心素养的形成。
(3) 关注学生心灵、生活、生命的成长。
(4) 帮助学生学会运用马克思主义哲学分析时政热点问题。

(二)教学反思

(1) 如果是现场授课,导入可以让学生先谈谈"战疫期间感动我的先进人物、先进事迹"。
(2) 最后可以安排一项作业:"战疫,高中生在行动",让学生结合人教版《思想政治 必修4 生活与哲学》的内容,谈谈作为高中生,自己在战疫期间可以有哪些作为。

作者简介

冯春柳,中学政治高级教师,东莞市石龙中学政治科组长,东莞市教学能手、学科带头人、名师培养对象。

专家点评

面对新冠疫情,冯老师通过上好六堂思政课,引领人们分析新冠疫情给我们带来的哲学思考,教案选材得当,视野开阔,角度新颖,利于培养学生的发散性思维和学科核心素养。在讲解时详略得当,突出重点,语言生动,富有激情,感人肺腑又引人深思。不足之处是,有些课中哲学原理的阐述不够完整、严谨、深入,冲淡了哲学味。关于抗疫中的矛盾观,所引事例不够典型,解释得比较勉强。因涉及原理较多,本教案适用于综合复习。

——华南师范大学哲学与社会发展学院 何亮

精准扶贫，促进社会公平

东莞市东莞中学　陈观胜

一、案例简介

线上活动型课堂具有资源海量、教育场域和交互不受限制的特点，通过整合资源、创设实时在线情境和开展深度探究让学习真实地发生，提升学生学科素养。本节课首先通过推送让学生感知贫困山区的贫困状况，了解我国社会发展与居民收入均存在不平衡的情况，激发学生学习兴趣与社会责任感；其次通过课堂实时连线的方式开展学习，深入探究党中央和政府为了解决经济社会发展不平衡而实施的精准扶贫政策；最后学生在深刻理解精准扶贫后通过线上参与的方式为实现脱贫目标提出政策建议。整节课学生充分利用信息技术，围绕精准扶贫开展学习活动，在体验中理解社会，在参与中提高责任感，在深度辨析中认同党和政府促进社会公正的制度与政策。

二、教学设计

（一）课标内容

评析实现共同富裕、促进社会公平正义的收入分配与社会保障政策，列举完善社会保障体系的措施。

（二）教学目标

（1）通过视频了解贫困地区状况及实时连线精准扶贫工作人员，全面认识我国精准扶贫政策，培养学生责任担当精神，激励学生进行社会公共参与和达成政治认同素养。

（2）通过辩论活动及提出政策建议，提高学生辩证分析能力，做到实现共同富裕兼顾效率与公平，培育科学精神和提高公共参与能力。

（三）教学方法

情境教学法、议题式教学法。

（四）教学重难点

评析实现共同富裕、促进社会公平正义的收入分配与社会保障政策。

（五）教学过程

【教学准备】

通过钉钉建立班级直播群和小组群，录制贫困地区相关视频，调试直播网络设备。

【导入】

鲁迅说："无穷的远方，无数的人们，都和我有关。"今天我们的国家正走在全面建设小康社会的攻坚阶段，为了帮助贫困地区和贫困人口脱贫，国家实施了精准扶贫政策。贫困地区的发展状况如何，精准扶贫如何实施，在政策上还有哪些地方可以完善？今天我们就一起来开展探究。

【新课学习】

▶ 活动1　感知贫困地区的发展状况

建构情境：播放真实拍摄自四川省阿坝县某地发展状况的视频。

活动任务：每位同学为视频配制即时弹幕，用合适的词语描述视频所在地的发展状况，谈谈自己的认知感受。

教师总结：从纵向看经济发展，人民收入增加，收入方式多元化，生活水平提高；从横向看存在收入差距、发展程度等差异；我国存在发展不平衡、社会不公平的现象。

（过渡：为了解决这些地区的贫困情况，国家实施精准扶贫政策，从发达地区抽调工作人员进驻贫困的地区开展精准帮扶。我们马上连线在当地开展帮扶的工作人员，了解精准帮扶政策）

▶ 活动2　连线采访精准帮扶的工作人员

活动任务一：头脑风暴，小组讨论并形成采访提纲。

活动策略：教师进行多群联播，直播小组群讨论，并对小组讨论结果进行投票。

教师总结：经学生投票，产生采访提纲主要涉及以下五方面：

①精准帮扶人员的个人基本信息及具体工作范围。

②精准帮扶的资金来源。

③精准帮扶对象对帮扶政策的评价。

④精准帮扶的帮扶范围及相关细节。

⑤精准帮扶的工作时长及个人考核等。

活动任务二：采访在贫困地区精准帮扶的工作人员。

活动策略：直播人员与扶贫工作人员连麦，教师主持采访过程，学生提问。

以下为连线采访部分实录。

学生1：你们在那里精准帮扶都会干些什么？

答：主要是找出真正要帮扶的对象，然后想办法提高他们的收入和免除后顾之忧。所以我们会帮忙联系安置工作呀，销售他们的农产品呀，修路、建学校、解决看病问题呀，等等。最近主要是联系盖房子，分房子给他们。

学生2：你们这些项目的资金从哪里来？

答：资金主要来自中央财政转移支付和地方财政的专项经费，也有产业基金支持，以及爱心人士的捐赠。

学生3：那些村民是怎么看待这个帮扶政策呀？

答：他们收入增加，生活水平提高，当然很高兴呀！贫困人口都非常感激党和政府的政策的。

学生4：我问一个细节，如果是懒怠致贫的，你们还会帮扶吗？还会无偿帮扶盖房子吗？

答：我们会做好转化工作，即使帮扶，他自身也要努力的。有时候针对某些特殊家庭我们会动用资金无偿帮忙盖房子。

学生5：你这个帮扶工作要做多久呀，辛苦吗？

答：政府委派我在这里两年，不过要完成全部人口完全脱贫，实现富裕的任务还非常艰巨的。政府有给我们发放工作补贴的，生活上比较艰苦，但是能帮到人还是很有成就感的。无论做什么工作，我希望东莞中学的同学们能到基层去，到边疆去，到最艰苦的地方去，到祖国最需要的地方去建功立业，实现自己的人生理想、报效祖国。

（过渡：我们注意到一个细节，帮扶会无偿给贫困户盖新房子，这种无偿给予是否真的有利于脱贫呢？不同的同学有不同的意见，我们一起来看看这样做是否真的有利于真正脱贫）

◆ 活动3 辩论：无偿给贫困户盖新房是否有利于真正脱贫

活动任务：学生选择立场，自由发言。

教师引领：把学生的精彩发言提炼，然后发送到互动区。

正方理由：真正脱贫是指长久可持续脱贫。无偿盖新房后贫困户有发展的基础和载体，这是扶贫的第一步，也是最直接的一步。让贫困户走出大山是易地扶贫搬迁的第一步。房子可以和后续产业布局结合起来。我们是社会主义国家，强调共同富裕，帮助一部分贫困人口也就能减少一部分困难。

反方理由：真正脱贫是指真正走上致富的道路，具备致富的能力。无偿给贫困户盖新房会增加财政负担，更无法帮助他们摆脱思想上的贫困。比物质更可怕的是不思进取的"等靠要"。"授人以鱼不如授人以渔"。帮扶就要帮他们改变观念，用头脑和双手真正来脱贫。无偿盖新房容易助养懒惰之风。

教师总结：习近平总书记指出，"不要养成贪吃懒做、好逸恶劳、游手好闲、投机取巧、坐享其成等错误观念。""全面建成小康社会，根本上靠劳动、靠劳动者创造。"尊重劳动，有利于收入分配的改善，有利于提升获得感。

知识归纳：实现共同富裕、促进社会公平正义，需要正确处理效率与公平的关系。也就是说，既要反对平均主义，也要防止收入悬殊。既要落实分配政策，也要提倡奉献精神。在鼓励人们创业致富的同时，倡导回报社会和先富帮后富，朝着实现全体人民共同富裕的目标不断迈进。

（过渡：帮扶既讲实效也讲策略。那么为了如期实现国家脱贫战略目标，我们还有哪些策略和方法可以改进和完善呢）

▶ 活动4　我为精准扶贫献一策

活动任务——多群联播：针对采访所了解的相关情况，为当地提出具体的脱贫建议，小组讨论形成简报。

教师总结——习近平总书记论述脱贫方法：发展生产、易地搬迁、生态补偿、发展教育、社会保障兜底。

知识归纳——实现共同富裕、促进社会公平正义需要：第一，初次分配。增加居民收入，提高居民收入在国民收入分配中的比重、劳动报酬在初次分配中的比重；实现居民收入增长和经济发展同步、劳动报酬增长和劳动生产率提高同步。第二，再分配。健全以税收、社会保障、转移支付为主要手段的再分配调节机制，推进基本公共服务均等化，缩小收入分配差距。第三，坚持和完善按劳分配为主体、多种分配方式并存的分配制度。

【结课寄语】

同学们，如果你有强烈的获得感，请铭记感激你所处的这个时代，也请你多做奉献；如果你的获得感没有那么强，请保持努力，也请你相信党和政府一直在努力。脱贫致富既要帮扶，也要靠贫困群众用自己的辛勤劳动来实现。习近平总书记说：全面建成小康社会，一个不能少；共同富裕路上，一个不能掉队。没有比人更高的山，没有比脚更长的路，让我们共同努力。

三、教学成效与反思

1. 教学成效

本节线上活动课的成效主要有两点。

（1）构建真实情境、设计有效学习任务，让学习真实地发生。

在线活动型课堂要关注活动开展的逻辑，不能为了活动而活动。因此本节课设置一系列环环相扣的活动：通过真实视频了解贫困情况，然后引入精准扶贫政策；要了解精准扶贫，现场采访扶贫干部更有说服力；要采访必须学会提问，在有限的时间里提问需要大家的智慧，因此讨论提纲的形成就很有必要；形成采访提纲之后要开展正式采访，采访中形成细节追问；对细节认知的差异必须展开辩论；通过辩论有了正确的认知，从而采取相应的行动。所有的活动都是自然而成，学生在真实的情境中开展真实的学习。

（2）以情感的发展引领创设学习活动生成学科知识，完成学科教学任务。

活动型课堂中的活动必须有知识的支持，有能力的训练，有情感态度价值观的落地，有素养的养成。本节课的所有活动都有相应的知识为活动提供支持，主要体现见表1。

表1　教学活动对应知识能力及培育素养

教学活动	知识能力要求及培育素养
【研讨视频】感知四川省阿坝县城的发展状况	我国居民收入差距的主要表现形式
【现场连线】采访精准扶贫工作人员	知识上理解我国的精准扶贫政策，情感态度价值观上要为社会的公平贡献自己的力量

续上表

教学活动	知识能力要求及培育素养
【辩论】无偿给贫困户盖新房是否有利于真正脱贫	正确处理效率与公平的关系
【政策建议】我为精准扶贫献一策	如何实现收入分配的公平：从初次分配上，从再分配上，从我国分配制度上

2. 教学反思

线上活动课实现育人的功能、注重培养人是教学开展的前提，必须把人的培育放在首位。因此对于强调生成的课堂要注意以下问题。

一是课堂氛围要在活跃表达与冷静思考中取得平衡。政治课应该营造一种积极的课堂氛围，理性思考的氛围一旦过了头就会变成冷思考，学生的情感体验欠佳。

二是要通过线上感知学生的情绪体验。网络另一端的学生如果带着微笑下线，那么课堂的情感态度价值观就会得到落实，教师要时刻注意对学生的回应，善于捕捉学生的闪光点进行教育。

三是要加强线上对话的建设，积极回应学生表现，选择合适的评价方式对学生的表现进行评价。不要以简简单单的词语对学生的回答进行回应，必须给出明确肯定的分析与评价。如果提问学生回答不出来自己想要的答案，就要学会对提问的问题进行转化。

作者简介

陈观胜，东莞市东莞中学教师，东莞市高中政治学科教学能手，东莞市高中政治学科带头人，曾获广东省思想政治优质课比赛特等奖。陈观胜老师的教育教学理念是让教育真实而美好地发生。

专家点评

本课例为线上活动型课。围绕"精准扶贫，促进社会公平"的课题，陈观胜老师通过整合资源、创设实时在线情境，让学生感知贫困山区的落后面貌，了解我国经济社会发展不平衡的状况，进而理解我国实施精准扶贫政策的重大意义，最后通过线上参与方式，让学生为实现脱贫目标提出政策建议。本教学设计逻辑清晰，思想深刻，情感充沛，教学内容拓展恰当，教学案例鲜活典型，教学手段先进，通过线上交流充分调动学生课堂参与积极性，有利于提高学生的责任感和使命感。

——华南师范大学哲学与社会发展学院　罗长青

初中《道德与法治》电视课堂教学探究

——以八年级下册"公民基本义务"为例

广州市天河外国语学校　王海英

一、案例简介

本课以八年级学生为教学对象。八年级学生正处于人生观、价值观形成的重要阶段，亟须增强法治意识，明确宪法赋予公民的基本权利，履行基本义务。课例围绕"公民基本义务"的主题，基于当前时政新闻和社会热点搭建课堂，引导学生全面了解公民基本义务，理解履行公民基本义务对国家和社会的意义，从而增强义务观念，促使学生将公民基本义务的内容和要求内化于心，外化于行，自觉履行义务。

二、教学设计

（一）设计思路

1. 根据课标分析教材，确定重点难点

部编版《道德与法治》八年级下册教材是法治教育专册，以宪法教育为核心，权利义务教育为本位。根据课程标准，第四课第一框"公民基本义务"要帮助学生了解公民基本义务的内容和要求，落脚点在于促使学生树立正确的公民意识，正确处理"我与国家和社会"的关系，形成健全的公民人格，努力做一个负责任的公民。

课程标准中，"我与国家和社会"的"法律与秩序"具体对应的内容标准是："懂得维护国家统一，维护各民族的团结，维护国家安全、荣誉和利益是每个公民的义务。"因此，培养学生的公民意识、国家意识，体味自身履行公民基本义务对国家和社会的价值，强化国家认同，为本节课的重点。因初中学生缺乏依法纳税的生活体验，故"依法纳税"是本课教学难点。

2. 结合学生实情，有的放矢制定教学策略

（1）学生社会生活的领域不断延展，已经具备学习的起点能力。

随着社会生活阅历不断增加，学生对权利义务的感触增多，"我与国家和社会"的感

受增强，已经具有学习本课的现实基础。且经过对本册前三课的学习，学生也已建立必要的知识和能力基础。

由于生活条件优渥和家庭过度宠溺等原因，部分学生为人处世有明显的以自我为中心倾向，价值取舍显现较多的功利色彩，普遍存在缺乏义务观念和社会责任感的现象。因此，在学习公民基本权利之后，需要接续学习公民基本义务的知识，加深对自己应尽义务的理解，增强义务观念，自觉承担起对国家、对社会的责任。

根据学情，遵循生活德育理论，教学要以学生的生活经验为起点，采用当前时政新闻和社会热点搭建课堂，把思政小课堂和社会大课堂结合起来，在学生情境体验和道德实践中增强法治意识，强化国家认同。

（2）电视课堂的教学新模式伴随着新挑战。

一是授课时长限制。根据教材要求，线下教学建议安排两课时约80分钟来比较全面、系统、完整地介绍公民基本义务，而线上的电视课堂授课时长仅约20分钟。为了保证课的完整性，80分钟的学习内容要压缩到20分钟的课堂里讲完，课堂容量增大，必然导致学习节奏加快，学生的学习难度增加。

二是师生交流受限。电视课堂是录播课堂，教师难以与学生实时交流互动，对学生的动态管理缺失。电视课堂更考验学生的注意力和自控力，部分注意力不集中、自控力差的学生容易跟不上学习节奏甚至放弃不学。

基于以上考虑，本课着眼于增加鲜活的事例材料，创设真实情境，牢牢抓住学生注意力，增强学生的情感体验；又以问题导学搭起台阶，帮助学生把握课堂节奏，建立知识框架，在体验、探究中生成知识和能力。

（二）教学目标

目标1：学生能够明确"遵守宪法法律"这一义务的具体内容和要求，理解公民履行这一义务的原因和社会价值。

目标2：学生能感受"维护国家统一和全国各民族团结"这一义务的重要意义，明确这对自己提出的要求。

目标3：学生能够增强"维护国家安全、荣誉和利益"的认同，明确这一义务的具体内容和要求并提升自身对国家的责任感和使命感。

目标4：学生能够感受"依法服兵役"是公民的光荣义务，对我国兵役制度有初步了解，激发未来参军报国的热情。

目标5：学生能够理解公民履行"依法纳税"义务的重要意义，区分违反依法纳税义务的表现以及应承担的责任，增强守法意识。

目标6：学生能够陶冶爱国情操，增强社会责任感和义务意识，知行合一，自觉履行自己的义务。

（三）教学过程

环节一：导入课堂

事例材料：我国传染病防治法对疫情防控的相关要求（图片）。

导学问题：为什么我们要遵守这些规定呢？

设计意图：从学生当前生活实情引入课题，激发探究兴趣，搭建起思政小课堂与社会大课堂的桥梁。

环节二：新课学习（一）遵守宪法法律

事例材料：①我国传染病防治法对疫情防控的相关要求的图片。②体现"遵守宪法和法律具体表现"的相应图片。

导学问题：①为什么公民必须遵守宪法法律？②公民该怎样履行遵守宪法法律的义务？

设计意图：调动学生经验和主观能动性，培养探究精神，引导学生理解公民履行"遵守宪法法律"义务的原因和社会价值，明确自身在日常生活中履行这一义务的具体内容和要求。

对应目标：达成目标1，强化目标6。

环节三：新课学习（二）维护国家利益（本课重点）

（1）维护国家统一和全国各民族团结。

事例材料：①视频《民族团结一家亲，安居乐业奔小康》。②民族团结杰出贡献者热地的事迹（含图片）。

导学问题：①民族团结一家亲，有何重要意义？②维护国家统一和民族团结，对我们提出了什么要求？

设计意图：以视频吸引学生兴趣，基于视频开展探究，从原因和历史证明两方面循序渐进引导学生感受"维护国家统一和全国各民族团结"这一义务的重要意义，明确这对自己提出的要求。

对应目标：达成目标2，强化目标6。

（2）维护国家安全、荣誉和利益。

事例材料：视频《外交部对称新冠病毒为"中国病毒"表示强烈愤慨、坚决反对》。

导学问题：①我们为什么对称新冠病毒为"中国病毒"强烈愤慨，坚决反对？②维护国家安全、荣誉和利益，具体包括什么要求？

设计意图：用时政新闻视频创设情境，激发学生对"维护国家安全、荣誉和利益"这一义务的认同，增强学生的爱国情感，进一步明确这一义务的具体内容和要求。

对应目标：达成目标3，强化目标6。

环节四：新课学习（三）依法服兵役

事例材料：大学生踊跃应征入伍，用青春为祖国站岗（含图片）。

导学问题：为什么越来越多大学生踊跃报名应征入伍？

设计意图：在真实生活现象中思考探究，引导学生明确"依法服兵役"是公民的光荣义务，陶冶爱国情操，对我国兵役制度有初步了解。

对应目标：达成目标4，强化目标6。

环节五：新课学习（四）依法纳税（本课难点）

事例材料：①视频《广东省十大民生实事》。②广东省财政厅提前下达2020年城乡义务教育公用经费补助资金。③影视界人士范冰冰订立"阴阳合同"偷税事件。

导学问题：①财政下达的补助资金来源于哪里？②订立"阴阳合同"实质是什么行为？

设计意图：依托时政视频等材料，引导学生理解公民履行"依法纳税"这一义务的重要性，对比区分违法与依法纳税义务的表现以及应承担的责任。

对应目标：达成目标5，强化目标6。

环节六：新课学习（五）其他义务

事例材料：与其他公民基本义务相关的图片。

设计意图：以具体形象的图片让学生更加快捷地了解公民的其他义务，深入浅出紧密知识与生活的联系，进一步增强学生的法治价值认同，在潜移默化中培养法治行动自觉。

对应目标：强化目标6。

环节七：课堂小结，回顾板书

设计意图：提升学生的注意力，帮助学生整理知识框架，巩固所学知识，深化对公民基本义务的理解，增强义务观念，提升学生履行义务的行动自觉。

对应目标：强化目标6。

环节八：课后拓展

导学问题：遵守宪法法律的义务涉及我们生活的方方面面。请就生活的某些方面，为班级设计一份主题为"做一名守法的公民"的倡议书。（提示：可以从维护校园秩序、遵守交通规则、支持防疫工作等方面思考）

设计意图：超越纸笔测试的要求，促使学生运用课堂习得的知识去观察、发现、分析和尝试解决现实存在的问题。

对应目标：强化目标1、目标6。

三、教学成效与反思

1. 把思政小课堂与社会大课堂相结合，能增强思政课的亲和力，激励学生担当作为

有关调查部分内容（如图1所示）表明，学生对来源于时政新闻和社会热点的鲜活事例感兴趣程度很高。生活即教学，社会即学校，基于当前时政新闻和社会热点搭建课堂，以视频、图片等方式使知识生动形象起来，能够增强思政课的亲和力，有效吸引和调节学生的课堂注意力，避免学生因兴趣缺乏导致课堂实效降低。此外，基于学生眼见耳闻的鲜活生活事例开展教学，学生在生活情境中能体验、探究、反思与分享，潜移默化地涵养品格，形成正确的价值认同，能有效激励学生自觉担当作为。

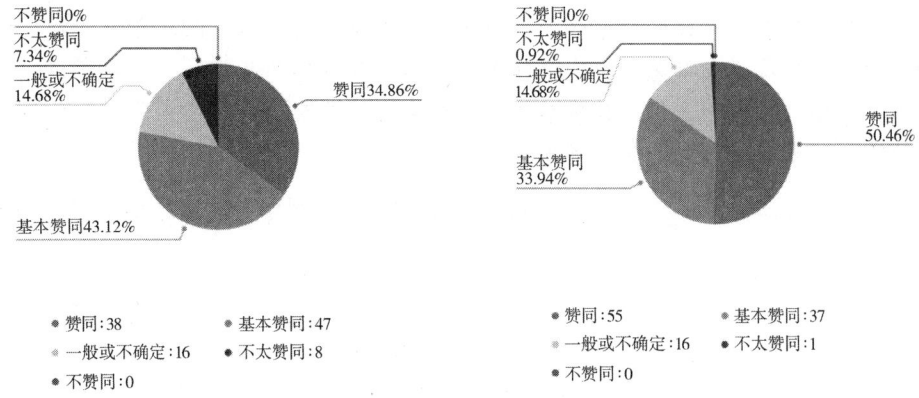

图1 "道德与法治"课程问卷反馈

信息时代,互联网上时政新闻和社会热点的相关信息是海量的,需要教师"信息节食",精挑细选最恰当有效的事例材料。每一段视频、每一张图片、每一个素材都必须严谨斟酌,既要有思政课的灵魂与血肉,又要注重细节和情节,否则会缺乏思政课的思想性、理论性、感召力。

2. 以问题导学引领课堂,能帮助学生梳理知识思路,把握课堂节奏

恰到好处的问题设计是教师落实教学设计和进行课堂活动的纽带,也是学生开展学习和生成知识能力的台阶。本课以环环相扣、循序渐进的问题推进教学。问题设计主要分两类:一是直接反映知识点的设问;二是基于情境材料的设问。直接反映知识点的问题,优势在于帮助学生把握课堂节奏,清晰定位所在的知识点位置。基于情境材料的设问,则更能够有效提高学生的课堂兴趣,启发学生思维,让学生在问题导学中精准落实知识,丰富课堂生成。在问题导学的情境中,如果学生因某个知识点困惑不解,教师应提醒学生暂时搁置不解的知识,进入下一个问题重新跟上教学节奏。反之,缺乏问题引导,学生可能一直纠结于疑难之处,学习效果大打折扣。

电视课堂中,教师不能与学生实时互动,教学中课堂探究问题的生成只能由教师合理预设,有时难免不能准确把握。教师不但要有高度的"问题"意识,还要不断优化问题设计,问题设计要环环相扣、循序渐进、充分预设,在探究讨论中给予学生更多思考与生成的空间。

作者简介

王海英,广州市天河外国语学校教师,广州市骨干班主任,天河区林琼宇名教师工作室成员,天河区初中政治中心组成员,多次承担天河区教研公开课等任务,参与省、市级教育教学科研课题研究,课堂教学风格鲜明,教学效果良好。

专家点评

本课例是王海英老师在疫情期间为一堂电视公开课而设计的。围绕教学主题，王老师根据课标与学情确定重点难点，精心选择各种视频、图片等时政材料，使抽象的法规具体生动起来，增强思政课的亲和力和趣味性。教学案例经典鲜活，取舍适当，讲解时事理交融，逻辑清晰，取得了良好的教学效果。

——华南师范大学哲学与社会发展学院　何亮

"高三复习专题三 市场、政府"之核心考点：新时代和新理念

汕头市达濠华侨中学 刘银萍

一、案例简介

为响应教育部"停课不停学"的号召，汕头市达濠华侨中学从 2 月 10 日开始开展线上教学，主要通过观看教学视频、直播上课、微课视频等方式进行学习。政治科在 3 月 2 日正式进入二轮复习，让学生以一个全新的视觉理解和把握知识，切实提高综合应用能力。本案例是《思想政治 必修 1 经济生活》近几年的高考高频考点，应联系时政热点，重点学习掌握。

二、教学设计

（一）学科核心素养

1. 政治认同

理解和认同以人民为中心的发展思想，理解和认同新时代的新发展理念，明确新发展理念贯穿新时代我国经济社会发展的全过程。

2. 科学精神

明晰新发展理念的内涵和要求，深化对习近平新时代中国特色社会主义经济思想的认识。

3. 法治意识

展示我国进入新时代取得的巨大成就，展望新征程的奋斗目标，使学生增强民族的自尊心和自信心，自觉遵纪守法。

4. 公共参与

认识到在经济活动中应积极承担社会责任，践行诚信、友善、敬业等社会主义核心价值观，能够根据实际情况运用新发展理念对经济社会发展和自己的生活提出合理化的建议。

（二）教材分析

党的十九大报告中提及我国已进入新时代，我国的社会主要矛盾发生了变化，从科学发展观到新发展理念，也体现了我国社会发展处于转型期，需要树立新发展理念，建设现代化经济体系，促进我国经济高质量发展。本节课内容是对社会主义市场经济、宏观调控、实现"两个一百年"奋斗目标等经济学知识的综合运用，在经济学常识中具有重要地位。

（三）学情分析

高三学生已经经历了高一的基础知识学习以及第一轮的详细考点复习，对本课内容具备了一定的基础，从平时的考试练习中也体会到了本课内容的重要性。但基础较差的学生仍需要强化基础，加强训练的力度。

（四）教学重难点

教学重点：新时代的主要矛盾变化，新发展理念，建设现代化经济体系。

教学难点：理解五大发展理念的关系，如何建设现代化经济体系。

（五）教学手段

线上直播教学。

（六）教学过程

1．导入

党的十八大以来的5年，是党和国家发展进程中极不平凡的5年，改革开放和社会主义现代化建设取得了历史性成就。5年来的成就是全方位的、开创性的，5年来的变革是深层次的、根本性的。

2．主干网络

（1）单元知识网络（见图1）。

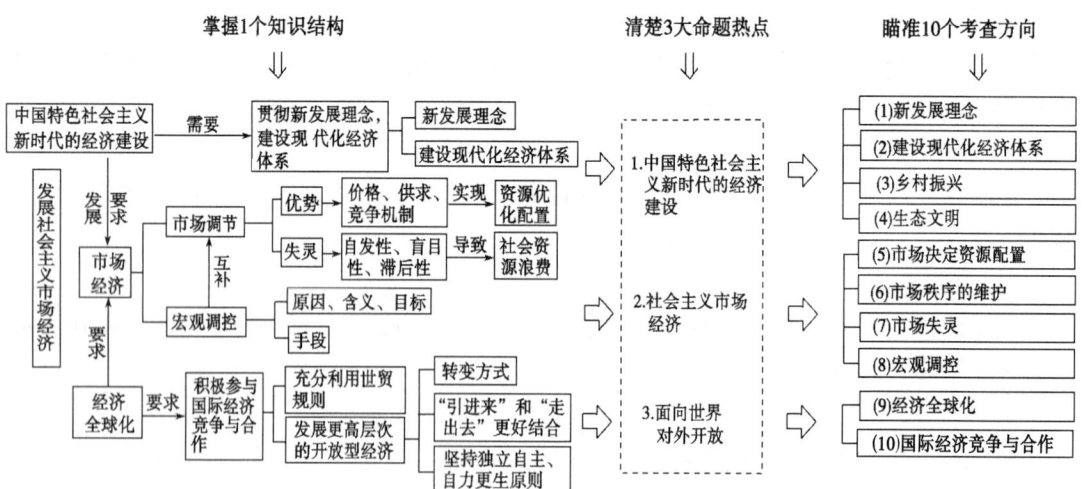

图1　单元知识网络图

(2) 本节课核心考点知识网络（见图2）。

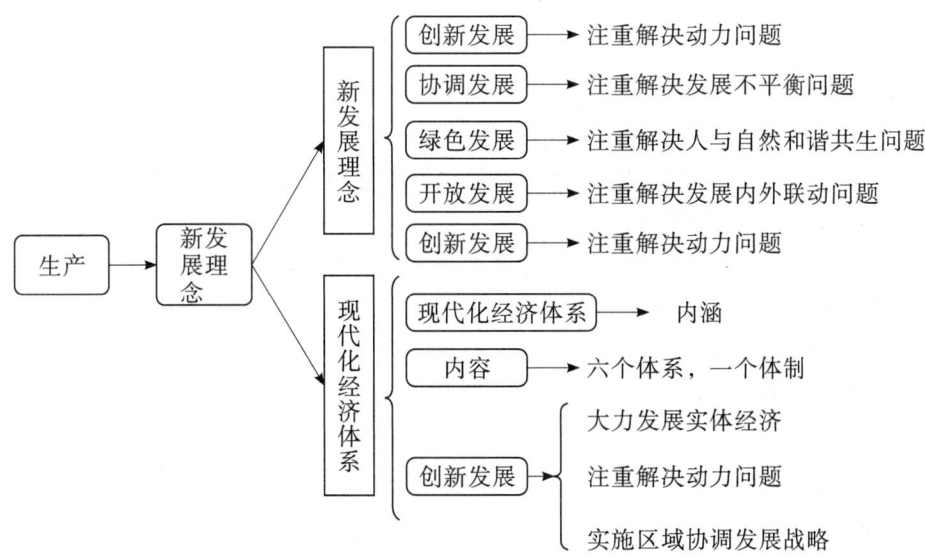

图2 核心考点知识网络图

3. 考点预览

(1) 中国经济发展进入新时代。

新时代的历史成就；社会主要矛盾的变化；未来30年的征程。

(2) 坚持新发展理念，建设现代化经济体系。

中国特色社会主义新时代的新发展理念；现代化经济体系内容和要求。

4. 考点梳理

> 考点一：中国经济发展进入新时代

【知识清单】

(1) 历史性的变革（发展取得了重大成就）：

①经济建设取得重大成就；

②人民生活不断改善；

③生态文明建设成效显著。

(2) 新时代的社会主要矛盾：

①是什么；

②原因；

③要求。

(3) 开启新征程：

①"两个一百年"奋斗目标；

②"两个阶段""两个十五年"。

【问题清单】

把握中国特色社会主义新时代的"变"与"不变"。

①变化的方面：发展理念的变化、发展方式的变化、社会主要矛盾的变化、战略部署的变化。

②不变的方面：基本国情没有变、国际地位没有变、基本路线没有变。

【拓展清单】

如何解决发展不平衡、不充分的问题：

①根本措施：贯彻落实新发展理念，坚持以经济建设为中心，大力发展生产力；

②实施创新驱动发展战略；

③推进经济结构战略性调整，加快转变经济发展方式；

④实施区域协调发展战略；

⑤实施乡村振兴战略；

⑥加快生态文明体制改革；

⑦坚持"引进来"和"走出去"并重。

> 考点二：坚持新发展理念，建设现代化经济体系

【知识清单】

（1）坚持新发展理念。

①坚持新发展理念的原因（必要性）。

②新发展理念的内容：坚持创新、协调、绿色、开放、共享发展理念。（掌握每一个理念的地位、要求）

（2）建设现代化经济体系。

①现代化经济体系的含义。

②现代化经济体系的内容。（产业体系、市场体系、分配体系、城乡区域发展体系、绿色发展体系、全面开放体系、经济体制）

③建设现代化经济体系的要求。

a. 要大力发展实体经济，筑牢现代化经济体系的坚实基础。（地位、要求）

b. 建设现代化经济体系要实施乡村振兴战略。（地位、要求）

c. 建设现代化经济体系要实施区域协调发展战略。（地位、要求）

【问题清单】

理解五大发展理念的关系：创新是核心；协调是关键；绿色是基础；开放是保障；共享是根本。

【拓展清单】

（1）全面理解推进乡村振兴战略。

①为什么要实施乡村振兴战略？

a. 农业是国民经济的基础；

b. 是全面建成小康社会的要求；

c. 有利于加快转变农业经济发展方式；

d. 有利于解决新时代社会的主要矛盾。

②如何实施乡村振兴战略？

a. 要坚持农业农村优先发展，加快推进农业农村现代化；

b. 用现代科学技术发展现代农业，转变农业经济发展方式，深化农业供给侧结构性改革；

c. 坚持社会主义基本经济制度，健全生产要素按贡献参与分配的制度，完善"三权分置"制度；

d. 加强农村基础设施建设，推进公共服务均等化。

（2）实施区域协调发展战略的原因和措施。

①原因（必要性、重要性）。

②措施。

a. 加大力度支持革命老区、民族地区、边疆地区、贫困地区加快发展。

b. 强化举措推进西部大开发形成新格局；深化改革加快东北等老工业基地振兴；发挥优势推动中部地区崛起；创新引领率先实现东部地区优化发展。

c. 建立更加有效的区域协调发展新机制。

【易错清单】

（1）新时代我国社会主要矛盾已经转化为人民日益增长的物质文化生活需要和不平衡不充分的发展之间的矛盾。

改：新时代我国社会主要矛盾已经转化为人民日益增长的美好生活需要和不平衡不充分的发展之间的矛盾。

（2）协调发展注重的是解决人与自然的和谐共生问题。

改：协调发展注重的是解决发展不平衡问题。

（3）发展实体经济，纠正脱实向虚的错误倾向，就是要反对网络虚拟经济的发展。

改：发展实体经济，仍然要推动互联网、大数据、人工智能同实体经济深度融合。

5. 实战演练

1. （2019·全国卷Ⅲ）2019年2月，中共中央、国务院印发《粤港澳大湾区发展规划纲要》，对推动粤港澳大湾区发展，建设世界级城市群做出重大战略部署。粤港澳大湾区位于"一带一路"的交汇点，具有"一个国家、两种制度、三个关区"的特点。从产业结构看，港澳地区以金融、信息技术等现代服务业为主，广东九个城市以生产制造为主。关于打造粤港澳大湾区的重大意义，下列判断中不恰当的是（　　）

A. 促进产业转型升级，实现中国东中西区域协调发展

B. 丰富"一国两制"实践内涵，进一步密切内地与港澳交流合作

C. 推进供给侧结构性改革，加快培育发展新动能、实现创新驱动发展

D. 建立与国际接轨的开放型经济新体制，建设高水平参与国际经济合作新平台

【答案】A

2. （2019·福建三明质检）中国特色社会主义进入新时代，我国社会主要矛盾已经转化为人民日益增长的美好生活需要和不平衡不充分的发展之间的矛盾。下列举措的传导路径有利于促进主要矛盾解决的是（　　）

①营业税改增值税→增加国家财政收入→降低企业生产成本→增强企业发展活力

②深化供给侧改革→提升供给效率与质量→促进供需结构性平衡→满足消费需求　③降低

银行存贷款利率→减轻居民生活负担→刺激居民消费→提高人民生活水平 ④加快户籍制度改革→打破城乡二元结构→促进城乡一体化→推动城乡协调发展

A. ①②　　　　B. ①③　　　　C. ②④　　　　D. ③④

【答案】C

6. **热点链接：聚焦乡村振兴**

2017年10月18日党的十九大报告：农业农村农民问题是关系国计民生的根本性问题，必须始终把解决好"三农"问题作为全党工作重中之重，实施乡村振兴战略。

2018年2月4日，2018年中央一号文件公布，即《中共中央国务院关于实施乡村振兴战略的意见》。

2018年3月5日，国务院总理李克强在作政府工作报告时说，大力实施乡村振兴战略。

【模拟演练】

某市以推进农业供给侧结构性改革为主线，采取多项措施培育农村农业发展新动能：该市按照稳定粮食产量、优化经济作物品质、扩大饲料作物种植的要求，加快构建粮、经、饲协调发展的三元种植结构；按照"企业＋农户"的模式组建水稻种植专业合作社，实现水稻生产、加工、销售一体化；推广健康淡水养殖业，减少养殖密度，压减高投入高污染的水产养殖规模；加强农产品产地环境监测，构建农产品质量安全监管追溯信息体系，强化产地安全管理。与此同时，大力发展乡村休闲旅游产业，促进当地农民增收。

结合材料，运用经济生活知识分析该市的改革举措对培育农业发展新动能的意义。

【参考答案】

表1　某市改革举措对培育农业发展新动能的意义

材料	关键词句	推导答案
第一层	稳定粮食产量，优化经济作物品质，加快粮、经、饲协调发展的种植结构	有利于优化农产品种植结构，提升农业发展质量和效益。（现代农业）
第二层	用企业加农户的模式组建水稻种植专业合作社，实现生产、加工、销售一体化	有利于延伸农产品产业链，做大做强优势产业
第三层	推广健康淡水养殖业，压减高投入高污染的水产养殖规模	有利于推行绿色生产方式，增强农业可持续发展能力
第四层	构建农产品质量安全监管追溯信息体系	有利于提升农产品质量和食品安全水平
第五层	大力发展乡村休闲旅游产业，促进当地农民增收	优化农村产业结构，有利于多渠道增加农民收入

7. **课后作业**

问题延伸：乡村振兴离不开和谐稳定。T市S村坚持村民自治，由村民直接投票选举村委会成员，把依法办事、勤劳实干、热心为村民服务的人选举到村委会领导班子中；村民通过村民会议发表意见，参与本村公共事务的决策；村民共同制定村规民约，规范自己和村干部的行为；通过强化村务公开、民主评议村干部等形式，保证村民监督村委会和村干部的工作。上述一系列措施的实施，有力促进了S村和谐稳定发展。

结合材料，运用政治生活知识说明坚持村民自治对S村和谐稳定发展的作用。

【参考答案】

①村民投票选举村委会成员，有利于村民行使民主权利，密切干群关系；

②参与民主决策，有利于增强决策的科学性、民主性，提升村民的责任感和凝聚力；

③加强民主管理，共同制定村规民约，有利于规范村民和村干部的行为，也有利于调动公民参与管理公共事务的积极性；

④加强民主监督，实行村务公开，有利于维护村民的合法权益，也推动村民自治逐步走上制度化、规范化的转道。

三、教学实施

本节课是二轮复习课，学生在一轮复习以及平时的练习中对这个考点有了一定的理解，因此在教学实施过程中，不需要再逐一讲解考点，而是要突出重难点。并且在二轮复习中，要重视衔接时政热点，如实体经济的发展、乡村振兴战略、供给侧结构性改革、经济高质量发展等。

四、教学成效与反思

本节课属于线上教学，采用直播的方式进行。本节课教学效果良好，学生对基础知识能够掌握并且课后加强背诵。但是在考试和练习过程中，遇到综合性、灵活性比较强的题目时，学生仍然掌握不了解题的方法，应继续加强解题方法的指导。由于是线上课，所以在与学生互动方面有所欠缺，难以通过学生的表现得到及时的反馈。这节课是复习课，应试性比较强，教学方法较为单一枯燥，在往后的教学中，还应积极探索灵活有趣并且高效的复习课模式。

作者简介

刘银萍，2012年毕业于华南师范大学思想政治教育系，毕业后就职于汕头市达濠华侨中学，2018年获得汕头市中小学青年教师技能比赛一等奖。在教育教学中秉承"以爱人之心教育人"的理念，认真对待每一位学生、认真对待每一节政治课！

专家点评

本复习专题为新时代和新理念，教学内容是对社会主义市场经济、宏观调控等经济知识的综合运用，属高考政治高频考点。作为二轮复习教案，刘老师精心设计，在构建完整系统的知识网络的基础上，梳理出核心考点，开列出知识清单、问题清单、拓展清单和易错清单，最后是实战演练和热点链接，丝丝入扣，无所不备，为网上教学和学生自主学习提供了翔实的资料，可谓是高考二轮复习教案的范本。不足之处在于：知识网络过于烦琐，记忆量太大，问题设置过于细密，拓展过深，应大胆取舍，删繁就简，增强问题意识，让学生在解决现实问题中灵活运用知识。

——广州市第九十七中学校长　林黎华

从"口罩"看我国的基本经济制度
——线上教学如何坚持以生为本的教学实践

广州市铁一中学　林肖坛

一、案例简介

落实"停课不停学",广州市铁一中学非毕业班年级教学规定一节课的模式为:不超过20分钟的录课线上教学+20分钟线下作业。线上录课教学容易陷入教师一言堂的误区,需要教师摆正以生为本的态度,把课堂交给学生。"基本经济制度"一课笔者选取学生感兴趣的话题,以与口罩相关的一系列时事新闻为主线,一案到底,帮助学生在分析材料、小组讨论、分享结论的过程自主建构出我国基本经济制度的知识,提高合作学习能力,增强制度自信,自觉坚持和维护基本经济制度。"一案到底"教学连贯性强,课堂效率高,很适合限时的线上教学,能促进学生的有效学习。本案例主要研究线上教学如何在确立教学目标、选取教学内容、设计问题和活动等方面坚持以生为本。

二、教学设计

(一)教材分析

"基本经济制度"是《道德与法治》八年级下册第三单元第五课第一框的内容,由公有制为主体、多种所有制经济共同发展,按劳分配为主体、多种分配方式并存,社会主义市场经济体制三目构成。

(二)学情分析

学生对宪法通过经济制度保障人民当家作主有一定的认识,随着年龄的增长,对接触到的经济现象有探究的兴趣,但都不深刻,且对具体制度内容不了解。线上学习缺少互动性,自觉性低。

(三)教学目标

(1)情感态度价值观:自觉坚持和维护基本经济制度,理解基本经济制度为保障人民当家作主提供物质基础,增强国家认同和制度自信。

（2）能力目标：

①能够从具体的经济现象抽象概括出基本经济制度对保证人民当家作主的作用。

②能够把学习到的基本经济制度的知识用于理解、分析生活中的经济现象和社会问题。

③通过"探究与分享"活动，培养线上、线下合作探究学习能力。

（3）知识目标：了解公有制为主体、多种所有制经济共同发展，按劳分配为主体、多种分配方式并存的分配制度和社会主义市场经济体制。

（四）重点

了解公有制为主体，多种所有制经济共同发展的内容。

（五）难点

感受多种所有制经济的不同作用，用平等的眼光看待非公有制经济。理解社会主义市场经济体制。

（六）教学方法

情境创设法、合作探究法。

（七）教学过程（见表1）

表1 教学过程

教学环节	教师活动	学生活动	设计意图
导入新课	运用你的经验：热点追踪 　　展示最新的全球、国内疫情数据图片，分析中国防控疫情的成效和在国际社会的大国担当，引导学生思考中国在控制疫情中展现的治理能力和在国际社会中体现的大国担当和中国的制度有什么联系。 　　师：我国是人民当家作主的国家，是否就意味着生产资料和劳动成果一律公有制呢？（补充生产资料所有制知识） 国家性质和国情： 　　　社会主义　　　　　初级阶段 　　　决定↓　　　　　　决定↓ 　　公有制为主体　　　多种所有制经济共同发展 　　今天，我们通过防疫物资——口罩，来了解我国的基本经济制度	观看图片，思考问题并回答	选取最新社会热点，引导学生关注社会生活，激发学生对本节课的学习兴趣和对国家的认同，从而导入新课
讲授新课	▶主题一：公有制为主体、多种所有制经济共同发展 　　探究与分享：时事聚焦 　　师：根据央视新闻报道，法国媒体3月28日消息援引法国卫生部的消息，为解决法国口罩短缺的情况，法国卫生部已向中国订购总共10亿只口罩。 　　为什么法国如此信赖中国，而中国又为什么能在保证自己口罩供应量的同时满足法国如此大数量的订单？		

续上表

教学环节	教师活动	学生活动	设计意图
讲授新课	医疗口罩一般都是由三层无纺布构成的，中间的熔喷布是口罩的"心脏"，防病毒主要靠的就是中间这层熔喷布。中国新闻网3月29日报道：中石化或成全球最大熔喷布生产商，年支撑百亿口罩生产。 　　中石化是一家什么性质的企业呢？为什么有如此大的实力？ 　　师：国有经济属于公有制经济，公有制经济处于主体的地位。公有制经济还包括集体经济（生产资料属于一部分劳动者所有，如乡镇企业）以及混合所有制中的国有成分和集体成分。 　　师：你所知道的非公有制性质的企业有哪些？ 　　师：助力防疫，格力加入口罩生产，昨晚的新闻联播播出格力还生产出99%杀灭新冠病毒的空气净化器。中国企业了不起！ 　　让我们更详细地了解珠海格力电器股份有限公司：珠海格力电器股份有限公司员工8万多人。在2019年上半年，格力电器实现营业收入972.97亿元，同比增长6.95%；归属净利润137.50亿元，同比增长7.37%。格力电器的飞速发展源于对自主创新实力的锻造。2019年我国发明专利授权量排名，格力电器以1 739件发明专利授权数量位列第六，继续稳居家电行业第一。格力电器现在每年给国家贡献税收160亿元，8年以来向国家纳税1 100亿元。 　　请结合教材第61页两则材料，谈谈公有制经济和非公有制经济的地位和作用。 ▶主题二：按劳分配为主体、多种分配方式并存 　　师：如果把发展成果比作一个"蛋糕"，公有制为主体，多种所有制经济共同发展有利于做大蛋糕，那么，该怎么分蛋糕呢？也就是现阶段，我国的分配制度是什么？ 　　国家性质和国情： 　　社会主义　　初级阶段 　　公有制为主体　　多种所有制经济共同发展 　　决定　按劳分配为主体　多种分配方式并存 　　社会主义国家+市场经济 　　中国特色社会主义的基本经济制度	读时事新闻，搜索资料，代表回答 阅读材料，思考问题。 小组交流讨论，代表展示	选取符合教材内容的时事话题，具有时政性和真实性。以与口罩相关的一系列时事新闻为主线，一案到底，对教材资源进行再开发，帮助学生在探究、讨论、分析材料、分享结论的过程自主建构出我国的基本经济制度的知识，同时体会社会主义制度的优越性，增强制度自信，自觉坚持和维护基本经济制度。 　　通过"探究与分享"活动，培养学生合作探究学习、与人沟通交往的能力，达成三维目标

续上表

教学环节	教师活动	学生活动	设计意图
讲授新课	师：引导学生阅读教材并做好标记。 课堂小测：中石化的工人、格力董事长董明珠、格力生产口罩工人、格力空气净化器技术人员的收入和居家隔离暂无工作、生活困难者的政府补助分别按哪种分配方式取得？ ▶主题三：社会主义市场经济体制 探究与分享：生活链接 疫情暴发前，老师家里储备的一次性医用口罩0.5元/个，疫情暴发后，口罩4元/个。有一段时间甚至到药店都买不到口罩。 提问：影响口罩价格的因素有什么？从口罩价格变化中你发现什么规律？ 完善材料：后来老师所在的城市政府限购，2元/个（一次买5个）。这体现了什么经济道理？ 师：（展示课件）社会主义市场经济体制的优越性。 有机结合：社会主义制度与市场经济。 市场：充分发挥市场决定性作用。 政府：更好发挥政府科学宏观调控。	看课件，标记要点练习 阅读材料，思考问题。小组交流讨论，代表展示	联系生活实际，增强教学趣味性，同时引导学生关注经济、社会生活
课堂小结	基本经济制度 { 公有制为主体，多种所有制经济共同发展 { 公有制和非公有制 { 公有制和非公有制经济成分／公有制经济和非公有制经济地位作用／国家对待公有制和非公有制经济的态度 } 三者相互联系、相互支撑、相互促进，推动经济高质量发展，从经济方面保证人民当家作主 ；按劳分配为主体，多种分配方式并存 { 按劳分配／多种分配方式 ；社会主义市场经济体制 { 市场经济的特点／社会主义市场经济体制的优越性 } 教师寄语：实践证明，我国的基本经济制度是一个充满生机和活力的经济制度，它使我国在应对此次疫情时有足够的经济实力，在这一经济制度的指引下，我国也正在逐步走向繁荣昌盛，人民正在昂首向共同富裕的道路迈进。	巩固本节课所学内容 聆听，思考，情感升华	激发学生对我国基本经济制度的认同
课后作业	1. 网上了解这次疫情中参与生产口罩的企业的性质及员工的工资。 2. 给家人讲讲口罩的正确使用方式及用过口罩的处理方式	复习本节课所学知识并完成作业	运用所学知识分析解决实际问题

三、教学成效与反思

（一）教学成效

线上教学最大的困境就是无法通过课堂观察、课堂提问和课堂作业等传统手段，及时检测教学效果，从而调整教学节奏，改进教学策略。从客观上讲，本课教学设计中预设目标能否顺利实现，尤其是学生是否真正认同我国的基本经济制度，是否提升综合探究能力等，需要借助于课后作业、中段考试和表现性评价等手段来确认。为了弥补线上教学无法及时反馈的不足，课后我特地设计线上调查问卷，以了解本课的教学效果。令人欣喜的是，学生对本节课具有很高的认同度，学有所得。

（二）教学反思

（略）

作者简介

林肖坛，任职于广州市铁一中学，中学一级教师，毕业于华南师范大学思想政治教育专业，多次被评为学校优秀教师、优秀青年教师、优秀德育工作者。获得多项市区级奖项，辅导学生参加各类竞赛也屡次获得优秀名次、奖项。

专家点评

本课例教学内容为"我国的基本经济制度"，林老师结合本校在线教学要求及学生实际，选取与口罩相关的系列时政材料为主线，一案到底，引导学生在分析材料、小组讨论、分享结论的过程中，自主建构我国基本经济制度的知识，提高合作学习能力，增强制度自信。课例的亮点在于"一案到底"，案例典型鲜活，资料丰富，剪裁得体，分析到位，教学效果良好。

——广州市教育研究院　张云平

历史篇

历史线上教学的可能性

华南师范大学历史文化学院　梁丽红

2020年春,一场突如其来的疫情将各年级、各年龄的历史教师推上了线上教学的舞台,教师们经历了由最初的不知所措、被动接受到现在的游刃有余、主动拥抱。我不禁思考,眼下线上教学的红火热闹,与2012年教育部在《教育信息化十年发展规划(2011—2020年)》中提出的"推进信息技术与教育教学深度融合,实现教育思想、理念、方法和手段全方位创新"的目标是否契合,二者之间的路还有多远?

首先,审视现状,方能找到起点。21世纪以来,教育信息技术飞速发展,可谓是日新月异,可对于历史教学来说,信息技术所产生的作用并不显著,教师多满足于用教育信息技术改进教学方法、教学手段,比如播放视频创设历史情境、将假期作业在内部网上发布等,没有触及深层次的变革,也就是何克抗教授所说的"渐进式的修修补补",教学的模式和理念都没有发生根本性的变化。即使眼下红火热闹的线上教学,不少教师也只是把线下的课堂搬到了线上,仅此而已。

其次,厘清思路,才能找准方向。教育信息技术对历史教学的影响应该是多层次的、全方位的。第一层次是工具层面,就是将教育信息技术作为工具使教师教得更轻松,学生学得更快乐,比如教师可以用电子教案代替手写教案,可以用

PPT代替手写板书，可以用一段视频代替语言苍白的讲解，也可以用生动的画面代替教材上生硬的文字。第二层次是理念层面，就是将教育信息技术作为推动历史教学理念转变的动力。比如教师为主导、学生为主体的课堂模式，学生个性化发展的教育目标等，可以用教育信息技术进行调研，先学后教，也可以根据学生的基础推送不同的试题和知识；比如优质教育资源共享理念，可以依托教育信息技术创设平台，共享优质的教育资源，不再局限于一班、一校，甚至一地、一国，真正发挥教育信息技术对历史教学的强大效力，也是信息技术与历史教学深度融合表现。就现在来看，第一层次我们基本实现了，但第二层次还是漫漫征程刚开始。

最后，创新手段，才能找出路径。要实现教育信息技术与历史教学的深度融合，不能仅仅停留在理念上，更需要创新手段，为二者的深度融合提供路径。何克抗教授提出"翻转课堂是促进信息技术与教育深度融合的有效途径"，历史教学可以积极借鉴这种手段，实行先学后教，以学定教。另外，发扬共享理念，将优质的资源、内容、方法等通过平台实现共享。现在大学教育及社会教育的共享率较高，有好大学在线、中国大学等平台，但中学历史教学这方面的平台比较少，值得继续关注。

综之，在教育信息技术与历史教学深度融合的漫漫征程上，虽然有风也有雨，但有你、有我、有他，共同砥砺前行！

"抗日战争"在线教学案例

揭阳第一中学　林桂锋

一、案例简介

本案例是在新冠病毒肺炎疫情期间响应教育部"停课不停学"号召的背景下完成的。"伟大的抗日战争"是人教版高中历史必修一中的一课，其内容重要，有很多可考的知识点。通过本课的学习，学生可以认识到日本侵华期间日军在中国犯下的种种暴行以及中华民族在抗战过程中表现出来的不畏牺牲、血战到底的抗战精神，并培养学生历史解释、家国情怀的历史核心素养。

二、教学设计

（一）课程要求

列举侵华日军的罪行，简述中国军民抗日斗争的主要史实，理解全民族团结抗战的重要性，探讨抗日战争胜利在中国反抗外来侵略斗争中的历史地位。

（二）教学目标

在学习"九一八"事变、"七七"事变等相关史实的前提下，借助相关材料，了解以国共合作为核心的全民族抗战的表现；运用材料论证中国抗日战争胜利的重要意义，掌握论从史出的基本方法；感受中华民族在抗战过程中所做出的重大牺牲，增强维护国家统一的意识。此外，结合《普通高中历史课程标准（2017年版）》，确立本课的核心素养目标如下：历史解释水平二，通过分析中日两国关于"九一八"事变的新闻报道，学会对历史事实进行合理的理解与判断；家国情怀水平三、水平四，感受八百壮士、戴安澜等人的爱国主义精神，增强维护国家统一的意识。

（三）教学过程

【新闻导入】

2019年7月3日，日本多地遭遇超强暴雨，86万人紧急避难，世界遗产被冲倒。在此事发生之后，国内网上却出现了一些极端声音。

教师提问：中国网民们这种做法对吗？为什么有部分网友对日本有严重的偏见？

设计意图：通过新闻导入引起学生的思考，激发学生对本节课的学习兴趣。

【新课学习】

> 知识点1　日本：从局部侵华到全面侵华

列举日本侵华史实，引导学生说出日本的侵华特点。

教师讲述：当时日本和中国对这场中日战争的看法是完全不一样的。以"九一八"事变为例，中日两国新闻媒体对这一历史事件有着截然不同的报道。

材料一　昨晚（即十八日晚）十时许，日兵突以三百人扑入我营，开枪相袭，我军本未武装，自无抵抗，当被击毙三人。先是日方以一车头载兵将皇姑屯中日铁路交叉处轰毁，随即退去，故日方发表谓我军破毁满铁路轨，绝对无有其事。盖我方避人挑衅之不暇，岂能出此，驻沈各国领事，俱能明证真相。

——《大公报》对张学良的专访

材料二　9月18日晚上10时半……在我满铁铁路，文官屯、虎石台中间一点柳条沟处……大约3 000名支那兵安置了强烈的炸弹，爆破了我满铁线的一段。……因而河岛中队长马上率兵乘军用列车迅速到达现场。这时粗暴的支那兵向着守备队猛烈开炮。于是，奉天驻在的全体日兵下达总动员令。

——《大阪朝日新闻》

教师提问：

（1）材料一与材料二对南满铁路被炸毁一事，有什么不同的报道？

（2）就"炸毁南满铁路"一事，哪一则新闻较可信？你根据什么做出判断？

（3）你认为材料一与材料二有什么撰写意图？

设计意图：通过呈现中日两国的新闻报道，引导学生学会辨析史料，对历史事实进行合理的解释和判断，有助于培养学生的历史解释素养。

过渡：面对日本的侵略，国民政府采取攘外必先安内的政策，结果日本在短短四个月相继占领了东北三省。国民政府继续对红军进行"围剿"，对日本的侵略则屡屡妥协与退让，大大助长了日本的侵略野心，最终日本在1937年发动卢沟桥事变，标志着日本由局部侵华演变为全面侵华，中华民族面临着亡国灭种的危险。

> 知识点2　国共：从内战对峙到合作抗战

展示图片：1936年12月13日《西北文化报》有关西安事变的报道。

教师讲述：1936年12月，震惊中外的西安事变爆发。在中国共产党的配合和帮助下，西安事变得以和平解决。至此，国共开始由内战对峙走向合作抗战。随着国共第二次合作的正式建立，抗日民族统一战线正式形成，中国抗战由局部抗战变为全民族抗战。

展示图片：抗日民族统一战线下的全民族抗战。

图1 抗日民族统一战线下的全民族抗战

教师提问：在全民族抗战背景下，支持抗战的都有哪些群体？从中我们可以看出什么？

设计意图：通过呈现材料，引导学生认识到抗日民族统一战线下，各个群体都团结一致、共赴国难，保证了抗日战争的最终胜利。

过渡：在抗日战争初期，中国显然处于一种孤立无援、孤军奋战的境地，但随着德国在欧洲发动侵略战争，抗日战争逐渐成为世界反法西斯战争的重要组成部分。

▶ 知识点3 中国：从孤军奋战到中国战区

教师讲述：从战场的角度来看，中国战场可以分为正面战场、敌后战场和海外战场。在正面战场，以抗日战争中规模最大、战斗最惨烈的会战之一——淞沪会战为例，当时，国民政府先后投入70多万的兵力，在上海郊区同日军展开血战。其中，第524团副团长谢晋元率部400多名士兵（对外称800人，故这支部队被誉为"八百壮士"），坚守在苏州河北的四行仓库。当时军情紧急，"八百壮士"进入四行仓库时没来得及带食物，因此副团长谢晋元对外发出呼吁。

材料三 市商会刚刚提出为四行孤军赶制1万枚光饼的计划，立刻有十几家食品厂争先响应，不到半天5万多枚光饼送到市商会的门前。……

穿着绿色制服、缀着臂章的童子军们，走上街头，演话剧，贴标语，搞募捐……

一位裹脚的老太太手里提着一袋煮好的鸡蛋，颤颤巍巍走到募捐站。……

——陈立人《八百壮士：中国孤军营上海抗战纪实》

教师提问："八百壮士"在战斗过程中得到了哪些方面的帮助？

教师讲述：为保存力量，在坚守四天后，奉统帅部的命令，"八百壮士"退入上海公共租界。

后来一位老兵在回忆淞沪会战的时候曾说过："当时中国一天战争下来就要牺牲一个师的兵力，三个月下来国军60%的精锐部队损失殆尽。"这场战争打破了日本三个月亡华的迷梦，展现了中国人抗战到底的决心和信心。

设计意图：以"八百壮士"的英雄事迹为例，帮助学生认识中国人民为抵抗日军视死如归的抗战精神，这也是抗日民族统一战线下全民族抗战的一个缩影，有助于培养学生的家国情怀。

材料四 关于抗日战争历史的描述，长期以来，台湾的史著极力贬低共产党的抗日活动，一般的史书并无对敌后战场的描述，甚至根本不承认中国抗日还有一个敌后战场。即使提到共产党的抗日，也以所谓"游而不击"、"三分应付"、"七分发展"来做评语。

——荣维木《三十年来抗日战争研究述评》

教师提问：你同意这种说法吗？你可以通过什么例子来反驳这种观点？

材料五 蒋介石给朱德、彭德怀的贺电："25日一战，歼敌如麻，足证官兵用命，深堪嘉慰。"

——魏宏运《抗日战争与中国社会》

设计意图：通过材料，引导学生思考并举例反驳中国台湾地区关于敌后战场的错误看法。通过讲述平型关战役的史实以及战役后蒋介石的评价，对中国台湾地区史书的错误看法进行有力反驳。

教师讲述：1941年12月7日，日本偷袭珍珠港，太平洋战争爆发。次日，美英对日宣战。随后中华民国正式对日宣战，并于1942年宣布成立中国战区。

1942年初，为保卫滇缅公路这条国际交通线，中国政府派出远征军入缅作战，成功解救被围困数日的英军第一师。5月初，中英联军作战失利，远征军部分撤回国内，部分退往印度。其中第二〇〇师师长戴安澜在退守过程中不幸身负重伤，在离国境不过三四十里地的路上最终心力交瘁，壮烈殉国。

材料六 现在孤军奋斗，决以全部牺牲，以报国家养育！为国战死，事极光荣。

——戴安澜《戴安澜致妻书》

教师提问：从戴安澜的这封遗书中，我们可以感受到中国军人的什么精神？

教师讲述：1945年8月15日，日本宣布无条件投降。9月2日正式签署投降书，中国抗日战争取得了伟大胜利。

设计意图：通过介绍滇缅战场的开辟，引导学生认识抗日战争是世界反法西斯战争的重要组成部分。通过介绍戴安澜的抗日事迹，帮助学生感受中国军人誓死抗敌、不畏牺牲的爱国主义精神。

▶ **知识点4 中华民族：从百年屈辱到民族复兴**

展示图片：《南京条约》《马关条约》《辛丑条约》的签订、中国政府接受日本投降书、中国代表顾维钧第一个在《联合国宪章》上签字。

材料七 伟大的中国人民抗日战争，开辟了世界反法西斯战争的东方主战场，为挽救民族危亡、实现民族独立和人民解放，为争取世界和平的伟大事业，作出了彪炳史册的贡献。

——习近平出席抗战爆发77周年纪念活动讲话

设计意图：通过图片和材料，引导学生认识抗日战争胜利的伟大意义。

展示图片：日军刺杀中国儿童、日军举行杀人比赛。

材料八 军队在进城后抢劫掠夺达数周之久，约有2万名妇女和姑娘遭到强奸，成千上万的无辜平民（这其中也有43名电厂的工人）惨遭杀害。

——约翰·拉贝《拉贝日记》

教师提问：通过阅读图片和材料，请你用几个词来形容日军的行为。

教师讲述：事实上，我们除了需要铭记日军在战争期间所犯下的这些罪行，关于中国人在战争过程中的表现也值得我们去反思。

材料九 "美国华裔作家张纯如因《南京暴行：被遗忘的大屠杀》一书获名，然随着南京大屠杀研究的深入，其困惑越来越深，最后竟以自杀结束生命。自杀前她与身边亲友说："在采访南京大屠杀的时候，我发现不仅仅是日本人的问题，还有中国人的奴性，中国人有一种极恶歹的心理，在世界民族中也罕见！从来没有一种人，因为不同的主子，可以作践自己的同类，到了极其残忍的地步，我原本想拿大刀砍向鬼子，可是发现需要砍的，还有自己的同胞。"

——介子平《中国之殇》

设计意图：通过提供图片和材料，引导学生铭记日本军国主义对中国所犯下的深重罪行，同时反思在这场战争中中国人的问题，进而汲取前行的力量。

三、教学成效与反思

本课从课程标准出发，根据线上教学的方式进行教学设计。为了实现教学目标，在教学设计和实施过程中做了以下尝试和努力。

1. 核心素养培养方面

本课主要借助历史解释等方式，让学生通过对比"九一八"事变后中日不同的新闻报道，学会对历史事实进行合理的理解与判断，并借助材料感受"八百壮士"、戴安澜等人的爱国主义精神，培养学生的家国情怀。

2. 教法学法方面

突出史料教学法、自主学习法。本课尽可能通过丰富而简明的史料，帮助学生了解抗日战争的主要史实和重要意义；通过自主学习法，引导学生通过课前预习、线上学习以及课后练习，做好线上学习与线下复习的衔接，提高学习效率。

教学是一门有缺憾的艺术，由于本课采用录播的方式进行，在教学过程中缺乏一定的师生互动，课堂反馈存在一定的滞后性，无法第一时间了解学生的学习效果。在接下来的教学过程中，教师应更注重教学设计的合理性与可行性，课后及时与学生进行互动和反思，进一步提高教学效果。

作者简介

林桂锋,任教于揭阳第一中学,曾获全国高校第三届全日制教育硕士学科教学(历史)专业教学大赛优秀教学设计奖、决赛一等奖,案例被选编入《历史教学——从"设计"到"实施"(中国历史)》。

专家点评

林桂锋老师的教学案例"抗日战争"关注于历史解释素养的培养。林老师对案例的选择比较典型,培养历史解释素养的基本办法之一,即挑选具有一定典型性的案例,而且这些案例在具有确定性的前提下,还存在一定的讨论的空间。以抗日战争为例,林老师在教学案例中以材料的方式陈述了《大阪朝日新闻》对"九一八"事变的报道就是这种方法的应用。作为日本侵华罪恶的"九一八"事变,在历史上证据确凿,国际上早有定论,但日本媒体在事变当时却污蔑是中国军人的责任。林老师从《大阪朝日新闻》的肆意歪曲历史事实的报道入手,要求学生分析解释其之所以歪曲历史的原因,这样的分析和教学方法较为妥当,可以使学生理解:历史解释是人对历史的解释,而人是有价值观、有民族性的,也是有利益影响的。而日本媒体的报道正是其民族性、其利益追求的结果。林老师在对案例进行历史解释的培养方式和选择材料方面是比较有效率的。

除了历史解释素养的培养,林老师同时还关注到家国情怀素养的培育。"抗日战争"一课也是中学进行家国情怀素养培育的重要内容,为很多教师所关注,而林老师在大量资料图片的叙述中,能理性分析抗日战争相关问题,一直渗透着正确的国家情怀观念,非常注意培养学生的家国情怀。

——华南师范大学历史文化学院　张庆海

中国古代的经济政策
——重农抑商

佛山市顺德第一中学　吴浪思

一、案例简介

自战国时形成"奖耕战""抑商贾",秦汉后"重农抑商""崇本抑末",到宋元"专卖"法乃至明清"海禁",均是重农抑商之表现。重农抑商政策在中国古代不同历史时期的具体表现为经济形态所决定,重农抑商是中国历代封建王朝最基本的经济指导思想,其主张是重视农业、以农为本,限制工商业的发展,其深深制约和影响着中国历史。

本案例是一节高三复习课,用专题微课的形式,深入探讨历史上的经济政策,特别是重农抑商政策对古代农耕经济的影响。着眼于小专题,放眼于大历史,力求做到见微知著,在学习中全面提升学生的史学核心素养。

二、教学设计

(一) 教学目标

(1) 了解有关中国古代王朝经济政策的基本知识,初步了解、认识考古资料、文献资料和文物插图对于证史的重要作用。借助于历史文献深入理解中国古代重农抑商政策实施的原因和所带来的经济后果,从而培养学生阅读历史文献的能力,及借助历史文献分析问题和解决问题的能力。

(2) 学生可以根据人教版高中历史必修2专题一前三节的知识,推断中国最主要的经济政策,以及根据教科书与教师提供的考古材料、历史文献和自己的观察所得,进行推理分析、比较论证,主动探究各个历史问题的答案,学会运用观察法、比较法、阅读法(包括历史图片、文史资料)等探讨有关的问题。

(3) 通过本课的学习,学生能够对重农抑商政策形成正确认识,理解政府决策对经济的作用,联系今天的改革开放,理解其对解放生产力、发展生产力的作用。

(二) 设计思路

重农抑商政策是历代封建王朝一直奉行的基本经济指导思想和政策,实质上是维护封建统治的经济基础。在封建社会初期,针对当时农业以及社会经济的发展,重农抑商政策对新兴地主阶级政权的巩固起到了积极的作用。但是到了明清时期,随着生产力的发展,商品经济的活跃,中国资本主义萌芽已经出现,而在这时,统治阶级依然坚持重农抑商政策,把商农发展对立起来,并在重农抑商思想的指导下推行一系列不利于资本主义发展的措施,从而阻碍了资本主义萌芽的成长,违反了经济发展规律,失去了初期的进步性。

(三)教学实施

1. 阅——以史料实证为开端

教师引导学生阅读史料,展开思考,进行矛盾探究,对两个不同的问题展开辩证分析。

材料一 汉文帝变"抑商"政策为"惠商"政策。下令"开关梁,弛山泽之禁"。这些措施实行后,出现了"富商大贾周游天下,交易之物莫不通,得其所欲"的隆盛局面。人民可以进入山泽自由樵采、捕捞,以补助生活。但文、景时期,抑商政策中之"市井之子孙亦不得仕宦为吏"的规定一直未取消。

教师提问:在这段材料中,你发现了什么问题?

材料二 "商贾中家以上大率破,民偷甘食好衣,不事畜藏之产业,而县官有盐铁缗钱之故,用益饶矣。"

——司马迁《史记·平准书》

材料三 随着西汉社会经济的发展,商人势力逐渐膨胀,……严重影响中央财政收入。公元前119年,汉武帝令"初算缗钱",向工商业主、高利贷者征收资产税,并处罚隐瞒资产或申报不实者。后又下令"告缗",鼓励民众告发不如实申报的商人,结果"商贾中家以上大氐破"。

——摘编自邱树森、陈振江《新编中国通史》

教师提问:司马迁是如何叙述汉武帝的"告缗"政策的?

2. 思——以历史解释为核心

教师通过双向史料对比进行分析,引导学生得出古代统治者实行重农抑商政策的原因。

抑商人:

(1)(岳麓版必修二课本)"一夫不耕,或受之饥;一女不织,或受之寒。"

——贾谊《论积贮疏》

(2)(模拟题)"商贾大者积贮倍息,小者坐列贩卖,操其奇赢,日游都市,乘上之急,所卖必倍。"

——《汉书·食货志》

(3)(2013·广东高考·13)东汉初年桓谭上书说:"(重本抑末)此所以抑并兼、长廉耻也。今富商大贾,多放钱货……收税与封君比入。"

(4)(2012·全国大纲卷·13)唐太宗说:"工商杂色之流……止可厚给财物,必不可超授官秩,与朝贤君子比肩而立,同坐而食。"

(5)（模拟题）"……为商之人，心多巧枉，聚商之处，俗必淫靡，此害也。""万里远鹫，倾囊充陈，导靡长奢，则皆商为之。"

——李塨《平书订》

存商业：

(1)（模拟题）"故工不出，则农用乏；商不出，则宝货绝。农用乏，则谷不殖；宝货绝，则财用匮。"

——桑弘羊

(2)（2014·天津高考·12）宋代的"州郡财计，除民租之外，全靠商税"。

——马端临《文献通考》

(3)（2012·福建高考·15）《司马光奏议》载，"夫农、工、商贾者，财之所自来也。……公家之利，舍其细而取其大，散诸近而取诸远，则商贾流通矣，农、工商贾皆乐其业而安其富，则公家何求而不获乎？"

(4)（模拟题）"夫商与士，异术而同心。故善商者，处财货之场而修高明之行。是故虽利而不污，故利以义制，名以清修，天之鉴也。"

——王现《故王文贤墓志铭》

教师将学生分成四个组，1、2组负责分析抑商人的材料，3、4组负责分析存商业的材料。需要特别指出的是，抑商人的第一条结论和存商业的第四条结论是特例。

3. 表——以对话为抓手

探究古代商业的发展，必不可少的是我国古代的一项重要政策——重农抑商。

材料　"……朕观四民（指士、农、工、商）之业，士之外，农为最贵。凡士工商贾，皆赖食于农，以故农为天下之本务，而工贾皆其末也。"——摘自《大清会典事例》

教师问题：从材料看出，重农抑商是一种怎样的政策？

学生回答：以农为本，而工贾为末，即"重本抑末"。

教师问题：重农抑商政策并不是从来就有，那么，重农抑商政策是什么时候产生的？

学生回答：战国时期，重农抑商政策崛起。

教师问题：战国时期，商鞅变法提出重农抑商政策，被统治者采用。重农抑商在当时是有一定合理性的，但是这个政策一直伴随了中国封建社会两千多年。从上述材料可得出，一直到清代都在实行重农抑商政策。持续两千多年的重农抑商政策对商业有哪些影响呢？

教师问题：商人本来想在秦国继续做生意的，但是后来为什么失败了呢？

学生回答：因为秦国政府实行重农抑商政策，严格限制商人的活动，对商人征收沉重的赋税。所以后来我的生意破产了。

教师问题：古代商人在重农抑商政策下身份低下，负担沉重的商税。所以，重农抑商政策严重阻碍了商业的发展。需要说明的是，虽然重农抑商政策阻碍了商业的发展，但商业依然是在不断前行和发展的，原因就是刚才讲的政治、经济、交通等方面。

4. 评——以评价来深究

教师通过三个问题，引导学生评价"重农抑商"政策。

问题一：司马迁是如何叙述汉武帝的"告缗"政策的？

学生回答：一方面政府收入增加。另一方面大量商人家庭破产，生活受到极大冲击。

教师由此引导学生思考：抑商政策到底是好是坏呢？从而引出站在不同的立场有不同的评价的结论。（站在统治者的立场上，抑商政策增加了政府收入，巩固了政治统治，达到了预期的目的。站在商人的立场上，抑商政策却带来了严重后果，影响了生计。站在社会发展的立场上，一定程度上影响了经济发展和社会稳定）

教师还可以引导学生进一步思考：除了立场之外，还有什么因素会影响对抑商政策的评价呢？

问题二：对战国时期与明清时期的"抑商"政策能够一样评价吗？

（可能的引导性问题：对商鞅奉行"抑商"多持肯定态度，而对明清时期的"抑商"政策多持批判态度，这又是为什么呢？）

教师解释：战国时期是小农经济确立发展和中央集权政治秩序的建立时期，"重农抑商"有利于小农经济发展、国力增强和社会稳定，是符合历史潮流的。而到了17、18世纪（明清时期），一方面，当时商品经济高度发展；另一方面，西方重商主义的工业大潮已经来临，顽固地坚守抑商政策就违背了历史发展潮流，造成了中国的落后。因此，对抑商政策的评价还要紧密联系时空环境，放在当时的历史背景下分析。

问题三：评价抑商政策还可能会受到哪些因素的影响呢？

教师提示：评价者所处时代（前引材料）、史料（史实）、学术水平等。

5. 悟——以反思来升华

其实，仅仅从经济发展角度来理解中国两千多年的"重农抑商"政策是片面的。战国时期的李悝、商鞅提出"奖耕战""抑商贾"政策时，确实是为了增加国家的经济实力，增加国家的税收以利战争。但是，到了汉代，"重农抑商""崇本抑末"事实上成为汉代政府用来抑制富豪、缓和社会矛盾的一个政策。根据司马迁在《史记》中的说法，商人不准穿着丝葛绫锦衣物，不得操持兵器与骑马乘车，更不许入仕做官，从政治上将其打入贱民行列。政府在经济上重征商人，"租税以困辱之"，如人口税，商人加倍，征收二算。

正是由于商人是士农工商中最易致富的阶层，所以被排在四民中的末位；正是由于商人拥有的财产远远超过了农民，所以国家在政策上要抑制商人；正因为农民最易贫困潦倒，所以国家要扶持农业。所以，抑制商贾不仅仅是一种经济发展的主张，同时也是一种平衡社会发展，减缓社会分化的国家政策。从维系社会基本平等的思路看，"重农抑商"其实就是"扶贫抑富"，农为贫，商为富，国家不得不重农抑商。

（微信扫描二维码可观看微课，网页下载链接：

https://portal.scnu.edu.cn/article-13955-452-1.html

https://portal.scnu.edu.cn/article-13955-453-1.html

https://portal.scnu.edu.cn/article-13955-454-1.html

https://portal.scnu.edu.cn/article-13955-455-1.html

https://portal.scnu.edu.cn/article-13955-456-1.html

https://portal.scnu.edu.cn/article-13955-457-1.html

https://portal.scnu.edu.cn/article-13955-458-1.html

https://portal.scnu.edu.cn/article-13955-459-1.html）

重农抑商的定义

重农抑商的发展过程

重农抑商的表现

重农抑商的原因-1

重农抑商的原因-2

重农抑商的原因-3

重农抑商的原因-4

重农抑商的评价

三、教学成效与反思

本课上课伊始提出一个概念——什么是重农抑商政策，然后列举重农抑商的表现，接下来追问实施重农抑商政策的原因有哪些，最后总结重农抑商政策的影响。这样讲解算是条理清晰、层次清楚，也能体现核心知识之间的内在联系。但是，随着时间的推移和教学实践的积累，笔者总觉得这种方法不够新颖，问题缺少启发性、新颖性和灵活性，对学生的思维发展促进不够。下面的设计对以上问题进行了改进。

首先，选好角度，用材料创设历史情境，以引导学生学习与思考。呈现材料：清初学者唐甄曾说："为政之道，必先田市。农不安田，贾不思市，其国必贫。"并提出问题：这一言论反映了什么思想？（农商并重）

其次，问题富有启发性、新颖性，以激发学生的学习兴趣。学生对"重农抑商"政策产生兴趣的时候，教师并没有立即讲解这一政策的概念，而是让学生去寻找这一政策的具体表现，归纳封建政府在生产领域和流通领域对国民经济的种种控制（强调本末意识、注意减轻赋税、抑制土地兼并、强化户籍管理、限制商业活动等）。学生在归纳的基础上，得出"重农抑商"这一政策的基本概念，有了学习体验和成就感。

最后，开展课堂辩论赛，培养学生的历史思维能力。对于重农抑商政策的影响，是通过学生辩论的方式来完成的，即把同学分成两组，一组持积极作用的观点，另一组持消极作用的观点，让学生在争论中开阔视野，丰富认识，学会分析历史问题的方法。

作者简介

吴浪思，中学一级教师，任职于顺德第一中学，担任教职9年。曾获得过"顺德区优秀班主任""顺德区优秀教师"等荣誉称号。获得顺德区青年教师优质课比赛一等奖、顺德区青年教师解题比赛一等奖等专业荣誉。

专家点评

吴老师的在线案例"中国古代的经济政策——重农抑商"是一节高三复习课的教学案例。其教学设计在以下几个方面具有鲜明的特色。

在教学目标和学情定位方面，吴老师的定位非常清晰。正因为是高三复习课，学生所要了解和增进的知识能力就有明确的指向，即需要清晰地了解"重农抑商"政策本身内容及其历史沿革，同时还要掌握应对该政策与每个时代的具体条件结合的考核能力。吴老师正是在这样正确的判定下设计了教学目标，因此整节课的内容逻辑清晰，且均是重农抑商政策在历史考核方面的重点。

吴老师的在线案例最为突出的是，将2017版高中历史新课标的精神即历史学科核心素养的培养与高考复习课案例结合开展高中教学。如在第三部分"教学实施"内容中，前两个主题"1. 阅——以史料实证为开端"和"2. 思——以历史解释为核心"就是以这样的思路展开教学的。吴老师对所列举的高考案例，均是从平时教学实际出发，以高考的核心素养考核标准和方法对案例进行深入分析，展示出高考题目中核心素养的考核内容、考核方式等。

——华南师范大学历史文化学院　张庆海

素养本位，效率优先

——"鲜活的法律，永久的生命：罗马法的起源与发展"复习课案例

广东仲元中学 谭方亮

一、案例简介

罗马法体系宏大、时间久长、内容庞杂、影响深远，历来是教学的重点、高考的高频考点。新冠疫情下，笔者利用腾讯课堂线上教育，做了一些探索。按要求，线上教学教师发声的时间不能超过 20 分钟，因而必须精讲精练，把时间留给学生、把机会让给学生。本节课是一节高三二轮复习课，如果机械重复会让学生觉得教师在"炒现饭"，必须保持学生对历史课的"新鲜度"和"敏感性"，这样才能提升学生学习的积极性和复习的效率。同时，教师没有面对学生，学生自觉性不够，注意力难以集中，因而教学方法也要相应调整。本案例的主要特色是以主题教学、目标引领的方式渗透素养，以任务驱动、瞄准靶心的方式强调效率。

二、教学设计

（一）复习目标

（1）结合罗马国家的发展情况，了解罗马法的演变历程，增强时空观念。

（2）结合政治、经济状况，运用唯物史观分析罗马法发展的阶段性特征和罗马法的实质。

（3）掌握罗马法发展过程中的相关概念，加强对历史的理解。

（4）阅读材料，提取罗马法的内容、特点及影响的相关信息，培养论从史出、史论结合、史由证来的方法。

（5）从人类文明的传承和发展角度，理解法律在人类社会中的价值。

（二）教学流程

导入：罗马法是指公元前 6 世纪末到公元 7 世纪古代罗马（共和国和帝国时代）制定

和实施的全部法律制度。它随着罗马国家的发展而演变，呈现出明显的阶段性和连续性，在复杂的发展中又趋向统一。

1. 罗马法的起源与发展（教学重点，以教师讲述、师生互动为主）

（1）展示中外关联时间轴，对比了解古代中国和罗马历史发展的基本特点。

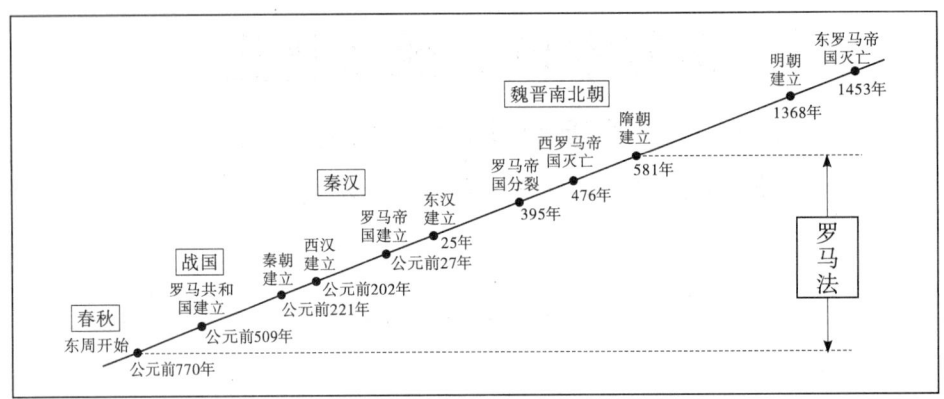

图1 古代中国和罗马历史发展图

（2）展示罗马法发展演变的时间轴，引导学生认识罗马法发展演变的三个阶段，并分析每个阶段变化的原因和影响。

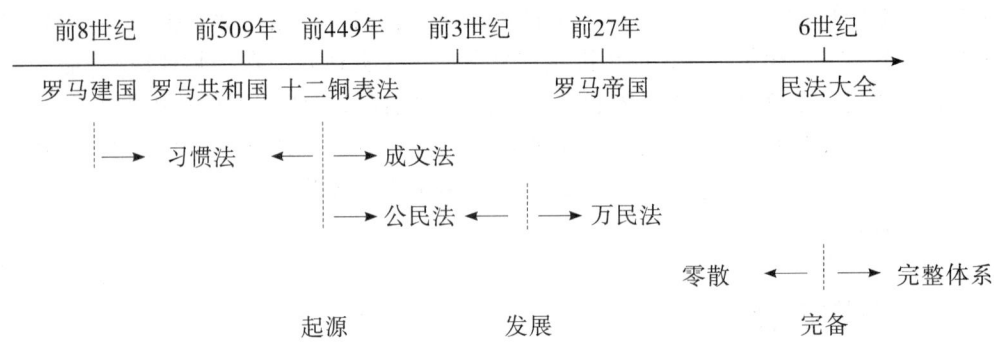

图2 罗马法发展演变时间轴

①形式上：从习惯法到成文法。

原因：平民反抗贵族斗争。

影响：审判、量刑有法可依；贵族对法律的随意解释受到限制；平民的利益得到保护。但保留了一些野蛮的习惯法。

②范围上：从公民法到万民法。

原因：版图扩大，引发文化冲突，造成社会动荡；国际交往扩大，经济活动中产生新问题。

影响：协调了罗马人和外邦人之间的关系及外邦人相互之间的关系，有利于缓和民族矛盾和社会矛盾。

③体系上：从零散到完整体系。

原因：皇帝的重视；法学家的努力。

影响：标志着罗马法体系的完备。

2. 罗马法的内容和特点（任务驱动，以学生自主学习为主）

史料一 《十二铜表法》：第3表 债权人可将无力偿还的债务人，交付法庭判决，直到将其戴上足枷、手铐，甚至杀死或卖之为奴。第5表 凡以遗嘱处分自己的财产，或对其家属指定监护人的，具有法律上的效力。第8表 "期满，债务人不还债的，债权人得拘捕之，押其到长官前，申请执行"。

任务一：根据史料一，概述罗马法的核心内容。（核心内容：保护私有财产）

史料二 徐国栋译《查士丁尼法学阶梯》："一切人自始都是生来自由人。"

徐国栋《民法大全选译》：任何人不能仅因为思想而受惩罚。……判刑时必须始终考虑罪犯的年龄与涉世不深。

《万民法》：自由民在"法律面前人人平等"，依法享有国家全面保护的公权和私权。

罗马法学家西塞罗："人们将正直的行为认作是善，将不正直的行为认作是恶；只有疯子才会得出这样的结论，即这些判断是一个见仁见智的问题，而不是自然先定的问题。"

任务二：根据史料二，概括罗马法的核心思想。（核心思想：自然法思想，包括人生而自由、平等）

史料三 《十二铜表法》："用人为的方法变更自然水流，以致他人财产遭受损害时，受害人得诉诸赔偿"；"橡树的果实落于邻地时得入邻地拾取之"。

马克垚《世界文明史》：航海家和商人们活动……一直伴随着并且最终超越了罗马的扩张，商业繁荣自然而然地导致形成一系列体现着商品经济现实的法律关系。

任务三：根据史料三，概括罗马法主要调整了哪两种关系？（财产关系，商品经济关系）

史料四 《万民法》：宁可漏网一千，不可枉屈一人。……提供证据的责任在陈述事实的一方，而非否认事实的一方。

科瓦洛夫《罗马史》：在成文诉讼中，案件的形式起有巨大的作用：在用语中最小的错误都会使全部诉讼失败。

马克垚《世界文明史》：行政官……可以根据每一个个别案例的情况做出裁量，而不必僵硬地按照有关法律条文的字面含义进行判决。他的这种决定成为事实上的判例法。

任务四：根据史料四，概括罗马法运行中的特点。（定案的证据性、判决的灵活性、诉讼的形式性）

3. 罗马法的作用和影响（任务驱动，以学生自主学习为主）

史料五 2世纪罗马皇帝哈德良讲话："皇帝的命令就是最高的法律。"

《查士丁尼民法大全》："妇女不得参与任何公务；因而她们不能担任法官，或行使地方官吏的职责，或提出诉讼，或为他人担保，或担任律师。""奴隶和隶农必须无条件地服从主人，服从'命运'的安排，对逃亡的奴隶和隶农必须严加惩治。"

史料六 朱汉国主编《历史》：公元前449年罗马颁布了《十二铜表法》，公开诉讼的程序、债务、家庭关系、财产继承、宗教以及犯罪和刑罚等方面规定。到公元前3世纪中叶，罗马产生的法律统称为公民法，内容侧重于国家事务和法律程序等方面。由共和国到帝国的过程中，罗马法广泛借鉴外邦法规，注重调解贸易及财产等经济和民事纠纷，以自然法观念指导，认为人人生而平等，都有资格享有某些基本权利，形成了适应帝国时期境内各族人民社会要求的万民法体系，逐步取代了公民法。在帝国时期，法律逐渐影响到国家和个人生活的各个领域，规范了行政行为，调节了大量商业纠纷和债务、继承等个人财产关系，较好地理顺了各种错综复杂的利益关系。罗马帝国灭亡后，对罗马法的研究在中世纪和文艺复兴时期两度掀起热潮。后来，罗马法又成为近代资产阶级法学的渊源和近现代法律的先驱。

任务五： 根据史料五、史料六，指出罗马法的局限性和当时的积极作用。（局限性：维护奴隶主贵族利益；范围有限。积极作用：规范了行政行为；调节了财产关系；缓和了社会矛盾；维护了帝国统治）

任务六： 结合近代西方民主政治历程，分析说明材料中罗马法的思想内容能够影响久远的原因。[原因：①公开稳定（成文），突出法律程序建设，为法治实践提供良好的条件，为近现代法制发展提供经验；②内容丰富，以法治国，有法可依，为新社会制度建设提供可借鉴的法律规范；③保护物权，注重调解经济和民事纠纷，为发展资本主义提供法制保障；④法律面前人人平等，为新兴资产阶级反君主专权和宗教特权提供思想武器；⑤崇尚法治，公正至上，适合近代反对封建的需要，也是政治文明的追求］

4. 巩固训练（精选近几年本课的高考试题供学生线下巩固）

略。

三、教学成效与反思

1. 精巧渗透核心素养

通过两个时间轴培养学生的时空观念：一是中外历史联系时间轴。将罗马与中国放在一起，呈现两国历史发展的线索，在中外历史的横向联系中，对比了解两国历史发展的基本特点。二是罗马法的演变时间轴。将罗马法的演变与罗马国家的扩张紧密地连在一起，揭示了罗马法演变中三个重要的发展变化。借助罗马法演变过程中相关概念的理解，帮助学生形成历史解释，如习惯法、成文法、公民法、万民法等。通过分析罗马社会政治、经济状况，从唯物史观角度了解罗马法发展的阶段性和连续性。通过相关史料，分析罗马法的阶级属性及时代特征，进一步加深对唯物史观的认识。通过阅读材料，提取罗马法的内容、特点及影响的相关信息，培养论从史出、史论结合、史由证来的史学方法，培养学生史料实证的意识。这样，核心素养与历史教学有机嵌入、自然融合、精巧渗透，没有刻意追求，也没有人为强加。

2. 精心设计教学主题

主题教学会吸引学生眼球，能整合相关内容，既巩固知识，又提高学生思维能力。本课以"鲜活的法律，永久的生命"为主题，强调了罗马法的历史地位和影响力，紧扣课文内容，无须更多的文字解释，同时文字精准，表述准确，令人过目不忘、扣人心弦。

3. 精准确定复习目标

课程标准要求了解罗马法的主要内容及其在维系罗马帝国统治中的作用，理解法律在人类社会生活中的价值，即"内容""作用""价值"，语句简短、精练，但内涵非常丰富。结合历年高考的情况，笔者对课程标准进行了细化，也进行了拓宽和挖深，确立了五个复习目标。五个目标紧紧围绕着课标的六个字展开。"内容"体现在前四项，虽然保护私有财产这个核心内容一直没变，但随着罗马帝国的扩张，其具体内容及适应范围也在相应地调整和完善。"作用"主要体现在第一、二、四项，在帝国的扩张中，罗马法调整与缓和着不断出现的新问题和新矛盾，从而维系着庞大帝国的统治。"价值"主要体现在第五项，要求从文明的传承和发展的角度，长时段地看待法律在人类社会中的价值，这有助于学生真正理解罗马法的长久生命力和影响力，也与本课的教学主题吻合。

4. 精确瞄准高考靶心

备课时，笔者研究了近六年全国各套高考文综卷对罗马法的考查情况，共涉及27道题。考查的角度主要是罗马法的形式、演变原因、内容、特征及影响，尤其是影响，考查的次数最多。这样，这节课的教学重点就非常清晰，学生学习和复习的方向就极为明确。教学中内容的拓展、问题的设计、史料的选择、语言的组织都紧紧地围绕着这些角度展开。教学过程中，始终以问题为核心，所有的教学内容全部以问题的形式呈现。这些问题，有的需要学生结合教材、阅读史料回答，有的需要学生自主思考、纵横联系回答，也有的需要学生发现问题后结合相关内容回答。

5. 精致安排学习方式

教学实施中，采用了三种学习方式：一是"身临其境"的方式，即通过联系和比较，在纷繁复杂的场景中，关注事件的独特性。它主要表现在罗马法核心内容及罗马法的思想内容能够影响久远的原因分析上。二是"抽刀断水"的方式，即关注局部与整体，在纵向发展的长河中，注重历史的横切面。它主要体现在罗马法发展的阶段特征上。三是"史学阅读"的方式，即联系史料与结论，在精选史料的润泽中，提升学生的感悟力。它在全课中都有体现，以引领学生阅读史料，给他们史学研究方法的熏陶，为其终身发展服务。

个人简介

谭方亮，任职于广东仲元中学，特级教师、正高级教师、广东省中学历史学科带头人、广州市名教师工作室主持人、华南师范大学硕士导师、广州大学兼职教师，发表文章100多篇，出版专著3部，入选《传递文明火炬的使者——广州地区高中教学名人录》。

专家点评

谭方亮老师关于"罗马法的起源与发展"一课的教学案例，以两个主题展开：在教学中落实历史学科核心素养，如何高效开展核心素养教学。这两个主题都是中学教师十分关心，且在课堂上急需解决的问题。谭老师将两个问题集中在罗马法内容的教学中进行设计，案例对解决这两个问题有典型性。世界上古史内容是比较难以在教学中实现教学目标的，因为历史内容实在生涩难懂，学生几乎没有一点儿相关知识。但是，这些教学内容对于培养学生时空观念的素养是非常合适的，甚至是整个教材中最适合进行时空观念教学的内容。首都师范大学历史学院晏绍祥教授在深圳的一次中学历史教学会议上曾详细解读了时空变迁与古典文明的关系。谭老师的案例选择与培养目标配合极为恰当。

在教学具体内容的选择和解读方面，谭老师的做法同样比较成功。关于"罗马法"发展具有历程，谭老师做了一个发展轴线式的解读。这种解读方式对学生产生"历史发展具有整体性、连续性"的认识有非常大的帮助。同时，谭老师关于"罗马法"教学的反思也有一定的深度，也是完全基于自己的教学而得出的。

——华南师范大学历史文化学院　张庆海

基于唯物史观的历史解释
——"古希腊民主政治"的再评析

东莞市石龙中学　江晓道

一、案例简介

为了充分发挥直播教学的优势，培养和提高学生的学科核心素养，笔者进行了一系列尝试，以期对网络直播平台下高三二轮复习提供有意义的参考，助力高三历史课堂走向"智慧"阶段。

二、教学设计

（一）教学目标

（1）通过史料分析，了解雅典民主的内容和特点，探讨雅典民主的利弊。

（2）运用唯物史观，透过雅典的纷杂表象认识雅典民主是特定历史时空的产物，具有不可复制性。

（3）通过历史解释，增强对民主的理解，增强对社会制度优越性的认可。

（二）教学实施

材料一　人民是浑浑噩噩的，民主制给他们过多的自由，他们会变得任性、盲目、放纵、蔑视法律。

——西塞罗（前106—前43年）

在民主政体下，平等精神会走向极端，由此产生一窝窝的小暴君，他们与单一暴君一样可怕。

——孟德斯鸠（1689—1755年）

政府若采取民主的形式，与生俱来的是麻烦和不方便。

——麦迪逊（1751—1836年）

教师讲述：雅典民主政治是历史上重要的文明成果，对世界历史产生了深远的影响，但对古代雅典民主制度的评价历来褒贬不一。材料引发我们思考：该如何准确评析雅典民主？

1. 感知：雅典民主的外在气质

（1）雅典民主政治的特点。

教师讲述：公元前5世纪雅典的政治家伯里克利说：我们的制度之所以被称为民主政治，因为政权是在全体公民手中，而不是在少数人手中。这句话反映了当时的人对雅典民主的高度评价。我们不得不心生好奇：雅典魅力何在？有何外在的气质？

材料二 雅典民主政治的主要机构

机构	性质	职责	产生方式
公民大会	最高权力机关	审议并决定国家大事	直接参与
五百人会议	常设行政机关	准备提案，主持公民大会，监督落实决议	抽签选举
陪审法庭	最高司法与监察机关	审理案件；终审任职资格	抽签选举

材料三 他们看来，抽签的整个过程，神都在显示着他的作用，抽签的结果是神意的表达，他们必须执行。古希腊人对神意怀有敬畏之心，所以，抽签方法被雅典人广泛地应用到了政治生活的各个领域，尤其是城邦公职人员的选任上面。

——冯金朋《公民社会的起源》

教师设问：结合材料和所学知识，请你用一个词语来形容雅典的民主政治。

教师引导学生分析：公民大会、五百人议事会和陪审法庭并列为雅典民主政治的三大支柱，体现了雅典民主有直接民主、轮番而治、分权制约、人民主权、广泛参与等特点。可以说，在雅典真正地实现了公民"当家作主"，这也是雅典的魅力和气质所在。

（2）雅典民主政治的保障。

教师讲述：公民直接参政、轮番而治是雅典民主的重要特征。我们不得不问，如果有人破坏民主怎么办？如何保障民主的运作呢？

材料四 我们在解决私人争端的时候，每个人在法律上都是平等的。在我们私人生活中，我们是自由和宽恕的，但是在公家的事务中，我们遵守法律，这是因为这种法律使我们心悦诚服。

——修昔底德《伯罗奔尼撒战争史》

教师设问：阅读以上材料并思考，雅典采取了哪些措施来保证民主？

教师引导学生分析：陶片放逐法、法律至上、抽签选官、津贴、观剧、宣誓、制度、道德……雅典采取了一系列措施来保证民主。由于有完善的监督和制约，雅典民主有条不紊地运行了两百多年。它的很多做法也被当今世界的很多国家借鉴。

（3）后世可借鉴的经验。

教师讲述：雅典人捍卫民主政治的热情以及他们对民主政治的设计为后世留下了更多的宝贵财富。

材料五 雅典民主政治所倡导的民主原则和宽泛的自由精神是后来欧洲民主和自由的基础和滥觞。由于有了民主,西方资本主义才有一定的恢复力及政治体制承受危机、冲突和混乱的巨大能力。

——蒋云芳、胡长林《雅典民主政治的特征及对西方民主的影响》

教师设问:分析古今西方民主政治在制度构建上的共性,并在此基础上总结雅典民主政治的历史作用。

教师引导学生分析:民主政治是古希腊文明辉煌的体现,古希腊文明则是西方文明的源头。它们的共性是建立了法制基础上的选举制、集体领导的议会制、比例代表制、任期制、分权制。因此,雅典民主为近代资产阶级民主政治的发展提供了借鉴,开创西方民主政治之先河。当然,西方代议制民主和雅典民主并不一样,如现代议会制是来源于英国的。我们今天赞美雅典的气质,更多的是其超前的原则和精神。

2. 探究:雅典民主的内在机理

(1) 民主的雅典是否包容。

教师讲述:从今天来看,民主社会下法律面前人人平等,每个人的权利神圣不可侵犯,那么雅典的民主是对所有人开放吗?它和现代民主相同吗?

材料六 伯里克利时代雅典的人口构成

奴隶20万;雅典人16.8万;外邦人3.2万

——根据英国哈蒙德《希腊史》

材料七 古代雅典和今天东莞的比较

地区	面积/平方千米	人口
雅典	2 500	30万人以上
东莞	2 465	839万人以上

——根据百度百科整理

教师设问:结合材料和所学知识,分析雅典民主政治的特点和实质。

教师引导学生分析:综合两段材料来看,在雅典,公民的身份是一种特权。它大约为十分之一的男性公民享有。雅典民主是小国寡民的产物,这与我们的现代民主完全不同,所以雅典民主的实质还是维护奴隶主统治的原始民主。

(2) 民主的雅典是否自由。

教师讲述:在现代民主之下,个人的权利与自由是至高无上的,公民既可以通过选举和监督享有参政的自由,也可专注于自身事务的自由,那雅典公民是否也是如此?

材料八 雅典法律规定,如果公民试图自杀,必须先向元老院提出申请,获得批准后,方为合法。

——程汉大《古代宪政史论》

材料九 在古希腊,即使在雅典,国家的权力都不受限制。城邦是至高的存在,它优先于个人……个人并没有上诉的机制和途径……从根本上说,个人自由是屈从于公民共同体的。

——黄洋《古代与现代的民主政治》

教师设问：与现代民主相比，雅典公民的民主与自由的关系有何不同？

教师引导学生分析：没有法律的保障，即便是民主下，人们依然是不自由的，也没有相应的权利保障。因为城邦是至高的存在，意味着为了城邦是必须牺牲个人的。与现代民主相比，现代民主既有民主也有自由，雅典是有民主但无自由的。

(3) 民主的雅典是否公正。

教师讲述：有学者指出，在雅典只要经多数人认可，无论什么都是最终的和公正的，而且没有人能够确定今天有效的法律明天是否有效。那这样的体制下，雅典民主真的是公正的吗？

材料十 雅典审判苏格拉底的法庭是由五百名来自社会各阶层民众的陪审员组成的，这类刑事审判一般投两次票，第一次是要表决是否有罪。他的狂妄自大态度两次引起全场人群哗然，以致第一次投票以 280 票对 220 票表决他有罪。按照雅典惯例，第二次量刑表决是在起诉方面和被告方面提出的两个建议中作一选择。但他原先一再反复提出的荒谬建议使得陪审团以 360 票比 140 票判他死刑。

——斯乐著、董乐山译《苏格拉底的审判》

教师设问：从材料来看，对苏格拉底的审判和处置是否民主？

教师引导学生分析：在审判的过程中，民主通过投票的方式判处苏格拉底死刑，对苏格拉底的审判和处置是符合民主的程序的。但大家发现问题没有？决定生死的陪审团竟然有鞋匠、裁缝、不识字的游民这些素质不高的人在里面，直接民主有可能发展为多数人的暴政。因此，在雅典，程序公正并不代表结果公正。

(4) 后世可吸取的教训。

教师讲述：西方思想家发现了雅典存在很多问题，他们并没有照搬雅典民主的老路，而是在吸取教训中不断完善民主制度。

材料十一 高水平的民主政治，称为"宪政"，是欧美各国人民经过数百年对专制制度的抗争，在17—18世纪首先由英美法诸国创建的。宪政制度以选举制度、议会制度、政党制度为"三大支柱"，实行立法、行政、司法"三权分立"互相制衡的原则。

——姜平《政治体制与改革困境》

教师设问：结合材料和所学知识，雅典民主存在什么问题？后世西方思想家对民主有哪些改进？

教师引导学生分析：雅典民主的本质是原始的奴隶主民主政治，是一种粗糙的古代民主。它的问题是直接民主、缺乏制衡、意志统治等。事实上，雅典的民主与近代西方民主有本质区别，雅典民主也并非近代西方民主的源头。近代的民主实现了多数人的统治，一般以议会作为权力中心，更有宪法及法律的保障，提倡分权制衡和法律至上。

3. 追寻：雅典民主的前世今生

教师讲述：雅典的民主是真实的、发展的，它对后世产生了巨大的作用和影响。不同时空下，对雅典民主的评价也会不同，那我们该如何准确评析雅典民主呢？

(1) 对当时：雅典民主符合国情。

材料十二

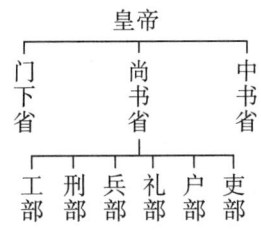

图1 三省六部制结构示意图

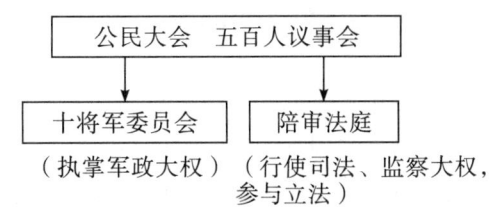

图2 伯里克利时代雅典政权结构示意图

教师设问：结合所学知识，从经济角度简析形成图1、图2两种不同政治体制的原因。评价民主应该注意什么问题？

教师引导学生分析：古代雅典民主是海洋文明的产物，工商业的发展为雅典民主政治体制的建立创造了条件。而中国是大河文明的产物，小农经济的产生和发展为中国中央集权政治体制的形成奠定了经济基础。因此，文明只有差异，没有优劣之分，人类文明史上没有完美无缺的政治制度。各国国情的差异形成了不同的政治体制模式，都有其存在的合理性和时代、阶级的局限性。因此，我们应该肯定雅典民主在当时是符合雅典实际的。

（2）对当下：雅典民主需要改善。

材料十三 法国大革命最重要的历史意义之一，就是通过其由于对古典民主的迷恋所导致的种种失误，从反面证实了英国革命所彰显的代议制原则和美国革命所实践的分权制衡原则的价值。

——马克垚《世界文明史》

材料十四 现代民主核心的重要性，不只是多数人统治原则，而且须尊重少数人的权利。

——张彩凤《一个民族的图腾——美国宪法导读》

教师设问：材料中法国的失误是指什么？综合上述材料，我们怎样运用民主？

教师引导学生分析：法国大革命过于推崇雅典民主，牺牲自由来实现平等，造成了流血过多和社会动荡。在当下我们需要原则民主，更需要程序民主，在某些特定领域使用少数服从多数的原则，但民主也必须以法律为前提，民主必须以理性为核心，民主必须以强有力的监督机制为保障。从中我们得到启示：雅典民主制度不能治愈社会的痼疾，现代民主应当在宪政的框架下实施。

（3）道路千万条，唯物史观第一条。

材料十五 唯物史观是揭示人类社会历史客观基础及发展规律的科学历史观和方法论。人类对历史的认识是由表及里、逐渐深化的，要透过历史的纷杂表象认识历史的本质。

——《普通高中历史课程标准（2017年版）》

教师引导学生分析：唯物史观是中学历史学科第一核心素养，是揭示人类社会历史客观基础及发展规律的历史观和方法论。在本课，雅典的民主是基于自然地理环境因素、政治上的小国寡民、经济上的商品经济、文化上的平等民主而形成的，这启示我们要从当时的实际情况出发，客观评价历史事物，避免用今天的标准去衡量雅典民主，只有运用唯物史观的立场、观点和方法，才能对雅典民主有全面、客观的认识。

三、教学成效与反思

历史学科核心素养是高三备考的核心内容，其中唯物史观是理论保证。在此背景下，高三教师想得最多的是如何落实核心素养。本节课尝试在二轮复习中落实唯物史观，从学生的反馈来看，学生至少知道要透过历史纷杂的表象认识历史的本质，该目标基本达到。当然，这只是一种尝试，促进智慧课堂的生成仍有很长一段路需要走。

因为在网课中无法监督学生的落实情况，同时教学时间有限，砍掉了许多原汁原味的第一手史料，课堂的历史感稍欠火候，这些都值得去总结和反思。通过这节课，笔者至少找到了自己历史教育努力的方向，只要加强理论学习，勇于实践探索，定能建构出更多的教学新尝试，助力历史课堂真正实现"慧教育"。

作者简介

江晓道，中学一级教师，任教于东莞市石龙中学，高三历史备课组组长、广东省毛经文名师工作室学员。曾获"校优秀教师""镇优秀教师"等荣誉称号，指导学生参加"魅力岭南DV大赛"获省一等奖。多次在全市上示范课，多次在市级教研论文、教学设计、优课和微课比赛中获奖，在校教学比武中获一等奖。

专家点评

江晓道老师的教学案例"基于唯物史观的历史解释——'古希腊民主政治'的再评析"作为高三复习课的案例，将疫情条件下的线上课程与高三复习结合得比较紧密，将高三复习的基本要求与线上教学特点融合一起，更多地以典型习题为抓手，突出教学内容的重难点和考点。江老师以材料教学与考试相结合的方式值得高三老师借鉴。

江老师对材料的选择具有很强的典型性，体现了国内史学界对古希腊民主制度研究的基本层面：既有研究希腊史代表人物如马克垚及黄洋等先生的研究成果，也有教材、课标对该内容的要求。如此选材，既能充分挖掘教材内容，全面深刻地向学生展示古希腊民主的真正内涵，也能从复习的角度将该主题所能命题的角度讲解给学生。

江老师的教学案例设计，从命题角度对课程内容进行了新的梳理，不仅考虑到该课内容本身的讲解与复习，而且将历年高考关于古希腊民主考核的重点也纳入教学过程，如希腊民主与现代民主、希腊民主与唯物史观的关系等。

——华南师范大学历史文化学院　张庆海

冲击·变化·反应
——高三二轮中国近代史（1840—1919）专题复习

中山市小榄中学　毕贤明

一、案例简介

许多教师在讲授中国近代史时，有意无意间受到"冲击—反应"模式影响。笔者认为，这一模式忽视了中国社会的内部变化。有鉴于此，笔者在高三二轮复习课中尝试按"冲击—变化—反应"模式梳理主干知识，开展中国近代史（1840—1919）通史的复习。

中国近代史上每次显性"反应"的背后是复杂而深刻的社会变化。具体而言，这些变化涉及生产方式、经济结构、阶级关系、权力结构、思想意识等多个方面。变化的过程绝不是"欧化"或者"西化"，更不是"重复"西方现代化所走过的道路。近代中国社会内部的一系列变化不能简单归因于"西方冲击"。内部的经济因素、地理因素、传统因素以及在内外因素刺激下产生的新因素等，都在相互作用中发挥着"历史合力"作用。简而言之，西方的冲击是中国社会变化的必要条件，而不是充要条件。

二、教学设计

（一）导入新课："冲击—反应"模式

阅读材料，回答问题。

材料："冲击—反应"曾是国内外史学界解释中国近代历史的模式之一。其主要观点为中国社会存在巨大惰性，缺乏突破传统框架的内部动力；从19世纪中期开始，西方的冲击促使中国发生剧烈变化。

据此，用一张图演示中国近代历史变迁。想一想，图片中空白处填什么？

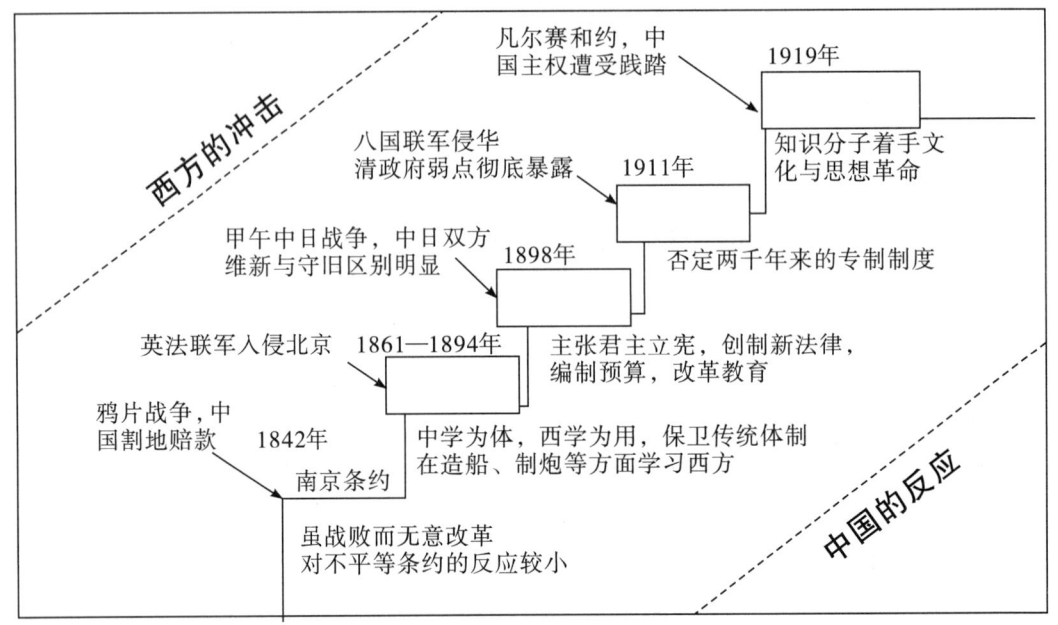

图1 中国近代历史变迁

生：洋务运动、百日维新、辛亥革命、五四运动。

师："冲击—反应"模式解释中国近代史有没有缺失之处呢？下面请同学们和我一起回忆中国近代史（1840—1919）的基本史实，归纳阶段特征，思考"冲击—反应"模式能不能涵盖这些特征？

【设计意图】

用"冲击—反应"模式导入新课，引导学生思考该模式的不足之处，引入"冲击—变化—反应"模式，为后续教学做好铺垫。

（二）中国近代史（1840—1919）阶段特征

学生填写中国近代社会在政治、经济、思想以及社会生活方面的阶段特征。

表1 中国近现代社会在政治、经济、思想等方面的阶段特征

方面	阶段特征
性质	半殖民地半封建
政治	民族危机不断加深，中国人民探索救国图存道路
经济	自然经济逐步解体，洋务运动创办大量企业，民族资本主义产生并不断发展，经济结构发生变化
思想	华夷观念瓦解，"向西方学习"思潮兴起（器物—制度—思想）
社会生活	西方生活方式传入，不断碰撞和交融

师：由此可见，近代中国社会内部发生了剧烈变化。单一的外部冲击无法造成如此复杂剧烈的变化，也无法解释每次显性反应的经济基础、阶级属性和思想内涵。有鉴于此，为充

分地解释近代中国各类历史现象之间的内在逻辑，我们引入"冲击—变化—反应"模式。

【设计意图】

归纳中国近代史（1840—1919）的阶段特征，引导学生发现"冲击—反应"模式的缺陷，关注中国社会内部变化。通过梳理阶段特征，避免二轮复习沦为冗杂知识点的堆砌，提高备考效率。

（三）主干知识

教师利用思维导图，一边进行历史叙述，一边进行历史解释。

> 第一阶段：1840—1894年

师：第一次鸦片战争是来自外部的一次"冲击"，太平天国运动是中国农民阶级做出的一次"反应"。在"冲击"与"反应"之间，是中国社会内部的变化。请同学们看图2的演示。

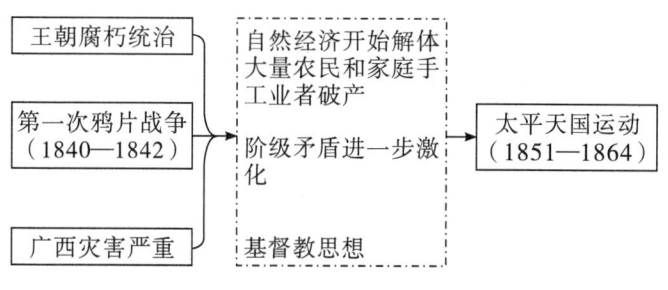

图2 思维导图1

师：这些变化的产生既有外部原因，也有内部原因。这使得由此产生的太平天国运动有了与以往农民起义不同的面貌。请同学们看图3的演示。

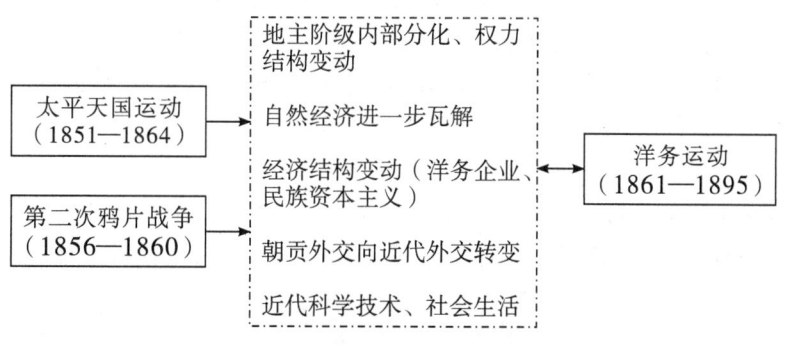

图3 思维导图2

师：第二次鸦片战争是来自外部的一次"冲击"，洋务运动是清政府在面对太平天国运动和第二次鸦片战争双重"冲击"下做出的一次"反应"。在"冲击"与"反应"之间，是中国社会内部的变化。汉族地主官僚通过镇压太平天国起义使自身地位上升，使清政府的权力结构发生变动。在与英法联军议和、联手列强镇压太平天国运动的过程中，奕䜣、文祥等清政府上层人士和曾国藩、李鸿章、左宗棠等汉族地主官僚逐步认识到学习西方"器物"的重要性，从地主阶级内部分化出来，形成了"洋务派"。第二次鸦片战争后，自然经济进一步瓦解……请同学们思考：洋务运动推动近代中国社会内部发生了怎样的具体变化?

生:一是加速了自然经济的解体;二是洋务派在与西方交往过程中,逐步接受近代外交惯例,加速了朝贡外交向近代外交的转变;三是洋务运动传播了近代西方科学知识和生活方式;四是洋务派(主要是地方汉族地主官僚)实力进一步提升⋯⋯

> 第二阶段:1895—1911 年

教师出示思维导图 3(见图 4),向学生进行演示。

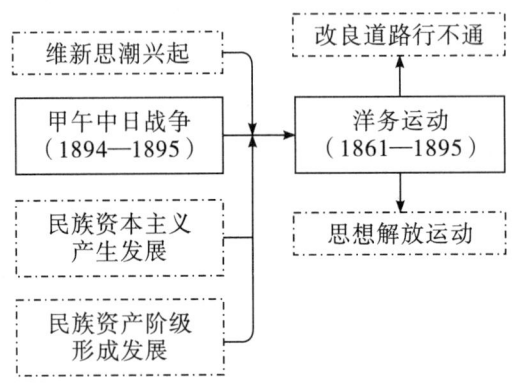

图 4　思维导图 3

师:甲午中日战争是来自外部的一次"冲击",戊戌变法是民族资产阶级做出的一次"反应"。要看到在"反应"的背后,中国社会内部的变化。19 世纪六七十年代民族资本主义产生,民族资产阶级及早期维新思想兴起。维新派继承早期维新思想,借鉴西方启蒙思想,借用报刊宣传兴民权、君主立宪制。戊戌变法虽然失败,但不能否定维新运动在解放思想方面的巨大作用⋯⋯请同学们思考:维新思潮中有哪些传统因素?

师:维新派的思想不是简单地抄袭西方学说,而是继承了一些传统思想。比如康有为的《新学伪经考》《孔子改制考》,谭嗣同的《仁学》。

教师出示思维导图 4(见图 5),向学生进行演示。

师:八国联军侵华是来自外部的一次"冲击",辛亥革命是一次"反应"。这一"反应"涉及阶级属性、经济基础等内部变化,不是单一的"冲击"能够解释清楚的。

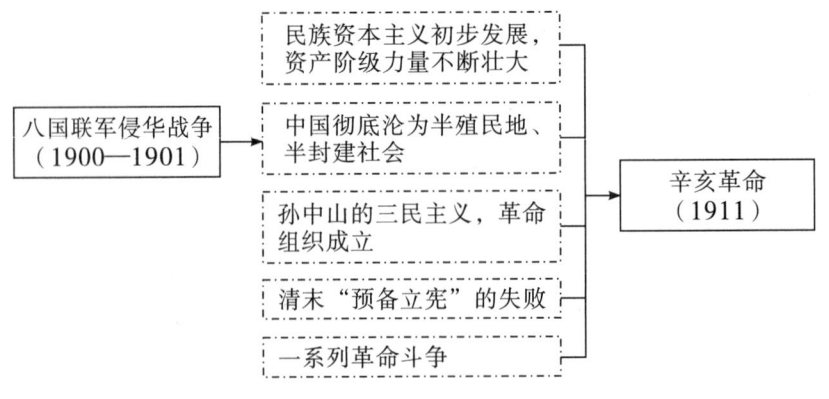

图 5　思维导图 4

> 第三阶段：1912—1919年

师：五四运动的导火索是巴黎和会外交失败，其背后是复杂而深刻的社会变动。请同学们看图6的演示。

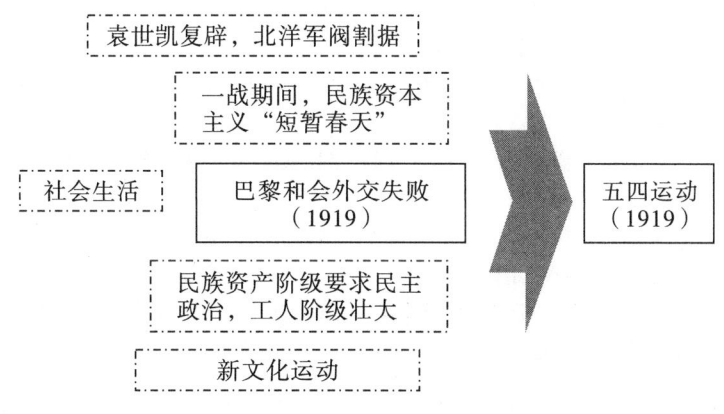

图6 思维导图5

师：袁世凯为了复辟帝制，鼓吹"尊孔复古"。袁世凯死后，北洋军阀割据混战……

师：我们可以清楚地看到每次"反应"的背后，是中国社会内部复杂而深刻的变化。中国社会内部的经济因素、阶级因素、传统因素以及在内外因素刺激下产生的新因素等，都在相互作用中发挥着"历史合力"的作用。简而言之，西方的冲击是中国社会变动的必要条件，而不是充要条件。

【设计意图】

运用思维导图，按照"冲击—变化—反应"模式梳理基本史实，呈现历史发展阶段特征，引导学生关注和理解近代中国社会内部因素、内部变化在历史发展中的作用。

（四）考向分析

综合近年高考中国近代史相关考题，归纳为五个考查方向。

表2 近年高考中国近代史部分考题考向

考　　向	试　　题
外交：朝贡外交向条约外交转变	2013·新课标全国Ⅱ卷高考·29：清政府设立领事馆，主动向近代外交转变 2018·新课标全国Ⅰ卷高考·28：从甲午中日战争前的舆论宣传出发，考查清末外交近代化 2018·新课标全国Ⅱ卷高考·28：由"琉球问题"可见，清政府在接受近代外交观念的过程中，旧的朝贡外交观念依然存在

续上表

考　向	试　题
经济：经济结构变化，逐步工业化	2014·新课标全国Ⅰ卷高考·28：通过对比英国棉纱在中印两国的销售情况，考查小农经济的解体 2014·海南高考·16：考查民资发展的"短暂春天" 2017·新课标全国Ⅰ卷高考·28：受旧制度阻碍，洋务企业的发展不是一帆风顺的 2017·新课标全国Ⅰ卷高考·29：近代中国的开放与经济发展在空间上是不平衡的 2019·新课标全国Ⅰ卷高考·28：由川沙县部分名人简历表，考查经济结构变化引发了社会结构变化 2019·新课标全国Ⅲ卷高考·28：由外国人将自己的名字租借给中国人经办新式企业的做法，考查民资发展
政治：专制向民主	2013·海南高考·14：武昌起义后各省先后担任最高军政长官（都督）者背景不尽相同 2015·海南高考·15：《中华民国临时约法》又对总统权力做出严格限制 2017·海南高考·10：资政院议员产生、构成及职责这三道题意在说明近代民主化进程曲折反复，受到阶级立场、现实需要等因素的影响
思想：传统思想文化遭遇冲击，兴起向西方学习的思潮	2015·新课标全国Ⅱ卷高考·28：由"鬼子六""丁鬼奴"考查洋务派与守旧派思想观念的碰撞 2015·新课标全国Ⅱ卷高考·29：从康有为《新学伪经考》内容，考查其"托古改制"的思想特点 2017·海南高考·9：由清末举行的一次科举考试，考查"中体西用" 2018·新课标全国Ⅲ卷高考·28：严复翻译进化论的目的
社会生活：顺应政治、经济和思想的发展潮流，中西合璧	2014·新课标全国Ⅱ卷高考·28：从维新派的易服主张，考查中国近代服饰变革的原因 2016·海南高考·17：由留学生假装辫发参加科举考试，考查旧制度对社会观念变革的制约 2017·新课标全国Ⅱ卷高考·29：从报纸上广告的宣传，考查追求新思想的社会时尚 2018·海南高考·8：以剪发辫为切入点，考查政治运动对社会习俗的影响 2019·海南高考·9：中西方生活习俗在相互碰撞中相互融合

教师根据授课时间和侧重点，选取五个方面的部分典型真题进行讲评。

【设计意图】

通过分类练习高考真题，学生明确近代中国社会内部变化的五大趋势，并通过思考高考真题，体会近代中国（1840—1919年）社会内部变化的复杂性：中西的碰撞与交融；新旧的对立、并存与更替；政治、经济、思想文化与社会习俗在相互影响中不断变化。

（微信扫描二维码可观看课例，网页下载链接：
https://portal.scnu.edu.cn/article-13955-462-1.html）

三、教学成效与反思

高中历史二轮复习贵在一个"通"字！要避免二轮复习沦为简单机械的重复，甚至是对一轮复习内容的拼凑，做到高效备考。

1. 关注历史发展阶段变化，呈现历史发展复杂进程

准确地讲，阶段特征是一个时间段内的"变化特征"。客观历史是变化发展的，在某个特定时期，变化发展的程度会非常剧烈。因此，要从经济、政治、思想、社会生活等多个方面简明扼要地概括出特征，从古今对比、中外对比中发现变化趋势。这里需要注意的是，概括特征、总结趋势是从宏观整体层面看问题，其中必然存在新旧并存、曲折反复的现象。

2. 贯通主干知识，准确理解题意

高考考查的是主干知识。高考以问题为命题导向，并不严格依据考点命制试题，而是通过呈现一个历史现象，让考生做解释。考生要结合大的历史背景，准确理解题意，解决具体的历史问题。

3. 讲清内在逻辑关系，努力做到历史哲学与历史本身的结合

历史现象背后是有规律的，是有内在逻辑关系的。二轮复习要不断地串联各个知识点，做好历史性解释，训练历史性思维。从通史层面理清逻辑关系不是一件容易的事，既要避免用事实代替逻辑，又要避免用逻辑代替事实。

本课的学习，将促使学生关注近代中国社会内部的剧烈变化，重新审视传统因素的价值，看到中国人民在困难挑战面前的主观能动性，借此不仅发挥历史教学的作用，更能发挥历史教育的作用，落实核心素养的最高层次——家国情怀。

个人简介

毕贤明，任教于中山市小榄中学。2017年"工业革命与城市化进程——以曼彻斯特为例"被评为中山市精品微课；2018年"高中历史学科基于核心素养的培养"被评选为中山市精品课程建设一等奖；2019年荣获中山市高中历史课堂教学大赛一等奖。

专家点评

毕贤明老师的教学案例"冲击·变化·反应——高三二轮中国近代史（1840—1919）专题复习"以"冲击—变化—反应"模式为主线，设计思路独具匠心，与中学以往的设计思路不同，与课本和课标的思路也有很大区别。毕老师是以学术界一个典型的解释中国近代史的模式入手，引导学生思考该模式的不足，继而将中国近代史看作是"冲击—变化—反应"的环环相扣的一个个链条。

费正清先生认为，中国近代史是西方殖民者在入侵之时，对中国社会产生了巨大的冲击，而鸦片战争之后中国人民对西方的入侵进行了顽强的反击并了解到西方的船坚炮利，继而开始学习西方。在经历了一次次失败、一次次冲击之后，中国人民进行了一次次的改革和奋进。这就是史学界所说的"冲击—反应"模式。从内容上看，毕老师以此作为主线并加以变化，恰恰能更有效地将课标、教科书的内容整理出一个合乎逻辑的思路。而从历年高考来看，绝大部分涉及中国近代史的考题，都是从中外交往的角度命题的，而西方殖民者作为对中国产生"冲击"的主体，它在何种条件下对中国进行冲击，又产生了怎样的具体影响等，作为"反应"主体的中国社会，是如何应对西方的冲击的，这些就是命题考核的内容。

毕老师将西方殖民者对中国的冲击，依据时代、内容和方式，设计成若干资料，将中国近代社会的反应方式和内容、结果也设计出若干题目，这种教学案例是能够高效进行高三复习课教学的。

——华南师范大学历史文化学院　张庆海

好好读材料
——2017—2019年全国历史Ⅰ卷改革题评讲

佛山市顺德第一中学　甘成质

一、案例简介

本节课是一节高三历史二轮复习解题指导课。首先，从2017—2019年改革题均分出发，得出3年均分为9.25分，以鲜明的数据引导学生对改革题的重视。其次，从试题设问的共性出发，发现近三年设问形式基本相同，分别为概括、说明、简析，这样有利于确定备考方向。最后，教师结合学生的作答分别对2017—2019年的改革题做了讲解，提炼作答技巧。此外，本节课尝试利用顺德一中"RDE双主线"混合式教学模式来设计本课（具体看教学设计）。总的来讲，这堂课以数据支撑、练讲结合、方法引导，对高三备考改革题有一定的参考价值。

二、教学设计

（一）教学目标
通过梳理和讲解改革题，让学生对其有基本认识，掌握基本策略。

（二）教学重点
提升学生正确审题、提炼材料、总结要点、作答全面等方面的素养。

（三）教学难点
将心理、方法、信心等方面有机结合，给予学生明确的引导和激励。

（四）设计思路
以高考数据做支撑，寻找试题设问的共性，结合学生作答，提炼改革题作答的基本规范和思路。顺德一中"RDE双主线"混合式教学模式设计流程如下：

[Read/Review（阅）—Deliberate（思）—Express（表）—Evaluate（评）—Enlighten（悟）]（具体流程略）。

需要说明的是，在授课的过程中，五个流程顺序可灵活调换，始终坚持以学生为中心、教师主导、学生自主的原则，推进教学改革，提升教学效果。

（五）课前工作

教师布置学案给学生作答，并于课堂呈现学生作业。

（六）教学实施

1. 优先讲解第 45 题改革题的原因

从近三年高考数据（见表1），计算出 2017—2019 年历史卷第 45 题改革题的均分为 9.25 分，第 46 题战争与和平题的均分为 3.32 分，第 47 题人物题的均分为 6.53 分。从改革题均分来看，难度不大。

表1　2017—2019 年历史卷均分表

题型	满分	2017 年均分	2018 年均分	2019 年均分
全卷	100	46.84	57.78	56.04
选择题	48	22.57	30.52	28.42
第 41 题	25	9.36	14.6	12.52
第 42 题	12	6.34	5.15	4.93
第 45 题	15	9.19	8.24	10.31（15 万份卷）
第 46 题	15	4.99	2.87	2.10（2.4 万份卷）
第 47 题	15	5.52	3.08	11（13 万份卷）

注：数据来自广东高考历史改卷数据的统计。

【设计意图】

以高考数据为依据，说服学生选做改革题，从心理层面提高学生选择改革题作答的信心和胆量。

2. 近三年高考历史 I 卷改革题的问题分析

表2　2017—2019 年改革题设问分析

年份	第一问	第二问
2017 年	概括 20 世纪 80 年代工资改革的特点（8 分）	说明 20 世纪 80 年代工资改革的意义（7 分）
2018 年	说明汉武帝改革前后纪年方法的区别（6 分）	简析汉武帝年号制改革的历史意义（9 分）
2019 年	分别说明秦"二十等爵"制和曹魏末年"五等爵"制所反映的思想流派（5 分）	分别概括秦"二十等爵"和曹魏末年"五等爵"的授予对象，并简析两种爵位制各自的作用（10 分）

教师分析 2017—2019 年改革题的问题，指出其共性：①试题都需要概括，说明也是在概括材料的基础上概括。②试题第二问大多要求简析，简析实际上也是说明的一种。

（具体内容详见文末课例视频）

【设计意图】

让学生了解近3年（2014年以来都是如此）改革题提出的问题类型比较稳定，进一步增强学生选择改革题作答的信心。

3. 分享解答改革题的技巧

▶ 2017年全国历史Ⅰ卷改革题

教师：同学们，解答改革题真有"技巧"吗？请看2017年全国历史Ⅰ卷第45题。①

（1）据材料及所学，概括20世纪80年代工资改革的特点。（8分）

（2）据材料及所学，说明20世纪80年代工资改革的意义。（7分）

第一问解析：高考试题中，特点类题型常有考查。学生对特点类题型也比较困惑。知名历史教师、长郡中学周宽老师从措施、对象、目的、发展、组织、关系等六个维度概括特点类题型。那么，我们就从材料出发，结合上述维度进行概括。（见图1）

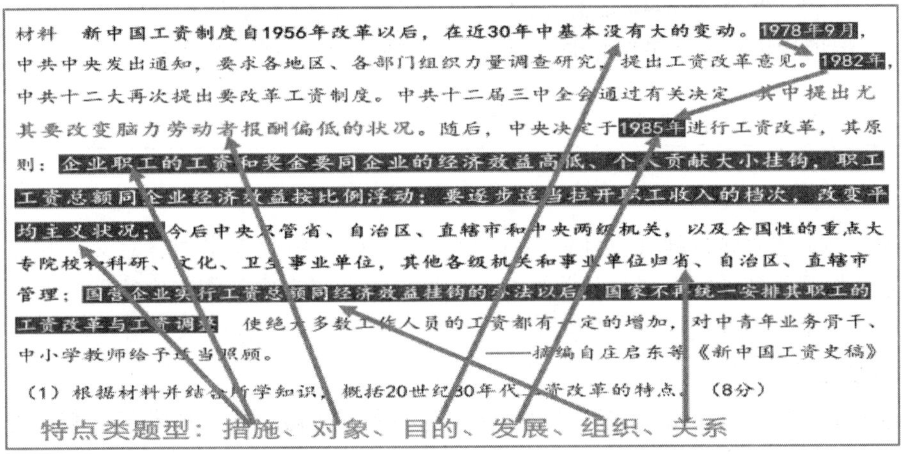

图1 六维度概括特点类题型

教师采用箭头图示的方式向学生展示答题过程（具体内容详见课例视频），展示参考答案，评价学生的作答。

【设计意图】

通过箭头图示的方式概括工资改革的特点，呈现概括的过程，尽量避免仅用口头方式而导致学生印象不深的情况出现。此外，通过展示学生的作业，师生互动，达到以生为本、深化认识、提升能力的效果。

第二问解析：改革的背景，会涉及改革作用、影响、意义或评价等。

材料讲的是20世纪80年代工资改革的背景，为此我们提出的问题是为什么要改革，为什么能改革。（见图2）

---

① 鉴于篇幅，试题材料略，且设问有简化，同理，下文以同样方式处理2018年和2019年试题。

材料　新中国工资制度自1956年改革以后，在近30年中基本没有大的变动。1978年9月，中共中央发出通知，要求各地区、各部门组织力量调查研究，提出工资改革意见。1982年，中共十二大再次提出要改革工资制度。中共十二届三中全会通过有关决定，其中提出尤其要改变脑力劳动者报酬偏低的状况。随后，中央决定于1985年进行工资改革，其原则：企业职工的工资和奖金要同企业的经济效益高低、个人贡献大小挂钩，职工工资总额同企业经济效益按比例浮动；要逐步适当拉开职工收入的档次，改变平均主义状况；今后中央只管省、自治区、直辖市和中央两级机关，以及全国性的重点大专院校和科研、文化、卫生事业单位，其他各级机关和事业单位由省、自治区、直辖市管理；国营企业实行工资总额同经济效益挂钩的办法以后，国家不再统一安排其职工的工资改革与工资调整；使绝大多数工作人员的工资都有一定的增加，对中青年业务骨干、中小学教师给予适当照顾。
——王编自庄启东等《新中国工资史稿》

改变计划经济体制下工资不合理的状况；
营造尊重知识和人才的氛围，加快科技和教育发展。
推动国企改革，扩大企业自主权，深化经济体制改革。
减轻中央的财政负担，深化各级单位改革；
政企分开，推动国有企业改革；
激发职工的积极性，提高职工工资，有利改善生活水平。

（2）根据材料并结合所学知识，说明20世纪80年代工资改革的意义。（7分）

如何回答意义：扣住背景和改革措施

图2　回答改革意义类题型示例

教师板书讲述答题过程（具体内容详见课例视频），由此提出回答意义应扣住背景和改革措施。教师将推导的答案与此题答案对照展示，令学生看到作答内容能与参考答案一一对应，总结出答题的技巧一、技巧二。

【设计意图】

通过教师教授的方法引导学生得出答案并与参考答案做对比，让学生信服这种分析方法的可行性，增强学生作答的信心。

▶ 2018年全国历史Ⅰ卷改革题

教师：那么，2018年全国文综历史Ⅰ卷第45题又呈现怎样的特点呢？

（1）根据材料，说明汉武帝改革前后纪年方法的区别。（6分）

（2）根据材料并结合所学知识，简析汉武帝年号制改革的历史意义。（9分）

第一问解析：该题实际上依然是考查学生的概括和对比能力，即从汉武帝改革前后寻找纪年方法的区别，那么就要把改革前和改革后的分界点找出来（见图3）。

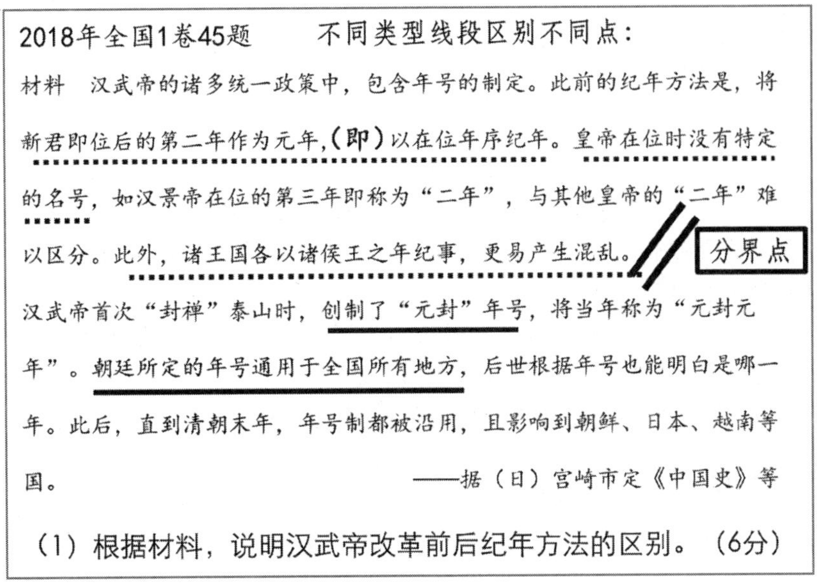

> 2018年全国1卷45题　　不同类型线段区别不同点：
>
> 材料　汉武帝的诸多统一政策中，包含年号的制定。此前的纪年方法是，将新君即位后的第二年作为元年，(即)以在位年序纪年。皇帝在位时没有特定的名号，如汉景帝在位的第三年即称为"二年"，与其他皇帝的"二年"难以区分。此外，诸王国各以诸侯王之年纪事，更易产生混乱。　　**分界点**
>
> 汉武帝首次"封禅"泰山时，创制了"元封"年号，将当年称为"元封元年"。朝廷所定的年号通用于全国所有地方，后世根据年号也能明白是哪一年。此后，直到清朝末年，年号制都被沿用，且影响到朝鲜、日本、越南等国。
>
> ——据（日）宫崎市定《中国史》等
>
> （1）根据材料，说明汉武帝改革前后纪年方法的区别。（6分）

图3　回答对比类题型示例

教师根据题目给出的材料一一进行分析，并与参考答案对照说明（具体内容详见课例视频）。

【设计意图】

给学生提供一种解答对比类题型的方法，该方法实际上就是利用宏观或微观概括的方式提炼史料大意，然后将其汇总。

第二问解析：按照分析2017年全国历史Ⅰ卷第45题第（2）小题的方式回答本问题，即扣住改革背景和措施谈意义（见图4）。

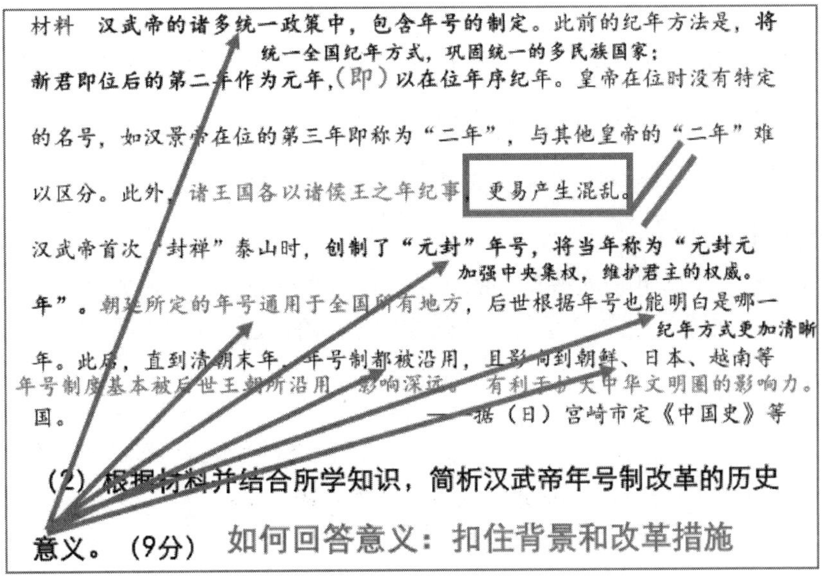

> 材料　汉武帝的诸多统一政策中，包含年号的制定。此前的纪年方法是，将　**统一全国纪年方式，巩固统一的多民族国家；**
> 新君即位后的第二年作为元年，(即)以在位年序纪年。皇帝在位时没有特定的名号，如汉景帝在位的第三年即称为"二年"，与其他皇帝的"二年"难以区分。此外，诸王国各以诸侯王之年纪事，**更易产生混乱。**
> 汉武帝首次"封禅"泰山时，创制了"元封"年号，将当年称为"元封元**加强中央集权，维护君主的权威。**
> 年"。朝廷所定的年号通用于全国所有地方，后世根据年号也能明白是哪一**纪年方式更加清晰**
> 年。此后，直到清朝末年，年号制都被沿用，且影响到朝鲜、日本、越南等
> **年号制度基本被后世王朝所沿用，影响深远，有利于扩大中华文明圈的影响力。**
> 国。　　　　　　　　　　　　　　　　　　　——据（日）宫崎市定《中国史》等
>
> （2）根据材料并结合所学知识，简析汉武帝年号制改革的历史意义。（9分）　**如何回答意义：扣住背景和改革措施**

图4　回答意义类题型示例

【设计意图】

引导学生使用前面讲过的方法做题,并与参考答案、学生课前提交的作业对照,由此总结出答题技巧三,增强学生使用教师教授的方法答题的信心。

> 2019年全国历史Ⅰ卷改革题

教师:同学们,我们来看2019年全国文综历史Ⅰ卷第45题。

(1)根据材料并结合所学知识,分别说明秦"二十等爵"制和曹魏末年"五等爵"制所反映的思想流派。(5分)

(2)根据材料并结合所学知识,分别概括秦"二十等爵"和曹魏末年"五等爵"的授予对象,并简析两种爵位制的各自作用。(10分)

第一问解析:根据材料找出分界点即可作答(见图5)。

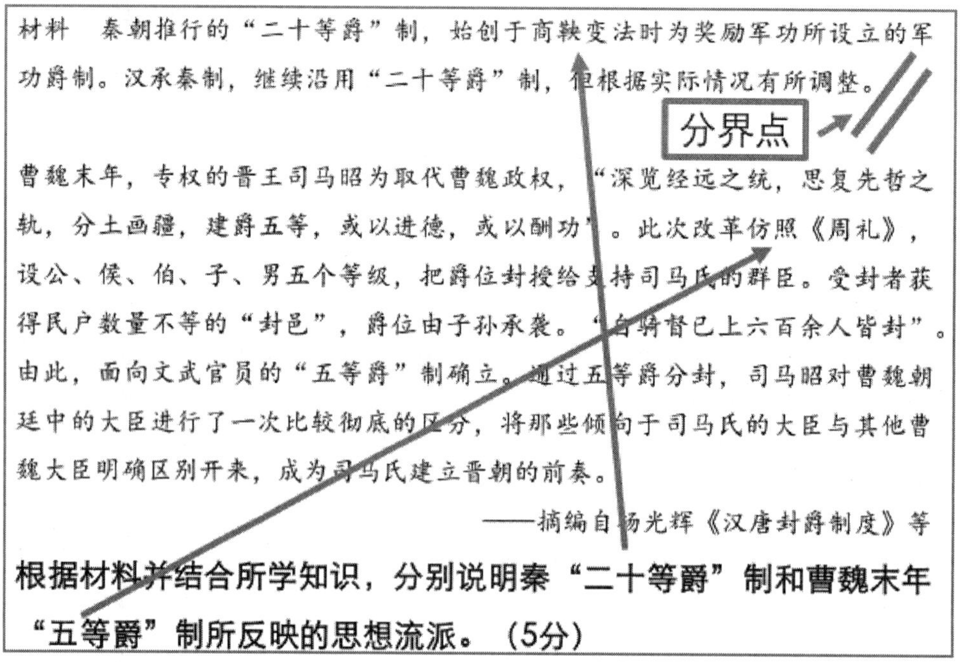

材料 秦朝推行的"二十等爵"制,始创于商鞅变法时为奖励军功所设立的军功爵制。汉承秦制,继续沿用"二十等爵"制,但根据实际情况有所调整。**分界点**

曹魏末年,专权的晋王司马昭为取代曹魏政权,"深览经远之统,思复先哲之轨,分土画疆,建爵五等,或以进德,或以酬功"。此次改革仿照《周礼》,设公、侯、伯、子、男五个等级,把爵位封授给支持司马氏的群臣。受封者获得民户数量不等的"封邑",爵位由子孙承袭。"自骑督已上六百余人皆封"。由此,面向文武官员的"五等爵"制确立。通过五等爵分封,司马昭对曹魏朝廷中的大臣进行了一次比较彻底的区分,将那些倾向于司马氏的大臣与其他曹魏大臣明确区别开来,成为司马氏建立晋朝的前奏。

——摘编自杨光辉《汉唐封爵制度》等

根据材料并结合所学知识,分别说明秦"二十等爵"制和曹魏末年"五等爵"制所反映的思想流派。(5分)

图5 分析2019年全国文综历史Ⅰ卷第45题第一问

【设计意图】

仿照2017年、2018年应对改革题的方法,找出改革的分界点和关键词,推敲答案。

第二问解析:根据上述提炼语句大意的方式来回答问题。具体操作见图6。

> **2019年全国1卷45题** 打破世卿世禄制，打击旧势力，加强中央集权。
> 军功爵制本身的作用（军事、政治）及其他作用（统一）
>
> 材料 秦朝推行的"二十等爵"制，始创于商鞅变法时为奖励军功所设立的军功爵制。汉承秦制，继续沿用"二十等爵"制，但根据实际情况有所调整。
>
> 曹魏末年，专权的晋王司马昭为取代曹魏政权，"深览经远之统，思复先哲之轨，分土画疆，建爵五等，或以进德，或以酬功"。此次改革仿照《周礼》，设公、侯、伯、子、男五个等级，把爵位分封授给支持司马氏的群臣。受封者获得民户数量不等的"封邑"，爵位由子孙承袭。"自骑督已上六百余人皆封"。由此，面向文武官员的"五等爵"制确立。通过五等爵分封，司马昭对曹魏朝廷中的大臣进行了一次比较彻底的区分，将那些倾向于司马氏的大臣与其他曹魏大臣明确区别开来，成为司马氏建立晋朝的前奏。
>
> 加强司马氏政治集团的力量
> 分封的群臣成为威胁西晋政权的潜在分裂力量
> 为建立西晋提供政治基础
>
> ——摘编自杨光辉《汉唐封爵制度》等
>
> **根据材料并结合所学知识，分别概括秦"二十等爵"和曹魏末年"五等爵"的授予对象，并简析两种爵位制的各自作用。**

图6 分析2019年全国文综历史Ⅰ卷第45题第二问

教师采用上述方式，引导学生推敲答案，并将其与参考答案、学生课前提交的作业的答案对照比较，让学生感悟整个解题过程及注意解题过程中需要注意的点。

【设计意图】

第一，通过师生合作推出答案，引导学生重复前面所讲的方法，鼓励学生勇敢解决问题。第二，让学生对照参考答案，认识到自己答题不够规范，未序号化。第三，让学生认识到近些年改革题的难度在下降，继续提升学生选择改革题作答的信心。

4. 小结解答改革题的技巧

技巧一："脚踏实地，才能仰望星空"，即认真审题，紧扣材料中关于改革背景和内容。

技巧二："师父引进门，修行在个人"，即掌握基本分析改革的思路和应对设问的基本方法。

技巧三："读书心细丝抽茧，炼句功深石补天"，即仔细推敲材料每句话，简要地提炼试题所需答案。

技巧四："众里寻他千百度。蓦然回首，那人却在，灯火阑珊处"。回扣教材基本主干史实，在命题者编织的历史情境中寻找突破口。

技巧五：注意"看分"答题和答题格式，标示清楚你要回答的问题，即格式规范。

千言万语汇成一句话：静心阅读，分句分段，解析材料，提炼答案。

（微信扫描二维码可观看课例，网页下载链接：
https://portal.scnu.edu.cn/article-13955-460-1.html）

三、教学成效与反思

本节课已经在班级讲授，通过课前布置作业、教师批改和二次备课、课堂师生互动、学生作业展示、师生点评等一系列环节，力求呈现顺德一中"RDE 双主线"混合式教学模式，尝试落实以学生为中心、教师主导和学生自主的指导原则，培养学生的应用能力，提升学生的历史核心素养。从学生的反馈来看，整堂课学生比较积极地参与教师设置的问题，课堂学习比较扎实，初步理解和掌握改革题的命题方式和解答方法。

但本课堂推进较快，导致后进生无法跟上课堂的节奏。因此，在实际授课的过程中，还需去掉细枝末节，进一步讲求实效，让学生充分思考、充分点评，更加深入地探索问题，让学生真切感受自身的提升。此外，在本堂课学到的方法还需在课后通过练习来巩固训练，再次讲评以强化效果。

作者简介

甘成质，任教于佛山市顺德第一中学，中学一级教师。曾被评为顺德区学科优秀教师、顺德区优秀班主任，也获得过顺德区历史授课、论文、命题一等奖等奖项。在多年高三教学的磨炼下，逐渐形成朴实的教学风格。

专家点评

甘成质老师的教学案例"好好读材料——2017—2019 年全国历史Ⅰ卷改革题评讲"，对课程性质交代得非常清楚，是一节高三第二轮的复习课程。我们知道，不仅每个年级对课程设计要求不同，高三每个复习环节对课程设计方式、内容、课程难度等要求也是不同的。甘老师的设计定位非常清晰，在设计的开始即强调本课是二轮复习课，而且全课都是围绕二轮复习要求和特点进行设计的。这在中学教师的课程设计中是比较突出的。

甘老师的课程内容设计方面尤为突出，他以高考真题作为突破口和内容设计的依据和线索，讲授历史高考题的基本特征和解题思路。如作为改革题的第一小问，主要考查学生对历史上重大改革的掌握情况。从考核内容上看，该小问近些年一直以考查中国古代改革为主，而中国近现代和世界史上的改革内容则放在必考题中进行考核。从考核的着眼点即命题切入点来看，该小问考查的是中国古代国家政府改革与地方治理之间的关系，反映出古代中国政府在各个方面治理能力、制度的提升。从内容和切入点的分析入手，甘老师对改革题的复习非常有针对性，既有对全书课程内容的全面梳理，也帮助学生从国家治理的角度深入而有效地将教学与考试联系起来。课堂的效率显得非常高。

——华南师范大学历史文化学院　张庆海

地理篇

地理学科线上教学设计探讨

华南师范大学地理科学学院　曾　玮

新型冠状病毒肺炎疫情发生后,大中小学都不能按照正常的时间开学,各地为响应教育部"停课不停学"的号召,纷纷实施线上教学。华南师范大学教务处借助这一次线上教学的机会,进行了线上教学案例的征集。地理学科一共收到"华南师大-中小学"协同发展联盟学校的案例70个,从中评选出7个优秀案例结集出版,既能总结线上教学的成功经验,又能对未来线上教学常态化及发展提供借鉴,确实是一个非常好的尝试。

一、地理学科教学设计案例的优点

第一,教学设计的教学目标精准。不管是哪一年级或者是哪一类型的课,这些教学设计的教学目标都非常精准。例如区域地理高二复习课,以黄土高原为案例,根据教育部考试中心制定的"一核四层四翼"的中国高考评价体系的最新要求,围绕高考需要回答"为什么考""考什么"和"怎样考"三个问题,根据学情,判断学生需要具备的地理基础知识、地理学科素养的内容以及关键能力,教学时创设问题情境进行问题设计,根据不同层次问题要达到的考查要求来设计教学目标。

第二,教学设计的主题选择及教学内容明确。教学设计的主题选择聚焦,重视突出地理核心问题的教学,如新授课"季风水田农业""工业地域的形成"以及"微专题:黄土高原"等高三地理专题复习课,教学设计过程中对学生要学习的地理问题进行了凝练,结合典型的地理教学案例或者身边的地理案例进行教学设计，教学内容明确，有利于学生有效地进行线上学习。

第三，结合时事热点，重视学生探究学习。疫情期间，同学们应该也都非常关注疫情的发展，希望更多地了解国家在抗疫过程中的一些具体做法以及结果。案例"从地理视角看应急医院建设——以武汉火神山医院为例"，就是结合时事热点推出的教学设计。面对新冠肺炎疫情暴发，定点医院床位数量增加速度难以跟上疫情蔓延速度这种局面，政府决定建设专门收治新冠肺炎患者的医院——火神山医院。教师采用归纳法和演绎法，结合教材知识，引导学生探究并且分析应急医院在建设过程中如何做到与周边地理环境相协调，如何处理医疗废水、医疗废弃物，实现人地协调。通过案例分析提升学生地理核心素养，培养爱国主义精神，树立正确的人地关系。

第四，教学效果明显且评价全面及时。线上教学，教师、家长和学生可能最担忧的就是教学效果了。如何提升教学的效果，如何进行科学的教学评价设计，这些都是线上教学设计需要考虑的问题。案例"世界最大的黄土堆积区——黄土高原"这一教学设计，注重对学生的启发以及学习过程的互动，大部分内容是通过教师呈现材料、设置问题情境、启发学生观察思考得出。教师通过不断提问与学生互动，关注学生的留言反馈，择机与学生进行线上通话，随时了解学生的学习情况。如此既提高了学生的线上教学参与度，又能避免学生的注意力分散，及时了解学生对所学内容的掌握情况，及时评价，及时反馈。

二、地理学科线上教学设计建议

第一，师生熟练掌握教学技术平台的功能。能够进行线上教学的平台非常多，用得比较普遍的有腾讯课堂、腾讯会议、钉钉平台、ZOOM 会议平台以及一些学校自主开发或者使用的教学平台等，对教学技术的熟练和灵活运用是实现线上教学目标的技术前提。

第二，多种技术手段与方式综合运用。应当根据学生情况、教学内容、教学目标灵活选择多种教学技术和直播方式，如实时文字互动、视频和语音通话、屏幕分享模式、视频会议模式、微课与直播结合等。

第三，设计频繁多样的师生互动环节。因为是线上学习，不能够面对面进行管理，教师很难对学生的学习心理和学习状态进行直接的判断，师生有效的互动是达到线上教学效果的重要保证。应当根据教学内容不断向学生提问，了解学生的理解和掌握情况，再根据学生的互动对线上教学做出调整。同时师生互动的形式应该尽量多样化，既要有面向全体学生的文字交流，还要有面向个别学生的视频和语音交流；既可以是师生之间的交流，也可以是生生之间的交流；既可以是课堂上的实时互动，也可以是课前和课后的个别指导。

第四，教学过程的设计凸显学科性。地理学科具有综合性、区域性和实践性等特点，在教学过程的设计中，要注意把握内容设计的科学性，凸显地理学科性，突出学生学习的主体地位，激发学生学习的兴趣和积极性。因为是线上教学，学习过程中学习任务的设计，问题链的设计，探究活动的设计，都显得非常重要，是保证线上教学效果的重要保障。另外，教师也可以围绕时事热点，引导学生关注社会现状，从地理视角来看待疫情，培养学生的责任感与使命感，达到育人的目的。

基于线上教学情况下进行核心素养中综合思维的培养

——以人教版高中地理必修二"季风水田农业"教学内容为案例

广东广雅中学 刘 韫

一、案例简介

由于新冠疫情的发展,广州市已经开展了两个多月的线上教学。在这两个多月的时间里,笔者通过对线上教学模式和教学方法的摸索,基于核心素养的培养要求,对于不同的课堂内容以及课型课例,探索针对核心素养四个不同方面培养的方法。本案例主要以农业地域类型中季风水田农业的学习过程为例,进行核心素养中综合思维的深度培养。

针对线上教学过程中,学生难以长时间集中注意力、缺乏与教师的互动以及对个人的问题难以解决等问题,线上教学设计更加注重短时间内吸引学生的注意力,课中能够充分发挥学生个人的主观能动性,并利用在网络环境下搜索资料更便利等优势,让学生们全面、动态地看待地理事物的变化过程,提高其综合思维的能力。

高一下学期各个学校一般都会安排学农活动。但由于疫情的原因,本年度高一学生无法开展学农劳动教育活动。而对于农业方面的学习能够一定程度上让学生了解到劳动的重要性,让学生树立正确的劳动观以及端正看待劳动的态度,使学生尊重劳动者,同时养成爱劳动的习惯,在一定程度上可以弥补学生未参加学农活动的不足。

二、教学设计

(一)教材分析

本课内容选自人教版高中地理必修二第三章第二节。课本内容主要为三个部分。第一部分是通过文字描述季风水田农业的分布、产量、发展现状等内容,并通过亚洲气候、人口、地形分布图,引导学生分析出季风水田农业形成和分布的原因,希望就此对前面所学的农业区位因素的知识加以利用。课本活动中又以中国南方地区为例子,让学生分析其形成季风水田农业的区位因素。第二部分直接总结出季风水田农业的生产特点，并以两幅水稻种植景观图作为佐证，用文字简单描述其特点的变化。第三部分是通过阅读材料，以袁隆平研究杂交水稻为例子，说明农业区位因素的变化对季风水田农业的影响。

从教材内容来看，此节内容主要培养学生学会地理要素的综合应用，动态地认识季风水田农业，以时间作为线索展现出农业特点的变化以及农业区位因素中科技的变化对水稻种植业在空间上发展的影响。而综合思维是指人们具备的全面、系统、动态地认识地理事物和现象的思维与能力，主要包括地理要素的综合、地理时空的综合和地方的综合三个方面。以上几点都与核心素养中综合思维的培养要求一致。笔者希望通过这个课例的学习，能让学生摆脱应试教育中"八股式"的、静态的学习。

（二）学情分析

广雅中学及广州市的大多数学生从来没有参与甚至了解过农业生产，又因为疫情不能参加学农，对于农业生产更是非常陌生。而课本上又缺少对季风水田农业的细致描述，缺乏材料的支撑，需要教师从学生的兴趣入手，增加一些网络材料，让学生能够在提高学习积极性的同时，又对农业生产有一定感受，达到劳动教育的效果。

（三）重难点分析

（1）教学重点：季风水田农业形成的区位因素、特点及未来的发展方向。

（2）教学难点：①由于空间尺度的不同，导致季风水田农业区位因素的变化。②由传统的季风水田农业转变为现代季风水田农业后，季风水田农业生产特点的变化。③季风水田农业由于生物技术的发展，种植范围以及种植条件的变化。

（四）教学手段

视频会议软件 ZOOM、PPT、智学网、《超级工程3》纪录片第一集、李子柒《春种一粒，秋收百颗》短片。

（五）教学过程（见表1）

表1 教学过程

教学环节	教学活动		活动设计意图	资源应用
	教师活动	学生活动		
一、课前活动	布置任务 （1）收集学生的早餐照片并上传到智学网中。 （2）让学生分析早餐原材料由什么农作物组成。 （3）访问10个亲戚或者朋友，统计大家最喜欢的早餐是什么	拍摄早餐照片，询问父母早餐中的农作物种类。对亲戚和朋友进行询问后统计出大家最喜欢的早餐种类。将以上信息上传到智学网	让学生带着疑惑准备早餐照片的同时，也会困惑于某些早餐原材料究竟是什么农作物组成的，提高对这节课的关注度和兴趣	智学网

续上表

教学环节	教学活动		活动设计意图	资源应用
	教师活动	学生活动		
二、新课导入	选取两张学生提供的具有广州特色的早餐图片,并请两位学生陈述一下最喜欢的早餐的统计结果,并提问为什么这么多人最喜欢的早餐会是稻米做的,让学生在聊天区回复	看到图片后非常兴奋,并且会在聊天区中分享自己最喜欢的早餐,思考为什么广州传统饮食习俗会采用稻米作为主要的粮食作物,并在聊天区中提到历史传统、饮食习惯等关键词	从日常广州的传统早餐入手,通过学生最熟悉的日常生活进行情境导入,提高学生对家乡的区域认知,调动学生学习的积极性和兴趣,也为新课导入做铺垫	软件ZOOM、PPT
三、新课学习(1):探究季风水田农业的区位条件	要求学生根据课本第47页的亚洲季风水田农业的形成和分布图,探究季风水田农业形成的区位因素	通过软件ZOOM分为3个讨论组,根据不同组别得到的不同地图(分别为亚洲的气候、地形分布图,人口分布图与亚洲季风水田农业分布图),分别归纳出季风水田农业主要分布在季风气候区、河流冲积平原地区以及人口相对密集的地区。再根据之前学习到的季风气候的特征、冲积平原的地形、土壤以及水源等区位因素,归纳出季风水田农业的自然区位特征	引导学生将已学的农业区位因素知识进行从理论到实际的综合运用,通过多类地图信息提取的方式提高综合思维能力	软件ZOOM、PPT
	播放《超级工程3》云南元阳的季风水田农业视频,并提醒学生根据人口分布图、课本第47页文字以及新课导入时学生提到的关键词,归纳出季风水田农业的社会经济区位因素	思考并根据农业区位因素的知识回答出亚洲季风水田分布区的社会经济区位条件是劳动力、市场、饮食习惯、种植经验等优势区位条件		软件ZOOM、PPT、网络视频

续上表

教学环节	教学活动		活动设计意图	资源应用
	教师活动	学生活动		
四、新课学习（2）：季风水田农业区位条件的变化及影响	提问：广州的主要粮食作物是水稻，珠三角地区也是中国传统的季风水田农业的分布区，在珠三角地区进行季风水田农业生产的区位优势条件是什么？现在珠三角的季风水田农业分布有什么变化	根据之前已经学习的城市和人口方面的知识，并通过网络查找资料，得出珠三角附近的城市化水平高，已经形成了城市带，导致平原地区被城市占据、农业用地地价上升、劳动力价格也很高等信息，推测珠三角地区的季风水田农业分布已经大大减少	通过空间尺度的变化，培养学生分析不同区域农业区位因素的能力，运用地方的综合思维判断地理事物的变化	软件ZOOM、PPT
五、新课学习（3）季风水田农业的生产特点	播放李子柒种植水稻的视频，让学生从中发现季风水田农业种植过程的特点及其原因	观看李子柒在水稻种植过程中一个人完成插秧、灌水的工作，显得非常吃力，还需要全人工进行除草施肥，工序烦琐，最后将稻米做成美食，在聊天区里回答自己发现的特点，归纳得出季风水田农业"一大一小一高三低"的生产特点	通过播放视频，将学生开始涣散的注意力重新集中。要求学生对视频信息进行观察和记录，锻炼提取信息的能力和使用自己的语言描述季风水田农业的生产特点的能力，同时进行劳动教育，让学生明白一碗白米饭得来不易，要尊重和珍惜劳动的果实	软件ZOOM、PPT、网络视频
六、新课学习（4）季风水田农业的生产特点随社会发展的变化	播放《超级工程3》中关于中国东北现代季风水田农业的视频，让学生注意观察传统的季风水田农业和现代的季风水田农业在农业特点上的变化	通过视频发现，中国现代的季风水田农业生产特点发生了巨大的变化，变成了"两大四高"：水利工程量大、大规模种植、机械化水平高、单产高、商品率高、科技水平高	根据课本第 48 页图 3.11 中写的季风水田农业生产特点的变化趋势，将最新的中国农业情况介绍给学生，让学生在感受到中国进步的同时，也能够以时间作为线索，观察同一种农业地域类型生产特点是会随着时间变化而发生变化	软件ZOOM、PPT、网络视频

续上表

教学环节	教学活动		活动设计意图	资源应用
	教师活动	学生活动		
七、新课学习（5）季风水田农业的发展与变化	引导学生完成课本第49页的阅读活动，请学生总结我国季风水田农业有什么发展进步，再给学生播放《超级工程3》关于袁隆平院士攻关海水稻的视频	总结：袁隆平通过生物育种的技术，提高了中国季风水田农业的单位面积产量，说明了农业区位因素中社会经济因素的作用越来越大。通过聊天区发表自己的想法：我国的农业生物技术日益发展，为世界粮食生产贡献了巨大的力量	让学生进一步体会到生物科学技术在未来的农业生产中的地位；了解到农业地域类型的发展是一个动态的过程；了解到袁隆平院士对于水稻育种技术的贡献，保障了我国的粮食安全，要以袁隆平院士为榜样，努力学习科学文化知识，未来为祖国做出自己的贡献；了解到我国为世界粮食生产做出的贡献，提升民族自豪感	软件ZOOM、PPT、网络视频
八、课堂总结	引导学生对季风水田农业知识进行回顾，总结季风水田农业的区位分析角度以及过程，对季风水田农业的生产特点按时间序列进行归纳，最后强调农业的发展关键在于科学技术的发展，为下一节商品谷物农业的学习进行铺垫 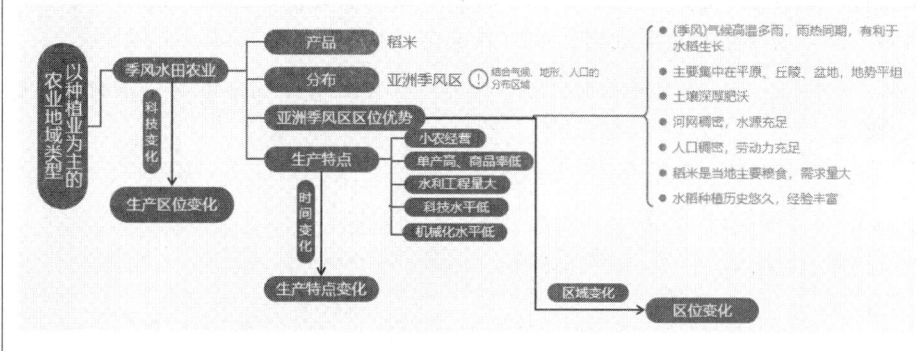			

三、教学成效与反思

本课教学在疫情期间发挥线上教学的优势，利用互联网的资源，引导学生发挥自己的主观能动性，让学生在聊天区中自由地提出自己的想法；利用PPT和视频资源提高学生的学习兴趣，吸引学生的学习注意力。同时也通过案例比较和视频的分享，递进式地提高学生对地理要素的综合、地理时空的综合和地方的综合的思考能力，培养学生形成全面、系统、动态认识地理事物的综合思维。本课教学还完成了劳动教育和思想教育的提升，促进了学生人地协调观的形成,提高学生的地理核心素养。

由于线上教学的限制,可能导致出现所需课时延长、无法即刻了解到学生现时的掌握情况以及学生注意力容易分散等缺点,仍需要通过网络更多地关注学生的完成情况,及时了解学习效果。

作者简介

刘韫,广东广雅中学地理教师,中学一级教师,华南师范大学自然地理硕士,曾获广东广雅教育集团"片段教学"一等奖,近两年连续任教高三,均获高考突出贡献奖。曾担任广州市地理教研中心组成员,多次获得省、市级优课称号,多次被评为全国、广东省地理奥赛优秀指导老师。

专家点评

该教学设计针对线上教学的特点,运用了 ZOOM 会议平台、PPT、智学网以及相关的纪录片等,媒体和教学素材都非常丰富。该教学设计从学生的饮食经历进行导入,通过设计探究问题,使学生在 ZOOM 会议平台上进行深入讨论,归纳出季风水田农业生产的特点,影响季风水田农业的区位条件,区位条件的变化及其可能产生的影响等,以及季风水田农业的发展与变化,最后用知识结构图对本节课所学的内容进行了详细的归纳和总结,有利于学生们建构相关的知识体系。该教学设计也非常注重通过对该课内容的学习进行劳动教育,能够在一定程度上让学生了解到劳动的重要性,树立正确的劳动观,端正看待劳动的态度,使学生尊重劳动者,同时养成劳动的习惯。

——华南师范大学地理科学学院　曾玮

人类面临的主要环境问题

佛山市顺德第一中学 蒋 美

一、案例简介

(一)教学内容及对象

"人类面临的主要环境问题"为湘教版高中地理教材必修二第四章第一节的学习内容,学习对象为高一学生。

(二)学习目标及重难点

本节课的终极目标和重难点在于在学习过程中不断渗透环保的理念,形成人地协调观,提高学生的区域认知能力,增强学生对环境问题的认识(分类、原因、危害、措施等),激发学生的环境保护意识并付诸行动。

(三)教材及学情分析

本节内容涉及面比较广,各类环境问题在学习概念和分类时用大量图片体现即可,不需要将所有环境问题面面俱到地罗列出来,而要有所取舍,突出重难点。比如,环境问题中的环境污染问题在本学期必修二第2.3节"城市环境问题"中已有详细阐述,本节课只需点到为止,否则为重复学习;资源短缺和生态破坏中的森林砍伐、水土流失、土地荒漠化、土地盐碱化、矿产资源衰竭等问题在高二地理必修三"区域的可持续发展"中均以一个案例一节的形式讲得比较透彻,本节课也只需简单介绍或题目体现。而课本中没有讲述的全球变暖、酸雨、臭氧层空洞三大全球性大气环境问题则需要相关补充,故以这三个环境问题为例来探讨环境问题的原因、危害和防治措施,再配以其他环境问题的习题加以巩固,以达到举一反三的目的。

二、教学设计

(一)教学目标

1. 知识与技能

(1)学生能了解环境问题的概念并说出环境问题的成因。

(2) 学生能举例说明环境问题的类型。

(3) 学生能分析人类面临的主要环境问题及其危害，并寻求解决途径。

2. 过程与方法

(1) 通过观察三组图片（包括漫画、绘画和实地图片等），学生能够了解人类面临的主要环境问题及类型。

(2) 通过画图解析，增强地理思维，让学生深刻理解环境问题的概念、原因和分类。

(3) 利用全球变暖、酸雨、臭氧层空洞三个全球性环境问题的实例解读，让学生学会分析环境问题的成因、危害和防治措施。

(4) 通过课堂练习巩固所学知识，学会举一反三，并增强区域认知和地理实践力。

3. 情感态度与价值观

(1) 通过大量图片展示及部分环境问题小故事讲述，激发学生在地理网课学习中的兴趣，提高网课学习专注度。

(2) 通过三个全球性大气环境问题的实例分析以及课堂练习，引导学生积极思考和自我总结，获得学习的成就感。

(3) 在整节课的学习过程中渗透环保的理念，增强学生对环境问题的认识，激发学生的环境保护意识。

（二）教学重难点

(1) 重点：环境问题产生的原因及环境问题分类。

(2) 难点：人类面临的主要环境问题的原因、危害和防治措施。

（三）教学方法

读图分析法、画图分析法、实例探究法。

（四）教学课时

1 课时。

（五）教学过程（见表1）

表1 教学过程

教学环节	师生活动	意图
看图说话	以下三组图片分别反映了环境中出现的什么问题？请同学们将每张图片反映的环境问题发到钉钉群留言板。 第一组图片：生态破坏（学生思考留言，教师对图片加以说明） 森林砍伐　　　土地荒漠化	图片展示激发地理网课学习兴趣

续上表

教学环节	师生活动	意图
看图说话	 水土流失（黄土高原）    土地盐碱化　　破坏生物栖息地，生物多样性减少    过度捕杀，生物多样性减少 课本第90页阅读：曾经生活在印度洋毛里求斯岛上的渡渡鸟灭绝 第二组图片：资源短缺（学生思考留言，教师对图片加以说明）    　水资源短缺　　　　　　　能源资源短缺 第三组图片：环境污染（学生思考留言，教师对图片加以说明）  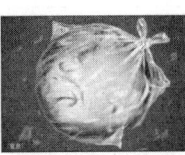   　　固体废弃物污染　　　　　大气污染   水污染	图片展示激发地理网课学习兴趣

续上表

教学环节	师生活动	意图
小结	人类面临的主要环境问题： （一）部分资源趋于枯竭，人均资源拥有量减少； （二）生态破坏，生物多样性受损； （三）环境污染，人类生存环境质量下降	紧密联系课本
讲述与板书	三组图片里面展示的例子全部都是环境问题，那么到底什么是环境问题呢？我们一起来看看环境问题的概念。 环境问题的概念与类型： 1. 概念：指由于人类活动或自然原因使环境条件发生了变化，并对人类及其他生物的生存和发展造成影响和破坏的问题。 2. 成因： （1）随着全球人口的急剧增长和经济的快速发展，对资源的需求超过环境的供给能力。 （2）在生产过程中排放出的废弃物和有害物质越来越多，超出了环境的自净能力。 边画图边分析环境问题的成因： 索取 > 再生　物质能量　人类　废弃物　排入 > 自净 环境 从成因过渡到分类： 索取 > 再生 ⇒ 资源短缺、生态破坏 排放 > 自净 ⇒ 环境污染 3. 分类： | 类型 | 表现 | |---|---| | 环境污染问题 | 大气污染、水体污染、土壤污染、生物污染等 | | 由环境污染演化而来的问题 | 酸雨、全球变暖、臭氧层破坏等 | | 生态破坏问题 | 水土流失、森林砍伐、土地荒漠化、土地盐碱化、生物多样性减少等 | | 自然资源衰竭问题 | 森林、草原、矿产等资源的减少和破坏 | 其他分类：课本第87页活动——环境问题还有其他的分类方法，请将下列环境问题按照所示范的形式，与其划分类型用线连接起来	用画图理性分析，使学生对成因及分类理解得更透彻
讲述	刚刚讲到的由环境问题演化而来的酸雨、全球变暖、臭氧层破坏也属于按照区域划分的全球性环境问题。接下来我们就以这三个问题为例来探讨环境问题的原因、危害和防治措施	

续上表

教学环节	师生活动					意图
图片展示	全球性大气环境问题： 第一组：全球气候变暖的图片。 北极熊处在孤立的冰岛上、南极升温、喜马拉雅山冰川融化等图片引出全球变暖的现象，通过图瓦卢举国搬迁的案例来阐述全球变暖的危害					图片展示激发学生对地理网课的学习兴趣
小结	学生总结完成此表格，教师适当点拨					提升总结概括能力
	问题	成因	分布	影响	防治措施	
	全球变暖	自然原因：气候处在变化周期中的温暖期。 人为原因：①人类燃烧矿物燃料向大气中排放大量的温室气体；②乱砍滥伐森林	全球	①海平面上升；②世界各地降水和干湿状况的变化——中纬度变干，高纬度变湿，导致世界各国经济结构的变化	①提高能源利用效率；②采用清洁能源，减少温室气体的排放；③严禁毁林，植树造林；④加强国际合作	
图片展示	第二组：乐山大佛系列图片以及酸雨图解。 第三组：臭氧层空洞相关图片（略）。					图片展示及小故事讲述激发学生对地理网课的学习兴趣
小结	学生总结完成此表格，教师适当点拨。					提升总结概括能力
	问题	成因	分布	影响	防治措施	
	臭氧层破坏	人为原因：人们使用冰箱、空调时释放出的氟氯烃化合物消耗臭氧	两极和青藏高原上空出现臭氧层空洞	到达地面的紫外线增多，危害人体健康，破坏生态环境和农林渔业生产	加强国际间的合作，减少氟氯烃等物质的排放；研制新型的制冷系统	
	酸雨	自然原因：地形封闭，酸性气体不容易扩散；降水较多 人为原因：燃烧矿物燃料排放二氧化硫和氮氧化物等酸性气体	世界：主要在欧洲、北美、日本 我国：主要分布在东南地区	危害动植物和人体健康；河水、湖水、土壤酸化；腐蚀建筑物	减少人为硫氧化物和氮氧化物的排放；研究煤炭中硫资源的综合利用，发展洁净煤技术、清洁燃烧技术	

续上表

教学环节	师生活动	意图
随堂练习	练一练： 连麦答题——关于酸雨、全球变暖、臭氧层空洞的填空题 1 题； 钉群答题——关于中国不同区域环境问题的选择题 1 题	加深地理区域认知
随堂练习	测一测： 钉群答题——环境问题选择题 3 组（资源短缺、生态破坏、环境污染题目各 1 组）7 题，答案发钉钉群留言板。 连麦答题——我国不同区域环境问题及原因简答题 1 题共 4 小问（请一人连麦回答）	及时巩固地理区域认知
总结	内容提要： 一、人类面临的主要环境问题 二、环境问题的概念与类型 三、全球性大气环境问题（原因、危害、措施） 四、课堂练习，举一反三 方法技巧：【解答有关环境问题的基本思路】 第一，从题目所给的图表、文字等资料判断出环境问题是什么，属于哪种类型（资源短缺、生态破坏或环境污染），它的表现特征、分布等。 第二，分析成因。环境问题的产生包括自然原因和人为原因。一般来说，要着重分析人为原因，环境问题多数是因为人类不合理利用资源和能源造成的，但也不能忽视自然原因，明确成因，有助于环境问题的解决。 第三，分析环境问题带来的危害。一般从对自然环境和人类社会的影响进行分析。 第四，解决的措施。要针对环境问题的原因、危害提出相应的解决措施	知识提升 解题技巧
尾声	地球是我们唯一的家/我们生于斯、长于斯/保护它、珍惜它/我们责无旁贷/只要我们愿意/只要我们有心/一个举手之劳/可以为濒危的地球带来重生/可以为燃烧的地球带来希望	唤起环保共识

（微信扫描二维码可观看课例，网页下载链接：
https://portal.scnu.edu.cn/article-13954-448-1.html）

三、教学成效与反思

（一）效果

（1）能够根据学情很好地处理本节教学内容跟其他章节的关系，详略得当。

（2）通过大量图片展示及部分环境问题小故事讲述，激发学生在地理网课学习中的兴趣,提高网课学习专注度。

(3) 学生通过钉钉群留言及连麦答题等方式参与课堂互动,充分发挥了学生的主观能动性,提高了网络课堂的参与度。

(4) 在随堂演练和课后习题反馈中能看出学生基本落实学习目标,重难点突破较好。

(5) 各个环节均渗透环境保护的理念,学生通过学习加深了对环境问题的认识,激发了环境保护的意识。

(二) 反思

(1) 本节课知识内容较多,课堂时间相对比较紧凑,个别班级随堂检测无法全部完成。解决办法之一是不断精练课堂语言,提高效率;解决办法之二是将随堂检测部分习题改为第二课时课前训练。

(2) 因为不能在一节课中对所有环境问题面面俱到地提及,故需要在第二课时的课后习题讲解中适当查漏补缺。

(3) 网络直播连麦互动时网络连接时间和顺畅度偶有影响。解决办法之一是提前确定连麦同学,提前做好连麦准备,以节约时间;另外,不要同时连麦多位同学(结束上一位,再连下一位),以免卡顿。解决办法之二是将钉钉直播改为视频会议的形式进行课堂组织,互动连续性会更好,但是视频会议无法同步生成课堂直播回放,需要同步录制后课下推送给学生。

作者简介

蒋美,中学地理一级教师,就职于佛山市顺德第一中学。教学成绩优秀,曾获省、市、区多项教学成果奖励,积极参与市、区课题研究并顺利结题。曾获"顺德区优秀班主任""顺德区优秀教师""顺德区优秀毕业年级教师"等称号。

专家点评

"人类面临的主要环境问题"这一教案根据高中地理课程的内容设计,不是对所有环境问题面面俱到地讲,而是对教学内容进行了非常精准的取舍,突出重点。它选择了全球变暖、酸雨、臭氧层空洞三大全球性大气环境问题作为重点内容进行学习和探讨,学习内容主要包括产生这些环境问题的原因、危害以及防治措施,并且设计了相关的习题进行巩固,达到了举一反三的目的。蒋美老师以新课程改革的基本理念为指导,在教学过程中注重培养学生的地理思维能力以及人地协调观念;结合线上教学的特点,主要选择了读图分析法、画图分析法以及案例探究法等教学方法,最大限度地激发学生学习的兴趣,调动起学生对课堂的参与度;整节课中都渗透环保的理念,加强学生对环境问题的认识,激发大家的环境保护意识。

——华南师范大学地理科学学院　曾玮

"工业地域的形成"在线教学案例

开平市第一中学　潘彤辉

一、案例简介

在当前积极倡导培养学生地理核心素养的大背景下，如何开展最有质量、有价值的课堂教学，成为众多教师积极探索的问题。案例教学法有众多优点，其有利于激发学生的学习兴趣、培养学生的综合能力。兴趣是学习最好的老师，在缺少监管的在线学习中尤为重要。本课例"工业地域的形成"选取乡土地理素材——中国（水口）卫浴城，教学素材源于生活，极大调动了学生的学习积极性，同时体现了理论服务于实践的教学理念。另外，对于教学内容的开展采用问题链的形式，环环相扣，有利于培养学生的综合思维能力。

虽然受疫情影响，教学形式被迫改为线上教学，但学生在家具备的网络优势有利于培养学生通过网络资源搜集、整理有效信息的能力。本节课布置课前预习任务"中国（水口）卫浴城的资料搜集"，可以让学生更好地认识家乡，了解家乡，热爱家乡，有利于培养学生良好的人地协调观。

二、教学设计

（一）教材分析

人教版高中地理必修 2 第四章第二节"工业地域的形成"在该章起到承上启下的作用，是第一节"工业的区位选择"的延伸，同时为第三节"传统工业区与新工业区"的学习奠定基础。工业地域这一节内容的因果逻辑关系非常清楚：工业联系产生工业集聚，工业集聚形成工业地域，工业分散产生工业地域联系。学生学习此内容，有利于培养自身的地理逻辑思维能力，提升地理核心素养。

（二）学情分析

本节课的授课对象为高一第二学期的学生。此阶段的学生已经具备了一定的地理素养，学习能力逐渐提高，对自主学习、探究学习等学习方式已比较熟悉。通过第一节工业区位因素的学习，学生已经认识到工业的布局选址是诸多因素综合的结果，但是对工业生产的过程和工业之间的联系及产生的影响还比较陌生。

（三）教学目标

1. 核心素养目标

（1）人地协调观：通过对工业地域的学习，培养学生的工业区位规划意识，为家乡工业发展出谋献策，形成科学的环境观，培养学生的家乡情怀和自豪感。

（2）区域认知：从不同的时空尺度，评析工业集聚和工业分散的利弊。

（3）综合思维：学会用辩证和发展的眼光看待问题，分析理解工业集聚和工业分散的形成和影响。

（4）地理实践力：联系实际，举例说明工业联系、工业集聚和工业分散，并能为工业地域的可持续发展提供有效建议。

2. 知识目标

（1）理解工业集聚和分散的主要原因和优缺点。

（2）运用案例理解工业联系、工业集聚和工业分散的区别和联系，以及工业地域的形成。

（四）教学重难点

（1）重点：工业集聚的影响；举例说明工业地域的形成条件及发展特点。

（2）难点：联系实际，举例说明工业地域的形成条件及发展特点。

（五）教学方法

案例分析法、问题探究法、自主学习法和多媒体辅助教学法。

（六）教学过程（见表1）

表1 教学过程

教学环节	教师活动	学生活动	设计意图
课前自主学习	布置课前自主学习任务： 1. 中国（水口）卫浴城的发展历史及现状如何 2. 目前中国（水口）卫浴城规模较大的卫浴相关企业有哪些	通过网络资源获取信息：中国（水口）卫浴城的发展历史、现状和规模较大的卫浴企业	疫情迫使师生进行线上教学，较难开展面对面合作讨论学习。但是可以利用网络资源优势，培养学生自主查找、获取信息的能力。另外，可以让学生更好地认识和了解家乡工业
创设情境导入新课	1. 播放"中国（水口）卫浴城"宣传视频 2. 随机抽取几位学生通过钉钉展示自主学习成果	观看视频，展示自主学习成果	选取学生熟悉的乡土地理案例，将生活地理和社会实践融入课堂，拉近课程和学生的距离，提升学生的学习兴趣，为接下来的课堂学习创设真实情境

续上表

教学环节	教师活动	学生活动	设计意图
过渡	1. 对学生自主学习成果进行鼓励性评价 2. 简单总结视频:"水口印象"——"中国水暖卫浴王国"		简单总结视频内容,为新课学习强化情境基础,自然过渡到新课内容的学习
新课学习之案例探究1:工业联系——生产工序上的联系	材料一 2002年,水口镇被誉为"中国水龙头生产基地",生产全球30%的水龙头。水龙头生产的工艺流程非常复杂,其中包括产品设计→模具设计与制作→铸造→抛光→电镀→组装→检验→包装等步骤 (展示图片) 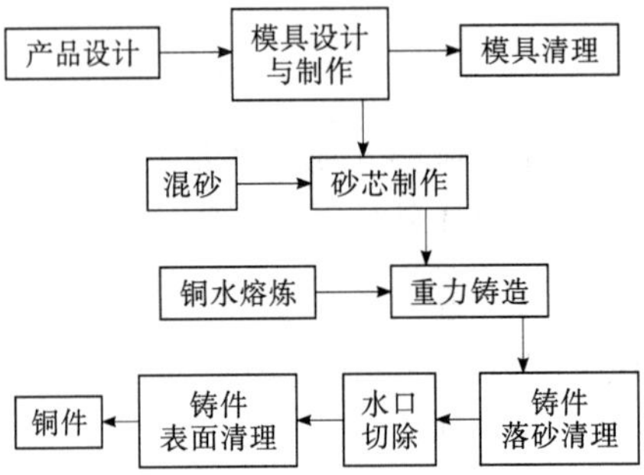 水龙头铸造工艺流程 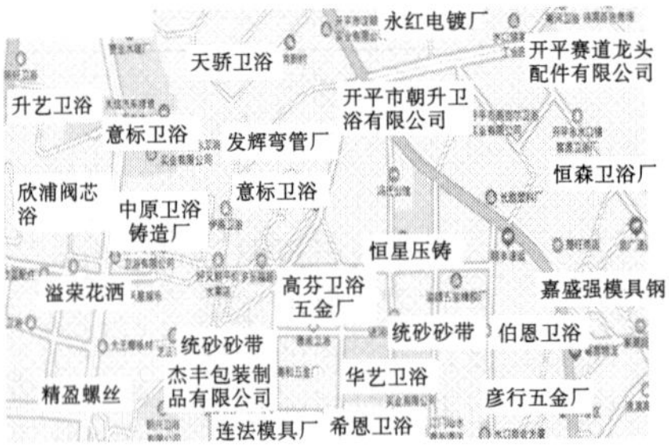 卫浴城一角 问题1:从材料看,图中连法模具厂、中原卫浴铸造厂和永红电镀厂在水龙头的生产过程中可能存在哪种工业联系?	通过预习教材和阅读图文材料,探究并回答相关问题,理解工业联系之生产工序上的联系,并能举例说明	选取合适的乡土地理材料,通过材料和问题探究,以问题链环环相扣的形式循序渐进地引导学生,注重学生知识的生成过程,培养学生的阅读理解能力、分析能力和独立思考能力,提高学生的地理核心素养

续上表

教学环节	教师活动	学生活动	设计意图
新课学习之案例探究2：工业联系——空间利用上的联系	**材料二** 开平水口镇以卫浴企业为主。开平市奔达纺织集团公司等纺织大企业的落户，使纺织业成了水口镇继水暖卫浴业后的第二支柱产业。驰名中外百年的广合腐乳是当地食品行业的领头羊。 问题2：开平市奔达纺织集团公司、开平广合腐乳有限公司和卫浴企业之间是否也存在工业联系，其为什么也选择落户水口镇？	阅读材料，得出结论，理解工业联系之空间利用上的联系，并能举例说明	通过材料阅读，学生对家乡工业的快速发展萌生自豪感，培养热爱家乡的情怀
新课学习之案例探究3：工业联系——信息上的联系	**材料三** 水暖卫浴设备生产需要的任何零配件都可以在水口镇不足7公里的地方采购到。在水口镇，想要组装一个水龙头，只需一个电话，你所想要的卫浴配件半小时都能送到。他们称它为半小时商务圈。 问题3：上述材料说明在现代工业生产中什么越来越重要？	理解工业联系之企业之间信息上的联系	
练习反馈1	展示开平翠山湖工业区图片，告诉学生开平翠山湖区是以电子信息、五金机械及纺织化纤为主的产业园，请学生思考园区电子信息、五金机械及纺织化纤企业之间主要存在哪种工业联系	通过阅读，回答问题	检测学生对工业联系的掌握情况并及时反馈
过渡	首先留时间给学生思考工业联系、工业集聚和工业地域之间可能存在的关系，然后总结并自然过渡到新的教学内容——"工业地域"，以讲授的形式开展"工业地域类型"相关内容的教学	思考理解，倾听总结	该内容逻辑关系比较清楚简单，大部分学生能快速得出结论，强化综合思维能力
练习反馈2	（展示"水口卫浴城"图片） 问题4：水口卫浴博览城属于哪种工业地域类型？	学生思考、回答问题	检测学生对"工业地域"的掌握情况

续上表

教学环节	教师活动	学生活动	设计意图
案例探究：工业集聚的影响	**材料四** 在水口镇，从事水暖卫浴生产的大小企业有2 000多家，从业人员6万多人，形成从原材料供应、零部件加工、成品装配到技术研发、产品设计、质量检测、物流配送、电子商务的完备产业链。得益于多年来产业集聚式发展，水口镇目前已成为国内三大水暖卫浴产区之一。 问题5：评价大量卫浴相关企业集聚的影响。	阅读材料，思考并回答问题，理解掌握工业集聚的影响	培养学生的阅读理解能力、分析解决问题的能力，提高学生的地理核心素养
过渡	问题6：随着集聚的企业越来越多，集聚的负面效应越来越明显。如果你是水口镇众多卫浴企业中的一员，你该如何寻求更好的发展？		假设情境，增加学生思考的积极性，培养学生的主人翁意识，并引出"工业分散"的教学
案例探究：工业分散	展示教材福特汽车生产全球化分工照片，讲授工业分散的原因 问题7：在全球化工业生产中，哪些类型的工业最可能选择主动型工业分散？ 问题8：为保证工业分散布局的生产正常进行，需要哪些支持条件？	倾听，思考，观察，学以致用，回答问题	培养学生独立思考、获取信息的能力
知识梳理归纳总结	通过思维导图形式，梳理本节课主要内容	梳理知识，归纳总结	通过总结概括，学生头脑中零散的知识点组成知识结构，培养学生的逻辑思维能力
练习反馈3	设计习题检测教学效果，当堂达标以选择题为主	完成配套练习题	及时检测教学效果，当堂达标以选择题为主，线上课堂易于操作
出谋献策实践拓展	为了中国（水口）卫浴城更好地发展，你有什么好的建议？	课后思考：为水口卫浴城的可持续发展出谋献策（写一篇相关小论文）	培养发散思维、地理实践能力、人地协调观

（微信扫描二维码可观看例课，网页下载链接：
https://portal. scnu. edu. cn/article－13954－451－1. html）

三、教学成效与反思

本节课主要采用案例分析法和问题探究法。选取的案例来源于乡土地理，来源于生活，体现了"学对生活有用的地理""理论联系实践"的教学理念，激发了学生的学习兴趣，学生的学习积极性明显提高；问题探究式教学注重知识的生成过程，有利于培养学生的综合思维能力，提升学生的地理核心素养。

本节课的不足之处：首先，线上教学对于学生的自主学习和课堂参与情况无法准确把握，教学过程中出现的问题难以及时反馈，教学节奏也难以把握，时快时慢，难以达到教学的预期效果。其次，小组合作讨论在线上教学中较难实现，不利于学生合作精神的培养。最后，教学案例选取的乡土素材均为原创，有些材料可能不够精练，有待进一步完善。

作者简介

潘彤辉，任教于开平市第一中学，"江门市先进个人"。2017年广东省说题比赛三等奖；2018年江门市教师教学基本功比赛一等奖；2019年江门教学能力大赛二等奖；2019年教学论文获省一等奖；开平市优秀课题参与者。

专家点评

"工业地域的形成"在线教学案例选取乡土地理素材——"中国（水口）卫浴城"作为教学的主要案例素材。因为此教学素材源于学生的生活，极大调动了学生的学习积极性，激发了学生学习的兴趣，同时体现了理论服务于实践的教学理念。本教学案例采用了案例分析法、问题探究法、自主学习法以及多媒体辅助教学法等多种教学方法，教学方法的选择和使用与教学内容相匹配。另外，对于教学内容的开展采用问题链的形式，环环相扣，有利于培养学生的综合思维能力。教学环节设计清晰，教师活动和学生活动明确，教学案例的可操作性非常强，帮助学生学习对生活有用的地理，坚持理论联系实践的教育理念，教学的效果明显。这些都很好地培养了学生的分析和解决地理问题的能力，有效地提升学生的地理学科核心素养。

——华南师范大学地理科学学院　曾玮

从地理视角看应急医院建设
——以武汉火神山医院为例

广州中学　唐元鹏

一、案例简介

面对新冠肺炎疫情暴发,定点医院床位数量增加速度难以跟上疫情蔓延速度,政府决定建设专门收治新冠肺炎患者的医院——火神山医院。本案例采用归纳法和演绎法,结合教材知识,分析应急医院在建设过程是如何做到与周边地理环境相协调,如何处理医疗废水、医疗废弃物,实现人地协调,通过案例分析提升学生地理核心素养,培养爱国主义精神,树立正确人地关系。

二、教学设计

(一)教学目标

(1)人地协调:通过了解新冠肺炎的暴发、传播及产生的影响,了解火神山医院医疗废弃物、废水对周边环境的影响,探讨人与自然如何和谐相处。

(2)区域认知:了解武汉的气候、地形、河流、交通等特征,了解火神山医院的基本概况及周边地理情况。

(3)综合思维:分析影响火神山医院区位选址因素,分析火神山医院建设特点及涉及的产业。

(4)地理实践力:实地参观考察中山大学附属第三医院、广州市工人疗养院、广州市猎德污水处理厂、广州市李坑垃圾焚烧厂等,深度探讨医院、污水处理厂、垃圾焚烧厂区位选址及影响。

(二)教材分析

(1)城市空间布局——医院区位选址。

(2)水循环环节及影响因素。

(3)城市"三废"问题产生原因、危害、处理方法。

（三）重难点分析

（1）重点：火神山医院区位选址的因素。

（2）难点：①火神山医院区位选址的因素；②火神山医院污水处理；③火神山医院医疗废弃物处理。

（四）课时安排

2课时。

（五）方法和手段

（1）小组合作探究：以小组为单位，探讨相关问题，组织语言，推选同学回答。

（2）平板辅助教学：通过平板和QQ群发送相关材料、试题，讲练结合，及时统计正确率，有针对性地解决相关问题。

三、教学实施

（一）前置性学习任务设计

材料一 "非典"事件是指严重急性呼吸综合征，于2002年在中国广东发生，并扩散至东南亚乃至全球，直至2003年中期疫情才被逐渐消灭的一次全球性传染病疫潮。

任务一：查阅相关资料，分析SARS产生、扩散原因。

任务二：查阅相关资料，分析SARS带来的影响。

材料二 北京小汤山康复医院的大部分建筑在20世纪五六十年代建成。2003年"非典"时期，为有效控制疫情，北京7天内在这里建成小汤山"非典"定点病房，创下医院修建速度的世界纪录。

任务三：查阅北京相关资料（气候、地形、水文、交通等），归纳小汤山医院区位选址特点。

任务四：查阅相关资料，分析"小汤山模式"为何能成功？

任务五：回顾教材"城市空间分布相关知识""水循环环节及影响因素""城市三废问题产生原因、危害、处理方法"。

（二）课堂教学过程设计

1. 影响医院区位选址的因素

广州市中山大学附属第三医院是卫生部直管的综合性三级甲等医院，于2018年12月4日被国家卫健委公布为首批肿瘤多学科诊疗试点医院。该院地理位置如图1所示。

图1　广州市中山大学附属第三医院

问题：以中山大学附属第三医院为例，归纳医院的区位选址条件。

【参考答案】

地质稳定，避开地震断裂带、滑坡、崩塌、沉陷、洪水等自然灾害多发地段；选址地势平坦、排水通畅；临近交通干线和地铁，就医便利；离水源地较远；位于市区，市政等基础设施完善。

2. 影响火神山医院区位选址的因素

武汉火神山医院（见图2）位于蔡甸区知音湖大道，是参照2003年抗击"非典"期间"北京小汤山医院"模式在武汉职工疗养院建设的一座专门医院，集中收治新型冠状病毒肺炎患者。医院总建筑面积3.39万平方米，编设床位1 000张。2020年1月24日，武汉火神山医院相关设计方案完成，2020年2月2日上午，武汉火神山医院正式交付，从方案设计到建成交付仅用10天，被誉为中国速度。

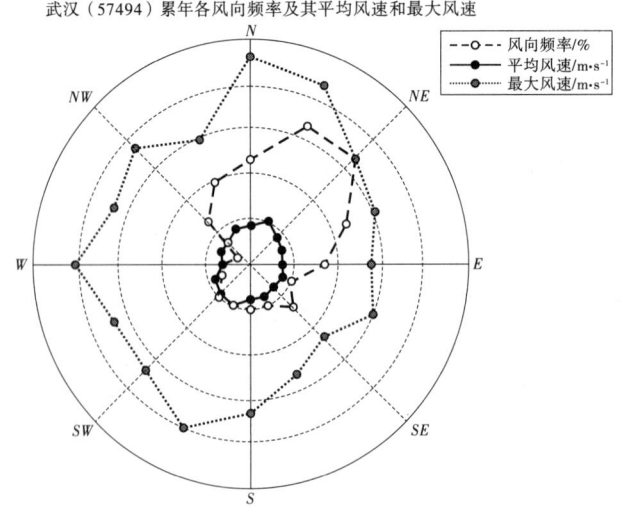

图2　武汉累年各风向频率及其平均风速和最大风速

问题：据材料分析火神山医院区位选址。

【参考答案】

从地理位置考虑，处于郊区，人口较少，影响较小。

从交通考虑，临近城市主干道，交通运输便利，便于人员、物资转运。

从政府支持角度考虑，特别赶工建设，用于集中收治新冠病毒患者，国家大力支持。

从土地资源考虑，疗养院预留用地面积较大，有足够大的空地建设；地势平坦，便于施工。

从环境因素考虑，武汉盛行东北风频率高，医院选址知音湖，处于主导下风向；远离城市水源地，医院污水不会对城市用水造成污染。

综上所述，应急医院区位选址原则包括以下几个方面：

①面对疫情的应急医院的选址大多应在城市的近郊处，尽量远离城市人口密集及交通稠密区。

②周边不宜有学校、超市、大型居民住宅区及大型公众建筑。

③周边不宜有大型水面及河流，远离城市水源地。

④交通便捷，应有大面积的地面停车空间。

⑤地形规则、完整、平整，避免选择在山地。地质构造应稳定，最好是不受洪水威胁的高地势地段。

⑥应远离存在卫生污染风险的生产加工用地，并远离易燃、易爆品的生产储存区域。

⑦场地内应有足够的预留面积以保证扩建需求。

⑧当条件受限、选址困难时，可选择在大型医院内空地或者独栋建筑内改建隔离病区。

3. 火神山医院标准化设计、模块化施工

新冠肺炎疫情暴发初期，不断增加的定点医院床位数量，难以跟上疫情蔓延速度。2020年1月23日，武汉市政府决定参照北京小汤山医院模式建设一所专门收治新冠肺炎患者的医院——火神山医院。医院没有采用传统的钢筋混凝土结构，而是采用行业最前沿的装配式建筑技术，即集装箱式箱体活动板房进行模块化拼接。最大限度地采用拼装式工业化成品，大幅减少现场作业的工作量，节约了大量的时间。由于采用标准化、模块化设计，疫情之后所有建筑均可快速拆除，部件经消毒处置后可周转使用。

问题：试分析火神山医院采用标准化设计、模块化施工的原因。

【参考答案】

减少现场作业工作量，节约施工时间；降低施工难度，加快建设速度；疫情后所有建筑均可快速拆除，部件经消毒处置后可周转使用，减少浪费。

4. 火神山医院污水处理

火神山医院的废水从排出到处理合格要经过七道严格的工序：先在院区内经过全封闭的收集和预消毒处理，再到污水处理站进行生化处理，最终经系统检测合格后，排入市政管网。通过混凝土基层、防渗膜和钢筋混凝土地面层等三层防护，确保无雨水下渗。雨水经收集进入院内调蓄池，经消毒后排入城市污水系统。医院建设了在线监测站房，确保设

施正常运行、污水达标排放。

问题：试利用水循环原理归纳火神山医院污水处理措施。

【参考答案】

医院污水封闭收集、专门消毒；雨水全收集全消毒处理，达标排放；地下铺防渗膜，防止污水下渗；加强医院及周边环境监测。

综上所述，污水处理厂选址和布局原则有以下几个方面：

①地势。污水处理厂应设在地势较低处，便于城市污水自流入厂内。厂址选择应与排水管道系统布置统一考虑，充分考虑城市地形的影响。

②受纳水体。污水厂宜设在水体附近，便于处理后的污水就近排入水体，合理布置出水口。

③敏感目标。厂址必须位于集中给水水源的下游，并应设在城市、工厂厂区及居住的下游和主导风向的下方。

④地段与农田保护。厂址尽可能少占或不占农田，宜在地质条件较好的地段，便于施工，降低造价。充分利用地形，选择有适当坡度的地段，以满足污水在处理流程上的自流要求。

⑤污水出路。结合污水的出路，考虑污水回用于工业、城市和农业的可能，厂址应尽可能与回用处理后污水的主要用户靠近。

⑥防洪。靠近水体的污水处理厂要考虑不受洪水的威胁。

5. 火神山医院医疗废弃物处理

武汉火神山医院的医疗废水和医疗废弃物备受关注。医院污水、雨水、医疗废弃物三者均单独收集处理不会排湖。医院内安了两台焚烧炉，在医疗废弃物收集起来后，不出院门即可安全处置。

垃圾焚烧符合"无害化、减量化、资源化"三原则。减量化：垃圾焚烧后，一般体积可减少90%以上，重量减轻80%以上。垃圾焚烧后再填埋，可以有效地减少对土地资源的占用。无害化：高温焚烧后可消除垃圾中大量有害病菌和有毒物质，可有效地控制二次污染。资源化：垃圾焚烧后产生的热能可用于发电供热，实现资源的综合利用。

医疗废弃物处理技术大体分为三类：①高温处理法，如焚烧法、热解法和汽化法；②替代型处理法，如化学消毒法、高温高压蒸汽灭菌法、干热消毒法、微波处理法和安全填埋法；③创新型技术，如等离子技术、放射技术。

问题1：试分析火神山医院医疗废弃物处理应注意的问题。

【参考答案】

分类收集；密闭转运；减量排放；集中处理。

问题2：试分析火神山医院医疗废弃物采取焚烧法的原因。

【参考答案】

医疗废弃物焚烧炉内温度高，焚烧后体积缩小；经过高温焚烧处理后，医疗废弃物中的大量病菌、病毒、寄生虫卵等病原体被彻底消灭；医疗废弃物焚烧前经过分类和回收等工序，可实现医疗废弃物资源化、减量化处理。

6. 探讨火神山医院在休舱闭院后的可持续利用方式（略）

（三）后置作业

（1）课后作业（选择题、综合题）。
（2）分组完成地理小论文。
①分析火神山医院建设为何能成功？
②从地理角度分析新冠肺炎疫情暴发、传播的原因。
③从地理角度分析人类如何预防类似事件再次发生。
④疫情期间消毒水的过度使用会带来哪些影响？有何解决措施？

四、教学成效与反思

1. 教学成效

本案例设计，从普通医院区位选址到火神医院区位选址，分析应急医院如何处理医疗废水和医疗废弃物，展示自然环境的整体性，从而让学生在学习过程中理解并建立可持续发展的人地协调观念，取得了较好的学习效果，基本达到教学目的。

学生通过前置性学习，将"学会了什么""感悟到什么"写下来，便于小组合作时交流；在此基础上把自己遇到的困难或疑问也提出来，以便在小组合作学习中探讨解决。学生有准备地进入课堂学习，也可以让教师以学生的学来确定教的内容和形式，以便更好地为学生服务。

教师通过平板电脑、QQ群布置前置作业，利用智慧课堂进行数据分析，加上已有的知识、资源的遴选，三者碰撞出答案。大数据讲评形式极大地节省了课堂做题和批改时间。

2. 教学反思

在案例教学中应以学生为主导，教师引导学生认真思考，设计小组合作讨论，充分激发学生在课堂上的积极性。而本案例问题的提出以教师为主，问题设计更多从教师角度出发，忽视了学生的主体性。

作者简介

唐元鹏，男，任教于广州中学，中学地理一级教师，华南师范大学本科师范生导师。辅导学生参加省级以上比赛，获奖50多人次；承担省级公开课1次，省级讲座2次，区级公开课5次；在省级刊物上发表论文2篇，参与省、市、区级课题3项。

专家点评

2020年春天，突如其来的新冠肺炎疫情暴发，全国各地都处于紧张的状态，学校不能复学，工厂不能复工复产，"从地理视角看应急医院建设——以武汉火神山医院为例"这一教学案例以地理学科核心素养的培养为目标，从地理视角来分析武汉火神山应急医院的区位选址影响因素。该教学案例以小组合作探究学习为主，运用平板辅助进行教学，符合网络教学的需要。在教学过程中，该教学案例设置了前置性的学习任务，让学生先了解2003年"非典"期间小汤山医院建设的基本情况；再引导学生具体分析影响火神山医院区位选址的因素，火神山医院标准化设计和模块化施工、污水处理、废弃物处理、休舱闭院后的可持续利用等问题，从地理的视角对火神山医院的选址、建设和使用进行了全面且深入的探究；课后作业采用撰写小论文的形式，能够更好地培养和锻炼学生的综合能力。该教学设计能够结合社会热点问题，让学生在网络环境下能够自主收集资料、探究问题、表达观点，使学生的综合能力得到了极大的提升。

——华南师范大学地理科学学院　曾玮

区域地理典型案例
——黄土高原

佛山市顺德第一中学　王　畅

一、案例简介

教育部考试中心制定了"一核四层四翼"的中国高考评价体系，回答了高考"为什么考""考什么"和"怎样考"三个问题。地理学科在高考中"考什么"及"怎样考"是地理课堂教学的指挥棒。课堂教学设计与实施要依托高考内容改革的要求，根据学情及教学内容，确定学生要具备的基础知识、学科素养、关键能力，教学时应创设问题情境进行问题设计，应根据不同层次问题要达到的考查要求来确定教学方法。

地理问题具有两个重要特点，即区域性和综合性。各种地理问题的呈现都以区域为载体。区域之间差异显著，选取典型区域开展情境化、问题式教学，是提升学生区域认知、锻炼综合思维的最好契机。2019年全国Ⅰ卷第9—11题、2018年全国Ⅱ卷第9—11题以及2018年海南卷第16—18题，都以黄土高原为背景材料考查考生的分析和解决相关地理问题的能力。本教学设计针对高三阶段的高考一轮复习，将黄土高原作为典型案例，重点学习几个核心问题，落实学生对地理基础知识和基本规律的学习，同时利用问题化教学提升学生的区域认知和综合思维素养，以及学生的地理语言表达能力等。

二、教学设计

（一）教材分析

本节属于高二年级区域地理复习课，高中必修教材中未出现此部分内容，但在湘教版初中阶段八年级地理教材第八章第五节"黄土高原的区域发展与居民生活"涉及了黄土高原的内容。教材中介绍黄土高原的位置范围、自然地理特征（地貌、气候、土壤）、生态问题及整治措施、居民生产生活条件的改善。以黄土高原为背景的试题在高考及模拟考中出现频率高，故将该区域作为典型案例进行教学。本节内容与高中必修内容相结合，核心问题为地表形态、生态问题及综合整治三部分。

（二）学情分析

学生通过对初中地理和高中地理的学习，对黄土高原的地理特征有一定了解，但是学生对初中学习过的内容遗忘较多，关于黄土高原的认识是零散的、碎片化的，所以学生对黄土高原的重点问题理解、把握并不深入，尤其是黄土高原的形成、小流域综合整治这两部分内容，对学生综合思维能力要求很高。目前高二学生对地理过程性问题的分析较少，尤其是时空综合思维能力还有待提高。

（三）核心素养目标

（1）区域认知：在地图上找出黄土高原，描述黄土高原的位置和范围。

（2）综合思维：结合图文资料，分析黄土高原的形成过程，黄土高原水土流失严重的原因，小流域如何开展综合整治，水平梯田、打坝淤地有生态效益。

（3）地理实践力：运用所学知识，图中或野外识别黄土塬、黄土梁、黄土峁三种地貌。

（4）人地协调观：认识保护黄土生态环境的重要性。

（四）重点难点

（1）重点：黄土高原水土流失及综合整治。

（2）难点：黄土高原的形成过程。

（五）教学方法

（1）自主学习：学生版预习课件、资料连接、视频（2分钟）。

（2）问题式教学：黄土高原的位置范围、形成过程、塬梁峁地貌、流域综合治理。

（3）讲授法：黄土高原自然地理特征、水土流失及影响因素分析。

（六）平台

钉钉视频、钉钉班级群。

（七）课前预习（见表1）

表1　课前预习

教师活动与目的	问题设计	学生活动
教师活动：教师通过钉钉群发布学生版预习PPT，要求自主完成5个主要问题的探究，浏览与黄土高原相关的资料链接和视频。 目的：学生先学后教，为深度学习、合作学习奠定基础	问题1：简述黄土高原地理位置。 问题2：解释黄土高原的形成过程。 问题3：A、B、C三幅图（本课例提及的图片详见课例视频）分别是哪种黄土地貌？ 问题4：修建水平梯田为什么能减少水土流失？ 问题5：打坝淤地有何作用？	学生通过网络学习浏览黄土高原相关资料和视频，自主学习探究5个问题

（八）教学过程（见表2）

表2　教学过程

教师活动	问题设计	学生活动
教师导入新课创设情境	利用陕西省澄城县破败的古村落景观图片，引出大家印象中黄土高原的景象，引出黄土高原的地理环境的变迁	学生通过熟悉的图片景观，找到认同；通过设问，思考黄土高原原来是什么样，未来是什么样
教师引导提问黄土高原在哪里，要求学生说出答案，并能够简要介绍描述区域地理位置的方法	资料：黄土高原区域图。 问题1：读图，简述黄土高原地理位置	基础中等水平的学生（点名回答）能够比较清晰地描述地理位置
首先，教师请学生根据图文资料信息，将自己的答案发送到钉钉群。 然后，教师选取三位学生的答案，对比引导分析黄土高原形成过程	资料一：2200万年以前，青藏高原已经隆起至相当的高度，可以阻挡来自印度洋的水汽，亚洲内陆从此陷入干旱，形成了大面积的沙漠。 资料二：见图片。 问题2：黄土高原黄土深厚，一般可达80—120米，最厚超过400米，那么黄土高原如何形成的呢？	学生独立思考，书写答案，发送到钉钉群
教师结合图文资料讲解黄土高原塬、梁、峁地貌	来自西部和北部的黄土颗粒在黄土高原堆积，堆积体下部的古地貌差异，形成黄土塬、黄土梁、黄土峁等地形。 资料：黄土塬、黄土梁、黄土峁景观图。 问题3：读图，说出A、B、C三幅图（具体见视频）分别是哪种黄土地貌	学习比较薄弱的同学回答（点名回答）

续上表

教师活动	问题设计	学生活动
教师介绍黄土高原地形、气候、植被、土壤、河流等自然地理特征，引出该区域的生态问题——水土流失严重	设问：黄土高原的自然地理特征如何？ 黄土高原地形千沟万壑，支离破碎；降水集中在夏季，且多暴雨；黄土土质疏松；植被较少，所以水土流失严重。那么什么是水土流失呢？水土流失会产生什么影响？受哪些因素影响？	学生观察图文资料，跟随教师一起分析黄土高原自然地理特征。 此部分内容高中地理频繁出现，本班学生掌握非常好，所以以教师讲解为主，学生查缺补漏
教师引导学生思考：黄土高原水土流失严重，不仅会影响本区域生态环境，同时黄河下游旱涝灾害严重，该如何治理水土流失呢？教师与学生一起探讨治理水土流失的措施，为什么能够起到保持水土的作用（小流域综合治理）	资料：黄土高原景观图及对应的梯田图。 问题4：读图观察，修建水平梯田为什么能减少水土流失	学生能够回答自己熟悉的几种措施——修建梯田、打坝淤地、植树种草等
	另外一种工程措施——打坝淤地，是怎么回事呢？在哪里建坝？淤地坝有什么作用？ 资料：淤地坝图片和坝地玉米图片。 问题5：结合图片，指出淤地坝的位置，并说明打坝淤地有何作用？	学生代表主动讲解，分析淤地坝的位置，结合图片分析打坝淤地的作用
	把坡地改成梯田，在沟谷中淤地，既满足了经济效益又保护了生态环境，那么下图中你能找到哪些措施呢？ 资料：黄土高原沟谷、坡面上各种治理水土流失的景观图。 请学生指出图中治理水土流失的措施	学生根据这一节课的学习内容，在心中找到自己的答案
	图片：黄土高原塬、坡、沟谷综合治理模式图。 工程措施、生物措施、农业技术措施，在塬、沟、坡上如何实施呢？	学生从空间上认识黄土高原如何进行综合治理

教师总结：中华人民共和国成立后，科学家们从20世纪50年代开始历时十几年进行野外实地考察，70年代开始进行小流域综合治理，到了1999年黄土高原的植被覆盖率达到了31.6%，2000年开始实行退耕还林，经过近20年，2019年绿地覆盖率达到了63.6%，黄河水变清了，生态环境大大改善了，林果业种植面积增加，农民收入显著提高，生活条件大大改善。这就印证了习近平总书记提出的这样一句话"绿水青山就是金山银山"

（微信扫描二维码可观看课例，网页下载链接：
https://portal.scnu.edu.cn/article-13954-447-1.html）

三、教学成效与反思

1. 教学成效

（1）问题设计侧重基础性的同时，注意提升学生的综合思维能力、语言表达能力。

（2）课堂教学基本达到教学目标，从学生书面及口头表达来看，几名学生能够比较好地消化对应知识点，但对黄土高原的形成、黄土高原植被状况的演变等需要综合时空思维能力回答的问题，还是掌握得不太好。

（3）师生互动形式多样，课堂学生反馈积极主动，能够使用比较清晰的地理语言表达，说明回答问题的同学对于这部分知识的掌握非常不错。

（4）网络教学打破了原有的教学模式，师生之间利用钉钉技术平台展开新的交流模式。本节课设计了一个问题，学生把答案及时呈现到钉钉群里，对课堂教学来说起到了良好的效果。

2. 教学反思

（1）隔着屏幕上课，课堂上情感的交流较少，更多的是侧重于知识的传授，师生之间互相激励促进的生成性问题较少。

（2）回答问题的同学展示了他们的能力，但是不能了解其他学生的学习状况。

（3）本节课内容是以基础知识为主，难度大的问题尚未涉及，与高考试题衔接方面有待提升。

（4）关于黄土高原的形成过程，并没有充分对答案进行点评，对学生的激励打了折扣，也让学生损失了一次相互学习的机会。

作者简介

王畅，佛山市顺德第一中学地理教师，中学地理一级教师。现任顺德一中地理科组长，顺德区地理兼职教研员，目前主持课题2项，积极参加省、市、区各级各类比赛，并获得一、二等奖，撰写多篇论文，公开发表论文2篇。

专家点评

该教学案例是高二复习课的教学案例，以教育部考试中心颁布的《中国高考评价体系》的精神和理念为依据，以地理高考中的高频考点黄土高原为典型案例，落实学生的地理基础知识和基本规律的学习，同时利用问题化教学提升学生的区域认知和综合思维素养，训练学生获取和解读地理信息的能力以及运用地理专业术语进行表达的能力。该教学案例在教学过程中重视问题的设计与提出，教学过程中的问题设计紧扣教学内容，问题的设计对学生的认知有一定的要求，且问题的表述比较精准。教师的引导设计清晰，学生的活动设计明确，有利于学生在网络环境中进行有效的学习，总体的教学效果很好。如果能够结合学案，设计一些相关的内容，对学生的学习效果进行及时的表现性评价，则案例将更加完整，更加具有可推广的价值。

——华南师范大学地理科学学院　曾玮

微专题：黄土高原

广东广雅中学　曾海明

一、案例简介

地理学科是基础教育阶段的一门重要课程，可以帮助学生形成科学的资源观、环境观、人口观和可持续发展观。教育部颁发的《普通高中地理课程标准（2017年版）》对地理核心素养做出全面的阐释，将其内涵表述为：人地协调观、区域认知、综合思维和地理实践力四个方面，它们是互相联系的有机整体。

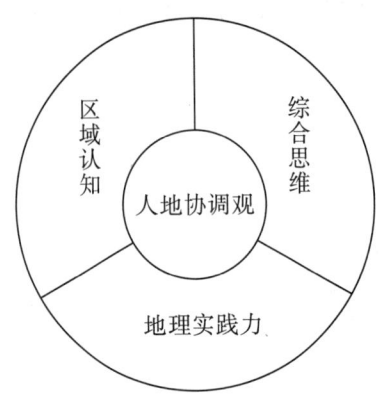

图1　地理核心素养的构成图

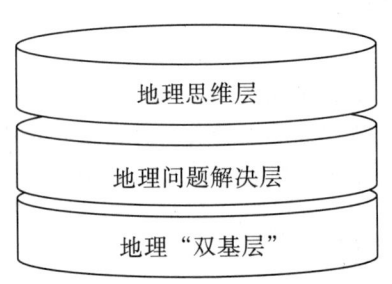

图2　地理核心素养三层结构图

本案例采用主题探究和实验法教学，分析了黄土高原上黄土物质的形成过程，水土流失的原因及其治理的措施。具体内容包括：（1）主题探究——风成说，黄土高原水土流失的原因等；（2）实验探究——水土流失强度与坡度大小的关系。

本案例重视对学生地理核心素养的培养，在对学生进行知识传授的基础上，更重视对学生能力的培养，倡导学生主动参与、乐于探究，培养学生分析和解决问题的能力，提高学生地理实践能力，培养学生人地协调观。

二、教学设计

（一）教学目标

1. 知识与技能

（1）理解黄土高原上黄土物质的形成原因。

（2）理解黄土高原水土流失现象出现的自然原因和人为原因。

（3）理解水土流失综合治理的措施。

2. 过程与方法

培养学生读图、识图的能力；培养学生学会从资料、图片中提取有效信息，从而发现问题、分析问题、解决问题的能力；培养学生全面、辩证分析地理问题的能力。

3. 情感态度与价值观

通过分析黄土高原上黄土物质的形成原因以及黄土高原水土流失的原因及其治理，学生树立辩证唯物观，能认识到人类活动必须遵循自然规律，不合理的人类活动不仅可能导致环境破坏，同时也威胁人类社会的可持续发展。

（二）教学重难点

黄土高原上黄土物质的形成原因；黄土高原水土流失的原因、治理措施。

（三）教学方法

实验法、探究法、讲述法相结合。

（四）教具准备

多媒体教学课件，实验视频。

（五）导入新课

黄土高原北起长城、南达秦岭、东至太行山、西抵乌鞘岭。在这片广阔的区域内，黄土的厚度一般超过100米。这么厚的黄土到底是从哪里来的？

（六）讲授新课

20世纪初，中国乃至世界地学界对黄土高原的成因进行过热烈的讨论，并提出了风成说、水成说、风化残积说和多种成因说等多种学说。其中以风成说的历史最长，影响最大，拥护者最多。

1. 主题探究1：风成说

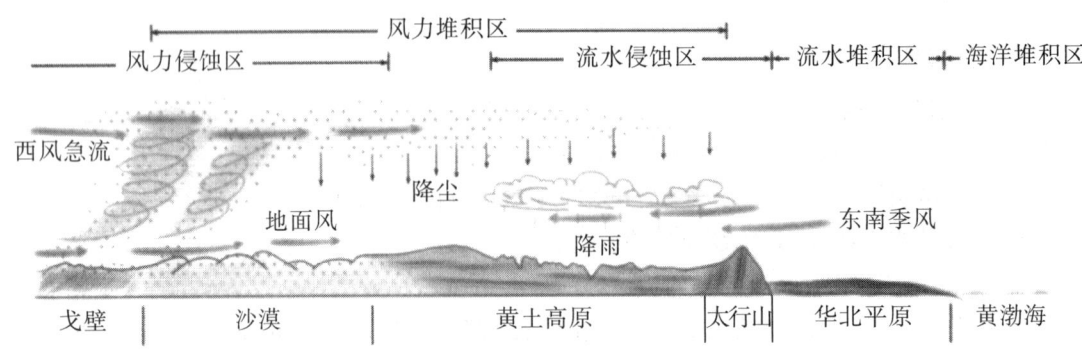

图3　风成说

（1）季风环流影响黄土高原的发育，分析冬季风和夏季风对黄土高原形成的影响。

①冬季风将地表沙尘搬运至黄土高原地区堆积。

②冬季风加剧西北地区的冷干程度，促进地表沙尘的形成。

③夏季风带来的降水增强了流水侵蚀，不利于黄土的保存。

（2）结合地形对季风的影响，分析秦岭、太行山等山地在黄土高原形成中的作用。

①山地阻挡，截留了冬季风搬运的沙尘（黄土），导致了沙尘（黄土）的堆积。

②山地阻挡了海洋的暖湿气流深入，使西北和黄土高原地区气候更加干燥，既增加了黄土的物质来源，又减轻了流水对黄土的侵蚀，有利于黄土的保存。

结论：

①在黄土高原形成的初期，亚洲内陆已经处于干旱的状态，我国北方和蒙古国南部广泛分布着沙漠、戈壁以及沙化土地，为黄土高原的形成提供了大量的物质来源。

②由于西风以及东亚季风（主要是西北风）的吹拂，黄土物质被带向远处，再加上太行山等地形的阻挡，黄土最终沉积下来，随着时间的推移形成了黄土高原。

2. 主题探究2：黄土高原水土流失的原因

实验探究：水土流失强度与坡度大小的关系。

在斜坡面夹角为10°、20°、30°的泡沫箱上平铺上适量泥沙（5 cm厚），水匀速通过漏斗导入泥沙15秒，注意观察泥沙有什么变化。

（1）在斜坡面夹角为10°、20°、30°的泡沫箱上平铺上适量泥沙（5 cm厚）（见图4）。

图 4 在不同坡度铺放泥沙

（2）水匀速通过漏斗导入泥沙 15 秒，测量侵蚀程度。

图 5 测量倾蚀程度

（3）思维延伸：坡度越大，水土流失越严重吗？

（4）小结在外界条件相同时，水土流失强度与坡度大小的关系：坡度小，流速慢，受雨面积大，流量大；坡度大，流速快，受雨面积小，流量小。（见图6、图7）

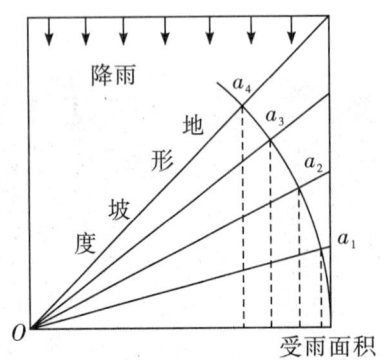
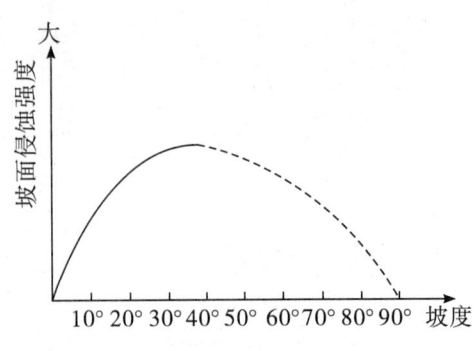

图 6 降雨强度不变时,坡面实际受雨面积和坡度的关系   图 7 坡面侵蚀强度和坡度的关系

Oa_1, Oa_2, Oa_3, Oa_4 为不同坡度的相同坡长

总体来讲,中等坡度地区水土流失最严重,坡度很小和坡度很大的地区水土流失相对要轻一些。

总结:黄土高原水土流失的主要原因如下。

①自然因素主要有地形、降雨、土壤(地面物质组成)、植被等。

a. 地形。总体来讲中等坡度地区水土流失最严重,坡度很小和坡度很大的地区水土流失相对要轻一些。

b. 降雨。产生水土流失的降雨,一般是强度较大的暴雨,降雨强度超过土壤入渗强度才会产生地表径流,造成对地表的冲刷侵蚀。黄土高原地区降水集中在7、8月份,多暴雨,因此加剧了水土流失。

c. 地面物质组成。黄土高原几乎为黄土所覆盖,黄土多为风积物,土体疏松、多孔隙,垂直节理发育,干燥时较坚硬,能保持直立陡壁,遇水侵蚀后易崩解,抗蚀力很低。

d. 植被。达到一定郁闭度的牧草植被有保护土壤不被侵蚀的作用。郁闭度越高,保持水土的能力越强。

②人为因素。

a. 人口增长太快,粮食和燃料不够,人们毁林开荒。毁林、毁草、陡坡开荒,破坏了地面植被。

b. 开矿、修路等基本建设,不注意水土保持,破坏了地面植被和稳定的地形,同时将大量废土弃石随意向河沟倾倒,造成大量新的水土流失。

3. 主题探究3:黄土高原水土流失的治理(见表1)

表1 黄土高原水土流失的治理

措施		功能
生物措施	植树种草	蓄水保土,发展多种经营
	退耕还林	
	退耕还林还草	

续上表

措　　施		功　　能
工程措施	兴建水库	贮水拦沙，合理利用水土
	打坝淤地	
	修建梯田	
农业技术措施	沟垄种植	蓄水保土，充分利用光热条件
	轮作间作	
	地膜覆盖	

（七）课堂小结及课后探究

1. 课堂小结

本节课采用主题探究和实验法学习了黄土高原上黄土物质的形成原因，水土流失现象出现的自然原因和人为原因及其治理的措施。

2. 课后探究

青藏高原隆起对西北地区气候的影响，进而影响到黄土高原的形成。

（微信扫描二维码可观看微课，网页下载链接：
https://portal.scnu.edu.cn/article-13954-449-1.html）

三、教学成效与反思

本案例尝试采用主题探究和实验法教学，倡导学生主动参与、乐于探究，目的是让学生掌握对终身发展有用的地理知识和基本技能；体验地理学习过程与方法，掌握认识和改造世界的科学方法；培养基于地理学科的情感态度与价值观，树立正确的世界观。

学生兴趣浓厚，踊跃与教师通过微信群交流学习心得及提出问题，师生互动多，教学效果好。本案例不足的地方是未能让学生自己亲自尝试实验，直观理解地理过程。笔者期待通过不断的实践，取得更好的教学效果。

作者简介

曾海明，曾荣获国家基础教育多媒体课件大赛一等奖、广东省教师技能大赛二等奖、广雅莲花勋章金奖；曾被评为广东省优秀高考评卷员；多个课例在"一课一名师，一师一优课"获评省、市级优课，2019年课例推荐部级优课。

专家点评

"微专题：黄土高原"这一教学案例为高考复习备考的专题教学设计。该教学案例以《普通高中地理课程标准（2017年版）》提出的地理学科四大核心素养的培养为目标，运用探究学习法和实验演示法，分析了黄土高原上黄土物质的形成过程，水土流失的原因及其治理的措施等。

本案例注重培养学生的读图、识图能力；培养学生学会从资料、图片中提取和解读有效信息的能力；培养学生发现地理问题、分析地理问题、解决地理问题以及运用专业的地理术语表达地理观点的能力；培养学生全面、辩证认识地理问题的能力；帮助学生树立正确的唯物史观，能认识到人类活动必须遵循自然规律，不合理的人类活动不仅可能导致环境破坏，同时也威胁人类社会的可持续发展。其不仅注重对学生能力和素养的培养，还注重对学生资源观、环境观和价值观的培养。

——华南师范大学地理科学学院　曾玮

世界最大的黄土堆积区——黄土高原

广州市天河外国语学校 马 凤

一、案例简介

本案例为人教版地理八年级下册"世界最大的黄土堆积区——黄土高原"第2课时。据此改编的课例曾在广州市教育局和广州广播电视台联合举办的"广州电视课堂"上播放。该课例具有以下特点。

（一）注重启发与互动

整节课教师讲授的部分很少，大部分内容是通过教师呈现材料、设置问题情境、启发学生观察思考得出。教师通过不断提问与学生互动，关注学生的留言反馈，择机与学生进行线上通话，随时了解学生的学习情况。这样既提高了学生的线上教学参与度，又能避免学生的注意力分散，使学生对知识的理解和掌握更加深刻。

（二）贴近学生生活和认知

通过联系学生读过的《平凡的世界》，学生对黄土高原水土流失的人为原因有更直接和深刻的认识；通过联系某电商网站热销的黄土高原的农产品的产地、价格、销量，学生能够感到黄土高原的农业发展和我们的生活并不遥远。

（三）教学媒体丰富多样

本课开头、结尾各有一段影像资料，中间插入一个实验视频、一段学生配音，在一些抽象的教学环节配以大量图片、视频、表格等资料，既有助于学生理解，又能引发学生的学习兴趣，吸引其注意力。教师在每部分和整节课学完后都通过 smart 图进行小结，帮助学生建立起清晰完整的知识结构；每次抽象的分析推理都通过流程图一步步呈现，帮助学生厘清思路、化解难点。

（四）教学手段先进

课堂实验由教师先录制、剪辑好，然后在直播时播放。学生通过观察实验视频和教师的引导，弄清了水土流失的自然机制，达到了和动手实验一样的学习效果。

案例里的配音由教师课前找学生录好。在课堂上播放学生的配音，使学生有在线下上课的感觉，同时还增加了学生的参与度。

二、教学设计

（一）教学目标

（1）分析黄土高原水土流失的原因、危害及治理措施。

（2）理解区域内部各要素之间的相互联系，树立可持续发展的思想。

（二）教学重点

黄土高原水土流失的原因和治理措施。

（三）教学过程

1. 复习引入

展示地图"黄土高原的地理位置"。

复习：黄土高原的位置、环境问题。（位置：位于从东南沿海向西北内陆的过渡地带，生态环境脆弱。环境问题：水土流失）

过渡：水土流失会带来什么危害？

2. 学习新课

（1）水土流失的危害。

播放视频"水土流失的危害"。

提问：看完视频有什么感受？视频反映出水土流失带来了哪些危害？

互动：学生在钉钉群留言，教师进行点评和讲解。

> 步骤1

过渡：这些危害是如何产生的呢？

展示图片"黄土高原贫瘠的土地"。

提问：图片反映了什么问题？

互动：学生在钉钉群留言，教师进行点评和讲解。

展示流程图"水土流失—地表肥沃的土壤流失—土地肥力下降"。

结论：水土流失的危害1——土地肥力下降。

> 步骤2

展示图片"村庄被毁、农田遭到破坏"。

提问：图片反映了什么问题？

互动：学生在钉钉群留言，教师进行点评和讲解。

展示流程图"水土流失—地面坍塌—破坏农田和村庄"。

结论：水土流失的危害2——破坏农田和村庄。

> 步骤3

展示图片"黄河壶口瀑布""黄河下游开封段地上河"。

提问：图片反映了什么问题？

互动：学生在钉钉群留言，教师进行点评和讲解。

展示流程图"水土流失—河流含沙量剧增—淤塞下游河床"。
结论：水土流失的危害3——淤塞下游河床。

> 步骤4

展示知识结构图"水土流失的危害"。
总结：水土流失的危害造成了一系列严重的后果，最终使自然灾害加剧、生态环境恶化，给当地带来了深重的灾难。

（2）水土流失的原因。
过渡：为什么黄土高原的水土流失会如此严重？
提问：区域生态环境问题产生的原因包括哪些？
互动：学生在钉钉群留言，教师进行点评和讲解。
展示知识结构图"区域环境问题产生的原因"（自然原因包括气候、地形、土壤、植被等，人为原因……）

> 步骤1

过渡：首先我们来分析自然原因。
播放实验视频"土壤、地形、降水、植被对水土流失的影响"。
活动：观看实验现象，填空归纳实验结论。（土壤越疏松，水土流失越严重；坡度越大，水土流失越严重；降水强度越大，水土流失越严重；植被覆盖率越低，水土流失越严重）
展示图片"黄土局部细节""延安气温曲线与降水量柱状图""黄土高原千沟万壑的地貌""黄土高原光秃秃的地表"。
提问：结合实验结论，读图分析黄土高原水土流失的自然原因。（黄土疏松多孔隙；黄土高原夏季降水集中、多暴雨；黄土高原地形崎岖、地表破碎；黄土高原植被覆盖率低）
互动：师生连线通话，学生回答，老师点评。

> 步骤2

过渡：除了自然的原因，黄土高原水土流失还有哪些人为原因？
展示小说《平凡的世界》封面图片、部分段落，播放学生的朗读配音。
提问：文中反映了黄土高原水土流失有哪些人为原因？（过度开垦、过度樵采、不合理采矿）
互动：学生在钉钉群留言，教师进行点评和讲解。
展示图片"过度放牧""修路"，补充其他人为原因。
过渡：黄土高原为什么会出现这些不合理的活动？
展示图表"黄土高原人口密度变化"。
提问：黄土高原的人口密度变化有什么特点？（总趋势在不断增加）这会造成什么后果？
互动：学生在钉钉群留言，教师进行点评和讲解。
展示思维结构图"人口密度过大带来的影响的各个环节"。
活动：把各个环节用箭头连接起来，表示它们的因果关系。分析黄土高原人口密度过大带来的影响。（人口密度过大——人均耕地减少、粮食需求增加——过度开垦、破坏植被——水土流失——自然灾害频繁、生态环境恶化——粮食产量下降——扩大荒地开垦面

积——需要更多劳动力、人口增长过快——人口密度过大）

互动：师生连线通话，学生回答，老师点评梳理。

小结：展示知识结构图，总结水土流失的原因。

（3）水土流失的治理措施。

过渡：弄清楚了水土流失的原因，接下来就要思考如何治理了。

提问：水土流失的反面是什么？（水土保持）

互动：学生在钉钉群留言，教师进行点评和讲解。

> 步骤1

展示图片"黄土高原局部地貌"。

提问：不同的地形部位应该如何治理？

展示"小流域综合治理示意图"。

提问：缓坡应该怎样保持水土？（植树种草、修梯田）

互动：学生在钉钉群留言，教师进行点评和讲解

展示图片"梯田及地表径流"，讲解梯田是怎样保持水土的。

提问：陡坡应该怎样保持水土？（植树种草）

互动：学生在钉钉群留言，教师进行点评和讲解。

展示图片"陡坡植树造林"。

提问：坡脚应该怎样保持水土？（修挡土坝、护坡工程）

互动：学生在钉钉群留言，教师进行点评和讲解。

展示图片"挡土坝""护坡工程"。

提问：沟谷应该怎样保持水土？（打坝淤地）

互动：学生在钉钉群留言，教师进行点评和讲解。

展示图片"黄土高原的淤地坝"，讲解打坝淤地的作用。

提问：黄土塬应该怎么保持水土？（平整土地）

互动：学生在钉钉群留言，教师进行点评和讲解。

展示图片"当地农民平整土地"，讲平整土地起到的作用。

展示知识结构图"小流域综合治理体系"，讲解该体系的组成。

小流域综合治理体系 { 三大部位：护坡、固沟、保塬 / 三大措施：生物措施、工程措施、合理生产措施 / 重点：保持水土

提问：在黄土高原不同的地形部位采取不同的措施进行治理，这体现了什么思想？（因地制宜）

互动：学生在钉钉群留言，教师进行点评和讲解。

> 步骤2

过渡：退耕还林还草后农民收入降低、生活困难怎么办？（提示：调整农业结构，由单一的耕作业向农、林、牧、副多种经营方式转变。依靠科学技术，培育良种，提高农作物的单位面积产量）

互动：学生在钉钉群留言，教师进行点评和讲解。
提问：耕作业应该怎样发展？（改良农作物品种，发展滴灌、喷灌等节水灌溉技术）
互动：学生在钉钉群留言，教师进行点评和讲解。
展示图片"黄土高原的有机玉米"，对比有机玉米与普通玉米的市场价。
展示图片"滴灌""喷灌"，讲滴灌、喷灌的作用。
提问：林果业应该怎样发展？（种植经济林，发展特色产业）
互动：学生在钉钉群留言，教师进行点评和讲解。
展示图片"某电商网站上黄土高原出产的苹果、梨、柿子、大枣"，以及产地、价格、销量信息。
提问：畜牧业应该怎样发展？（引进良种畜禽，种植优质牧草，改天然放牧为圈养）
互动：学生在钉钉群留言，教师进行点评和讲解。
展示图片"陕西秦川牛""某饲养场圈养场景"。
提问：通过各种措施，既保持了水土，又发展了农业。还有什么问题没有解决？（人口密度过大）
提问：对此应该怎么办？（在生态脆弱的地区控制人口密度）
互动：学生在钉钉群留言，教师进行点评和讲解。
小结：展示知识结构图，总结水土流失的治理措施。
（4）水土流失的治理成果。
播放视频"黄土高原水土流失的治理成果"。

3．课堂小结

展示知识结构图，总结本节课的主要内容。
展示图文：习近平总书记的新时代生态文明建设思想是"既要绿水青山，又要金山银山"。
思想升华：只有敬畏自然，才能实现可持续发展。

4．课后任务

学生上网查阅资料，了解我们广东省有没有水土流失的现象，在哪里，是什么原因造成的，并提出治理建议。

（微信扫描二维码可观看课例，网页下载链接：
https://portal.scnu.edu.cn/article-13954-450-1.html）

三、教学成效和反思

1．教学成效

通过课堂上学生的互动和课后学生的作业正确率及测验成绩可以看出，学生对本节课的内容掌握得很好，线上教学的效果丝毫不亚于线下教学。

2. 教学反思

对教学技术的熟练和灵活运用是实现线上教学目标的技术前提。应当根据学生情况、教学内容、教学目标灵活选择多种教学技术和直播方式，如实时文字互动、视频和语音通话、屏幕分享模式、视频会议模式、微课与直播结合等。

频繁、多样的师生互动是达到线上教学效果的重要保证。应当根据教学内容不断向学生提问，了解学生的理解和掌握情况，再根据学生的互动对线上教学做出调整。师生互动的形式应该尽量多样化，既要有面向全体学生的文字交流，也要有面向个别学生的视频和语音交流；既可以是师生之间的交流，也可以是生生之间的交流；既可以是课堂上的实时互动，也可以是课前和课后的个别指导。

作者简介

马凤，广州市天河区初中地理中心组成员。从教十年，担任过初、高中各年级地理教师、高三文综备课组长。在市、区各级教学竞赛中荣获各级奖项，指导学生在各类竞赛中获得多个全国一等奖，在"广州市电视课堂"中执教人教版地理八年级下册"世界最大的黄土堆积区——黄土高原"第2课时。

专家点评

"世界最大的黄土堆积区——黄土高原"这一教学设计主要运用了启发式教学法，通过教师呈现相关材料，讨论水土流失的危害、产生水土流失的原因以及水土流失的治理措施等。教师设置问题情境，启发学生观察思考。教师通过不断提问与学生互动，关注学生的留言反馈、择机与学生进行线上通话，随时了解学生的学习情况。教师还根据线上教学的特点，课堂上使用的实验由教师先录制、剪辑好，然后在直播时播放。学生通过观察实验视频和教师的引导，弄清了水土流失的自然机制，达到了和亲自在课堂上动手实验一样的学习效果。课堂教学的配音由教师课前找学生录好，在课堂上播放学生的配音，使学生有在线下上课的感觉，同时还增加了学生的参与度。在教学过程中，不仅注意对相关知识的学习，也注意培养学生的正确的资源观、环境观和发展观，树立尊重自然、敬畏自然的观念，形成"既要绿水青山，也要金山银山"的新时代生态文明建设思想。

——华南师范大学地理科学学院　曾玮

音体美心理篇

线上教育助力全人发展

华南师范大学教务处　赵　艺

习近平总书记在2018年全国教育大会上发表重要讲话，强调"培养德智体美劳全面发展的社会主义建设者和接班人，加快推进教育现代化、建设教育强国、办好人民满意的教育"，以一系列深刻论述，对新时代教育工作进行全面部署。

基础教育的音乐、美术、体育、心理学科是达成全人教育不可或缺的重要阵地。在新冠疫情"停课不停学"期间，这些学科与其他学科一样，适时开展线上教学。这些学科发挥自身的特点，为学生开展了如优秀传统文化欣赏、生命教育、心理健康、室内锻炼等丰富多彩、极具特色的线上课程，帮助在家学习的各年级学生积极乐观面对疫情，增强克服困难的勇气，做好自主学习和自我管理，学会与家人沟通和相处。

"华南师大－中小学"协同发展联盟平台优秀在线教学案例评选活动，让音乐、美术、体育、心理学科的一线教师有机会总结和分享在线教学经验。从这些优秀在线教学案例的选题、教学设计、对互联网技术的使用和教学效果等方面，我们看到教师们的教育智慧，也体会到信息技术与实际线上教学融合的方式方法，如怎样高效使用微课、网络互动平台；同时也引起了各种思考，如游泳、舞蹈类内容怎么实现在线教学。这些展示和思考，对于未来智慧教育的发展具有启发性和推动作用。让我们期待通过这些优秀教学案例的示范引领，不久的将来能涌现出更多更具学科特色的在线教学案例！

以不变应万变
——追寻生命的确定性

广州市铁一中学　郑晓虹

一、案例简介

2020年春节前夕，新型冠状病毒肺炎的出现，使全国上下都面临着一场前所未有的挑战。病毒的传染性让全国开学时间一再延迟，直至采取线上教育。因长期居家带来的亲子冲突、线上学习适应困难、对疫情和复学等的担忧，学生们难免产生一些负面情绪，部分学生因情绪不稳定而存在自我伤害的想法或倾向。上级有关部门也高度重视学生心理健康，并提出开展"生命教育"主题教育，让学生深刻理解生命的价值。

生命具有自然属性、社会属性和精神属性，本节课通过对这三个属性的分析，帮助学生找到看待生命更开放、更具发展性的角度，建立优势、选择、经营观生命的"新三观"。

二、教学设计

（一）教学目标

（1）认知目标：了解生命的三个属性，三属性价值的平等性。
（2）情感目标：感受三个属性的选择和取舍。
（3）能力目标：学会用"新三观"——优势、选择、经营观来看待生命。

（二）教学对象

高中学生。

（三）微课时长

20分钟。

（四）教学方法

讲授、案例分享、音频、视频等。

（五）教学设计

1. 主题引入

（1）播放诗朗诵视频——汪国真《热爱生命》，和学生探讨以下问题：

①汪国真的诗歌描述的主题是什么？（很明显是生命！）

②在诗人眼中，生命是什么样的呢？（她是风雨兼程的远方；她是吐露真诚的爱情；她是留给地平线的背影。）

【教师导语】

关于生命的模样，每个人各有答案，我们通过一些图片来说出那些答案。

（2）请学生看图，填充句式。

生命是_____的样子。

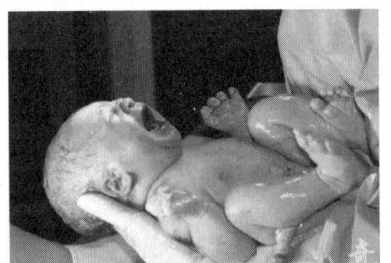

生命是鲜活、美好、新生、哭闹、开始的样子。

（1）

生命是凋零、化泥护花、四季更替、结束的样子。

（2）

生命是拼搏、点灯熬夜、忘情投入的样子。

（3）

生命是愉悦、及时行乐、自我陶醉的样子。

（4）

生命是昙花一现、稍纵即逝的样子。

（5）

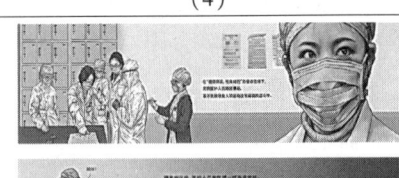

生命是临危受命、无畏不朽的样子。

（6）

图1　看图填空

【教师导语】

生命可能有的样子：生命可以开始于嗷嗷大哭，生命可以结束于落叶无声，生命可以沉溺在无悔拼搏，生命可以绽放在尽情欢愉，生命可以暂存于昙花一现，生命可以永恒于无私无畏。看完这6幅图，我们感叹生命的形态太多样，不知始终、变换更替、可甜可咸、时而爆发时而缠绵。感叹之余，我们产生了疑虑，如此多样化的生命，我们去探寻它从何入手，会有结果吗？既然我们都不知道答案，那就上车吧，跟着老师来段确定的生命探索之旅。

2. 教学知识之生命的三个属性

（1）教师提出第1个问题："如果有得选，你更愿意成为一只猫、一幅名画，还是一个人？你第一时间蹦出来的答案是什么？理由是什么呢？"教师提醒学生，考虑这个问题的思路之一，可以从思考这三者"有什么""没有什么"开始。比如：猫有鲜活的生命，有和主人深厚的感情，但没有思想。名画有美感，有艺术价值，但没有生命，也不能主动思维。人有鲜活的生命、各种社会关系，还有复杂的思考过程，但没有……

一番分析之后，你的选择是什么？

【教师导语】

我们来细看分析的几个维度：鲜活的生命是生命的自然属性，社会关系是生命的社会属性，思想是生命的精神属性。所以一个人应该具有自然属性＋社会属性＋精神属性，这才是完整的人的生命。

（2）教师提出第2个问题："如果美术馆发生火灾，一只猫和一幅名画，你救什么？你的理由呢？"学生中有人说救猫，猫多可爱呀；有人说救画，画多值钱呀！

教师播放视频《奇葩说》其中一期关于救猫还是救名画的辩论，请学生一起来听一下其中两位辩手的简短立论，既而指出，刚刚的辩题，表面是猫、名画之争，实质是生命价值之争，具体表现为生命的自然属性和精神属性之争！

【教师导语】

救猫或救名画之所以值得辩论，之所以没有一边倒的结论，是因为生命的自然属性、社会属性、精神属性都值得被珍惜，没有谁比谁高级或低级。因此我们不敢妄言一只猫比一幅画更值得存活，也不敢断言一幅画比一只猫更值得保留。

（3）教师提出有时会听到这样一些消极的声音，比如"大家都不喜欢我，我为什么要来到这个世界上"，这是因为社会关系不如意，开始否定自己生命的来到。又比如，"我读不懂这一切，三观不合、人心险恶，我活着有什么意思，不如……"这是因为达不成与外界精神层面上的共识，便否定自己活着的意义，也试图破坏生命的存在。

【教师导语】

请不要因为生命其中一个属性不够好，而对生命的其他属性进行价值的否定或存在的破坏。身残志坚很好地证明了生命自然属性的缺陷并不影响社会、精神价值的发挥。同样地，我们不能因不满意自己的社会和精神属性，而轻易让生命的存在受到伤害。

3. 教学知识之"新三观"看待生命

（1）优势观生命。

教师提问:"每个人生命的每个属性都是有优势的。我们可以尝试探索一下它们!我生命的自然属性、社会属性、精神属性三者的优势分别是什么呢?"

①从生命自然属性角度回答。比如有学生说自己很健硕,吃嘛嘛香;比如教师自己回答这段时间的频繁录课,使教师惊喜地发现自己录课的声音挺好听的……

②从生命社会属性角度回答。比如,有学生说,疫情期间长期居家,和父母虽偶尔有摩擦,但很少有机会这么长时间和父母亲密接触,感受到父母的关心和包容。比如,教师也特别感恩有越来越多的人关注和喜欢自己创办的心理公众号。

③从生命精神属性角度回答。前一段时间一位高三的同学和老师沟通时这样说:在高三这一应试背景下,我庆幸自己不是一个唯分数论的人,所以我不认为峰顶就是我的终点,山的那一头才是我要的风景。这是她对高三备考的态度,是她对自己人生的感悟,更是她生命的精神价值。

【教师导语】

这样解析生命是不是觉得可以探索的生命的广度就大了许多呢?这些都构成了你的生命优势,也会是你生命力量的重要来源。同学们,你的生命优势有哪些呢?不妨静下心来好好罗列罗列。

(2)选择观生命。

①教师展示孩童抓周的图片,提出问题:"又有同学说,虽然生命有优势,但我的人生就像我的名字一样,开始就被别人左右着、安排好。看看这个图(见图2),你会想到什么?"

图2 孩童抓周

②教师提示学生:"其实,从不懂事时开始,我们就主动被动地做着选择。刚刚讲到名字,来听听两位同学的分享。"教师播放课前录制的两名学生对自己名字解释的音频。

a. 我名叫晗,爸妈为什么给我起这个名字?晗,是日初升的意思,他们希望我永远像新生的太阳一般充满朝气和温暖。

b. 我名叫子越,爸妈给我取这个名字的原因是愿我作为儿子能有所成就,将来超越父母那一代人。他们还希望我是一个有上进心、有明确目标的人,未来能通过自己的努力过上自己想要的生活。

【教师导语】

大家发现了吗?生命如同我们的名字一样,何尝不是从选择了美好开始?

③教师引导学生思考:"逐渐懂事后的我们,可能会苦恼千篇一律的求学生活轨道禁

锢了我的诗和远方。这真是我能选择的吗？如果我们暂时不在过程中拉扯，走到人生时间轴的那一端——假设在你80岁的寿宴上，你希望你的子孙怎样概述你以前的人生？希望你的朋友和晚辈如何评价你？"教师播放录音，请学生听听某些同学的答案。

a. 我希望未来我的子孙能够以我为榜样。让他们觉得我的人生是通过自己努力换来的，并且是幸福快乐的。我希望我的朋友能觉得我是一个开朗、有责任心且值得信赖的人，也希望晚辈能认为我是一个对社会有价值的人。

b. 我的人生或许耀眼瞩目，也或许平淡无奇，但我希望在我能奋斗的时候没有逃避，能争取的时候没有退缩，在人生的每一个阶段，都努力成为更好的自己。今后子孙说起我，都知道，我是一个坚持且努力的人。希望我真诚以待的朋友们仍能像年轻时一样亲密玩笑，认为我还是那个值得信赖、能给予他们帮助、带给他们温暖的朋友；希望晚辈不会认为我是一个古板固执的老太婆。

【教师导语】

老师听到了一些关键词——榜样、努力、幸福快乐、责任心、有价值、奋斗时没有逃避、争取时没有退缩、给予帮助、带来温暖。多么饱满、厚重、深刻的自我期许呀！这些的实现都是需要积淀的，而积土成山的土正是我们现在的日复一日。另外，离80岁的到来，各位同学可以用60多年的时间去靠近这个你期许的人生，又怎么能说你的人生没有选择呢？

（3）经营观生命。

教师向学生推心置腹地分享："有优势也好，有选择也罢，最后都需要落实到扎扎实实的生活，所以我们要经营观生命！生命不只是期许的远方，还有眼前的生活 pizza……"

教师出示某位学生最近的生活 pizza 图（见图3），请学生们学着尝试将眼前的生活 pizza 进行切分，并提问："你当下的生活是怎样的呢？由哪些事情填充着？它们所占的比例又是怎样的？"

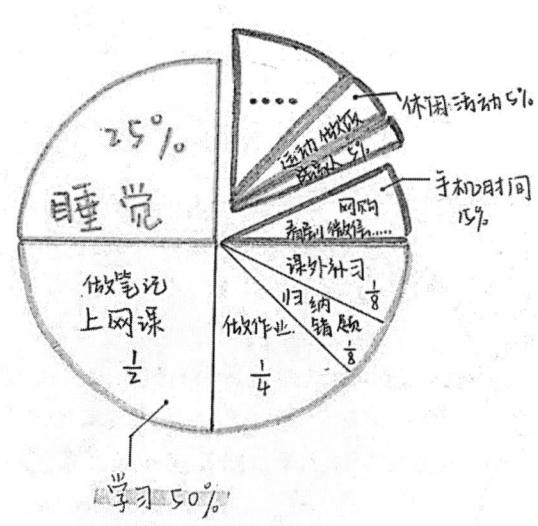

图3　学生生活 pizza 图

教师引导学生思考：有着 80 岁的期许在前，正值花季雨季的你，需要给当下的生活 pizza 加点调料吗？加在哪里？加点什么呢？这张生活 pizza 图的主人，想在玩手机那一项加点调料，具体点是从玩手机的时间中多匀出一点时间来看书或者写写日记之类的，不要总是瘫倒在床上或椅子上看手机。同学们，你呢？

【教师导语】

当然，随着年龄的增长，某个年纪的你会对 80 岁的期许有增项、减项或修改措辞，而那个时候各种生活事件和时间比例也会随之发生调整。这也再一次证明我们的生命有选择，需要不断地去经营。

4. 结束

【教师结语】

在今天的生命探索之旅中，我们感受着生命的多样，但也不过是自然、社会和精神这三个属性。没有哪个属性更高格，不能因为其中一个属性的不够好而否定、破坏其他属性。所以我们要以新三观对待我们的生命：每个人的生命都有优势，可以选择，并且需要好好经营。

最后，我们以确定的态度来应对变幻、虚渺、难测的人生，一步一个脚印走向自己期许的生命的样子。

（微信扫描二维码可观看课例，网页下载链接：
https://portal.scnu.edu.cn/article-13957-464-1.html）

三、教学成效与反思

本节课尝试将"生命"这一感性的话题理性化，通过三属性的解析、属性的选择和取舍，让学生珍惜生命的每一个属性，打破了原来对"生命"这一概念的笼统解释。课程设计在以往"珍惜生命"上加入了看待生命的"新三观"——优势、选择、经营，更具发展性。

如果这节课能在传统课堂上进行，关注学生的课堂生成就更好了。

作者简介

郑晓虹，广州市铁一中学专职心理教师，高中一级教师，心理学科副科组长。曾参编中小学心育教材；曾获"一师一优课、一课一名师"广东省优课、广州市优课；曾获广州市优质课例一等奖；多次受邀开展各种主题心理讲座，多次在学科交流中上公开课或发表讲话。

专家点评

本课例设计比较新颖，对教学内容和教学方法的选择体现了设计者一定的钻研能力和认真态度，对心理课的把握比较到位。需要指出的是，优势观生命、选择观生命、经营观生命等提法还需要进一步地斟酌。

——华南师范大学心理学院　黄喜珊

第一单元"神州古韵"第2课时：音乐故事系列之二

广州市天河外国语学校　吴跃芳

一、案例简介

（1）本单元均为中国古代音乐内容。本课学习的是古琴曲《流水》的片段，了解"知音"的故事，重点学习《梅花三弄》，听记音乐主题，了解作品相关的人物故事。

（2）通过本课的学习，学生能够了解古琴从造型到演奏上的相关文化，感受中华传统文化的博大精深，激发学生的民族自豪感和自信。

二、教学目标

（1）知道《流水》《梅花三弄》两个作品背后的音乐故事。
（2）能分辨出作品中散音、泛音、按音的三种基本音色。
（3）知道表现《流水》的主要演奏技法为"滚、拂"，能简单辨析《流水》中对不同形态水的演绎。
（4）能听记《梅花三弄》的主题旋律并分辨出每次之不同，从而感知其音乐意境。

三、教学重点

了解古琴的三种音色，带领学生掌握欣赏这两个作品的方法。

四、教学过程设计

（一）导入

导语：同学们好！我是来自广州市天河外国语学校的吴跃芳老师。上一节课老师通过3个音乐故事带你们领略了骨笛、编钟的神奇和伟大，孔子与《诗经》的历史地位与贡献。今天，老师又给你们带来了另外两个古人觅知音的音乐故事以及两个相关的音乐作品，你们听好。

相传在春秋战国时期，楚国有一位琴家叫俞伯牙，他非常善于弹琴。一日，伯牙正在弹琴，旁边来了一位叫钟子期的樵夫，只见他听得入迷。伯牙想：你能听得懂我的音乐吗？于是他弹奏了一首表现巍峨高山的音乐，乐曲刚落，只听钟子期说道："峨峨兮若泰山！"伯牙心中一喜，又马上弹奏了一首表现奔腾流水的曲子。钟子期又道："汤汤乎若流水！"钟子期能准确领悟伯牙琴声中的意境和流露出的情感，使他们一见如故，结成知音。钟子期死后，伯牙将琴摔碎，挑断琴弦，终生不再弹琴。

这就是"高山流水遇知音"的故事，"知音"的典故也由此而来。

同学们知道这里的"琴"是什么琴吗？就是我国古老而又具文化内涵的传统乐器——古琴，在中国传统文化中，"琴棋书画"历来被视为文人雅士修身养性的必由之径。古琴对古人来说，不但是乐器，也是抒怀寄情之物。下面我们就先来了解一下古琴吧！

【设计意图】

故事导入，与前一课承接。

（二）认识古琴

导语：我们来了解古琴的琴弦、形制和音色这三个内容。

（1）琴弦：古琴又称"七弦琴"，因为它有 7 根弦。最早的古琴是 5 弦，代表土金木火水五行，后来周文王为了纪念儿子伯邑考加了 1 根，周武王在伐纣时为了鼓舞士气又加了 1 根，古琴就变成了 7 根弦，一直至今。

（2）形制：古琴有 3 尺 6 寸半长，寓意一年 365 天；13 徽位寓意 1 年 12 个月加 1 个闰月。徽位也是泛音和按音的音位标记；琴身上方为弧面，寓意天圆，下方是平底，寓意地方，合起来就是天圆地方，表达了古人对世界的认知。

（3）音色：古琴主要有三种音色。第一种散音（播放弹奏散音的录像），散音饱满浑厚，有"地声"之称。第二种泛音——左手指在琴徽处轻轻一点，右手同时弹弦（教师示范），音色透明清淡，有"天声"之称。第三种是按音——左手在琴面按着弦，右手同时弹出音（教师示范），按音经常会与左手的猱吟绰注等技法结合演奏，请同学们边听边思考，按音又会寓意什么呢？（教师示范）同学们能想到什么画面？是不是感觉很像古人吟诗作赋、摇头晃脑的样子？因此，按音有"人声"之称。

当然，古琴还有很多小秘密，它们都有代表着浓郁的中华传统文化，由于时间关系老师这里就不介绍了，布置一个小作业，请同学们自己课后去了解。

【设计意图】

音乐与相关文化的学习，能增强学生的民族自信。琴的构造体现了中国文人对于宇宙天地的认识和生存策略，学生理解及体会到：古琴艺术的意义与价值远远超出了一般的乐器，其文化内涵也远远超出了音乐的范畴。

（三）赏琴析曲《流水》

1. 辨听乐曲，选择曲名

导语：同学们对古琴有了初步的了解了。那下面要请你们辨听一下喽，看看我们能不能成为伯牙跨时空的知音！请听音乐片段，选择合适它的表现内容？（播放《流水》的音

频片段）

  A. 高山　　　　　B. 流水

  相信你们都听出来了，这个音乐片段就是古琴曲《流水》中表现流水奔腾的一个片段。如果俞伯牙活在当下，遇上鉴赏素养如此之高的你们，哪还需要摔琴、终生不弹琴啊！

  【设计意图】

  散音、泛音、按音三种音色构成了古琴音乐的表现技巧，演奏家就是这样根据各种音色的特点来表达每一首乐曲的。学生要通过音色的分辨，学会欣赏琴乐的基本方法，更好地理解古琴音乐。

  2. 重要技法"滚""拂"

  导语：同学们，你们知道古人俞伯牙是如何用他的高超演技，用这样一件小小的乐器，表现出如此恢宏的流水的呢？下面我们就来看一看刚才这段是如何演奏的，你们可要认真看演奏者的手哦！也可以跟着视频模仿一下呢！（播放视频）

  同学们刚才有模仿演奏吗？发现演奏家右手是怎样演奏的？是不是一直在这样？（做一下模拟的动作）这个技法叫什么呢？（边示范边讲解）右手无名指指甲连贯往前送，演奏技法叫"滚"；食指指尖往里连抹回来，叫"拂"。连贯起来，滚拂滚拂。课后如果你也有兴趣自制个"小古琴"的话，可以试着弹弹哦。

  一曲《流水》中，有 72 次之多的"滚""拂"，结合左手的技法以及右手弹奏时速度、力度等的变化，展现了千姿百态的流水形象，请同学们课后自己聆听。

  【设计意图】

  通过辨听、体验技法，知道表现流水最重要的技巧及其变化。

  3. 流水的纪念事件

  导语：《流水》一曲被录制为一张镀金唱片，于 1977 年 8 月 22 日被美国"航天者号"飞船带到太空，向那些茫茫未知生物传递中华民族的智慧和文明信息。

（四）赏析《梅花三弄》

  1. 讲述音乐故事

  导语：介绍完了《流水》，那我们来了解一下另外一个故事：东晋大将桓伊偶遇王徽之，知其品行高尚，为其奏笛一曲，以表赞美之情。两人一文一武，一个桥头，一个船中，互相钦佩，但并未见面交谈，这就是"君子之交淡如水"的故事。不发一言，便知彼此心志。这首曲子就叫《梅花三弄》。

  2. 熟悉主题

  导语：那么，《梅花三弄》是什么意思呢？我国历代文人认为梅花傲雪凌霜，正契合他们对高洁的人格品性的追求，因此咏梅表志。而"三弄"指的是什么呢？先留一点小秘密，等我们熟悉主题旋律后再来揭晓。

  3. 选择音色

  教师出示乐谱谱例（见图 1）：

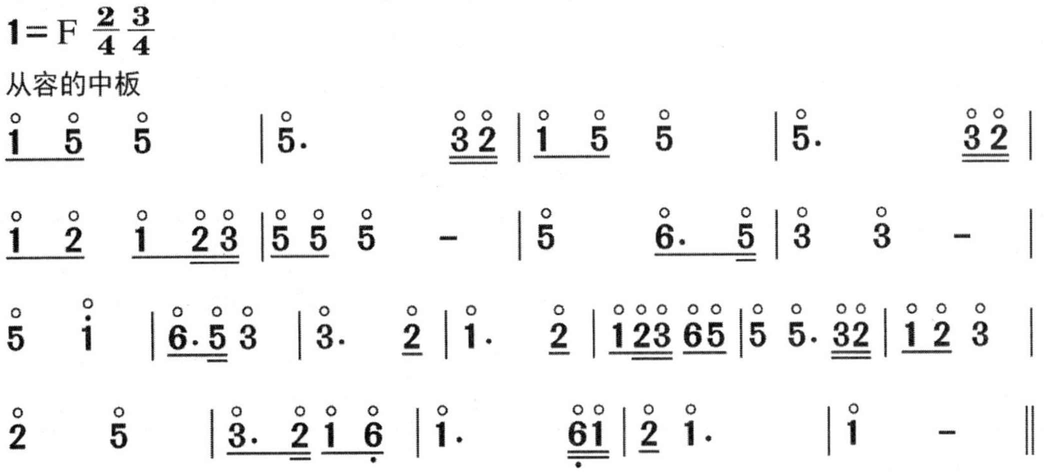

图1 《梅花三弄》主题旋律乐谱

导语：这就是梅花的主题旋律。不知道同学们还记不记得，刚才我们介绍古琴主要有哪三种音色？散音、按音、泛音。那如果你是作曲家的话，你认为哪一种音色最能体现梅花的这种高洁、淡雅的品质？估计大部分同学都会选择泛音来诠释梅花，其实，音乐家也跟大家想的一样呢，用通透的泛音来表现梅花之高洁。那我们就先来聆听一下主题吧！同学们知道吗，这个主题在作品里一共会出现三次。现在不用老师解释，也知道"三弄"的意思了吧？

【设计意图】
通过探究、联想，了解表现梅花品质所用的音色，并体会古代文人将艺术与人生追求相结合的文化现象。

4. 主题对比

教师播放3次主题旋律的演奏视频，请学生填写表格。

导语：下面，老师就要把这三次主题旋律逐一播放一遍，请同学们一起来完成表格内容！同学们需要聆听出主题的音区，并关注左手泛音点的位置。

首先我们欣赏第一弄（播放一弄）。同学们听出音区了吗？是的，音比较高，是高音区。那发现左手泛音点的位置了吗？靠近琴尾，这个位置叫作古琴的下准。一弄表现梅花高洁、风雅的神态。

接着我们来欣赏第二弄（播放二弄，师唱第一句做音高对比），是不是音区明显比刚才低了八度呢？所以二弄音区是中音区。那你们观察这里左手的位置了吗？在琴中间的位置，也称中准。相比一弄，这里音区低了八度，音色更加厚实，用来表现梅花傲雪凌霜的神态。

最后我们来欣赏第三弄。大家一定要注意，听听它的音区跟前面哪个弄是一样的？（播放三弄）同学们听出来音区了吗？跟哪个弄一样？对，跟一弄一样是高音区。那左手泛音位置呢？也一样吗？不一样，到了琴头，也就是上准位置。

我们发现，第一弄和第三弄主题都是用高音区，但泛音点位置不同。既然都是高音区，那为什么要在不同位置演奏呢？这就与物理知识相关了：一弄在下准，琴弦有效震动长，所以音就更加悠长有余韵，表现梅花风雅的形态；而三弄在上准，有效震动短，因此音色更加坚硬，来形容梅花经风雪洗礼后依旧傲立的坚韧以及更加香浓的形态。

学生填表（见表1）。

表1 梅花三弄的区别

名称	音色	音区	演奏位置	梅花意境
一弄	泛音	高	下准（琴尾）	表现梅花高洁、风雅的神态
二弄	泛音	中	中准（琴中）	表现梅花凌霜傲雪的神态
三弄	泛音	高	上准（琴头）	表现梅花经过风雪洗礼，更加香浓

【设计意图】

从对比、分析中，了解主题三次演绎的异同及所表现的意境。

五、教学效果检测

教师设置题目，请学生作答。5 道题目中，答对 4 道即为顺利过关，答对 3 道即为合格。

（判断题）

（1）这段音频是由古琴演奏的。（ ）

A．是　　　　　　　　B．否

（选择题）

（2）现代常见的古琴一共有（ ）根琴弦。

A．5　　　　　　　B．7　　　　　　　C．15

（3）这段音乐主要运用了下列哪种演奏法？（ ）

A．打圆　　　　　　B．勾剔　　　　　　C．滚拂

（4）这段音乐运用了古琴的哪种音色？（ ）

A．泛音　　　　　　B．按音　　　　　　C．散音

（5）这段背景音乐是根据下列哪一个作品的主题改编的？（ ）

A.《流水》　　　　　B.《关雎》　　　　　C.《梅花三弄》

六、课后拓展

教师布置 3 个课外拓展活动，请学生选择 2 个适合自己做的完成。

（1）了解古琴还有哪些与传统文化相关的要素。

（2）完整聆听古琴曲《流水》和《梅花三弄》。

（3）用有限的材料，动手自制一个小古琴，尝试流水之"滚拂"技法。

七、教学成效与反思

我们音乐课,在平时课堂中,比较注重学生的艺术实践,推崇从体验中达到审美能力的提高,而这一次,只面对这两台摄像机,还要站在原位不走动地进行教学,说实话,真的很不习惯,甚至更加紧张,导致脑子会不由自主地去想语言表述。虽然这堂课会因为没有平时的互动而少了些许生成性的内容,但是,我们还是非常关注并思考如何利用20分钟时间,用更加简单有趣的形式,带领同学们进入审美的通道,学会欣赏的方法,并有兴趣实现自我实践、自我赏析。

个人简介

吴跃芳,广州市天河外国语学校艺术科组长;毕业于华南师范大学音乐学院,硕士研究生;广州市天河区艺术教育专业委员会常务理事;广州市天河区音乐学科核心组成员;广州市天河区第十二届青年教师基本功大赛特等奖,获天河区"教坛新秀"称号;广东省音乐骨干教师培养对象;广东省"强师工程"(音乐)骨干教师培训跟岗导师;广东省中小学继续教育初中音乐网络课程讲师;花城版高中音乐鉴赏教师用书编委;花城版初中音乐教材教学参考书编委;获第十届广东音乐邀请赛优秀指挥奖。课例《南泥湾》获得教育部部级优课奖项;课例《百鸟朝凤》《朝鲜音乐》《客家之歌》《神州古韵》获得省级优质课;课例《阿里郎》《唱脸谱》获得广州市优质课奖。

专家点评

(1)无学科错误。
(2)内容和策略适合在线自学,并体现以学生为中心。
(3)学习过程和教学反馈的设计体现了教学与学科特点融合,能够促使学生参与学习,培养学科素养。
(4)学习指引清晰,学习任务量适中,达到教学目标。

——华南师范大学音乐学院　李婷

京韵大鼓的基础鼓点

肇庆市端州中学　刘　丹

一、案例简介

新型冠状病毒肺炎疫情肆虐全球,武汉人民经历了前所未有的苦难。而我作为一名土生土长的武汉女儿,身在广东,心系家乡,全社会足不出户的坚守都是共同抗击这场疫情的利剑。我国中医、中药一针一草能治百病,在这次全球性疫情中挽救了众多的生命,让我们再一次看到了中华文明的璀璨之光。习近平总书记曾说过:"优秀传统文化是中华民族的精神命脉,是最深厚的文化软实力。"《普通高中音乐课程标准(2017年版)》中指出,"弘扬民族音乐　理解多元文化""强调音乐实践　开发创造潜能"等教学理念应贯穿在音乐教学过程中。因此,我设计将中华传统文化曲艺中具有代表性的京韵大鼓带入线上音乐课堂。京韵大鼓是我国北方说唱音乐中艺术成就较高的一种,同时在全国的曲艺中占有相当重要的地位。我将多种音乐实践活动,贯穿全部音乐教学活动中,使学生获得直接体验,学习与京韵大鼓的相关知识,在提升审美感知、文化理解能力的同时,增强艺术表现能力。

疫情期间学生宅家不出门,我通过自制小乐器点燃学生学习的兴奋点,希望学生通过京韵大鼓的学习和艺术实践,了解并热爱祖国的音乐文化,增强民族文化自信,培养爱国主义情操,使宅家学习充满乐趣。

本课例被广州市电视台录制成素质教育微课堂节目并在"花城+"APP展播,展播课例时长为10分钟。本课例还依托腾讯课堂作为学校的30分钟线上直播课程开展教学。为了方便线上直播课堂中学生的课前预习,我还制作了相关鼓点的20分钟翻转课堂预习课。

二、教学设计

(一)教学目标

(1)了解京韵大鼓是国家级非物质文化遗产,简单了解京韵大鼓著名表演艺术家骆玉笙。

(2)左手拿直尺做的模拟小书板,同时右手拿笔模拟鼓棒,能左右手配合演奏出京韵大鼓的基本鼓点"老七点"和"双七点",并为《丑末寅初》的前奏音乐做前 6 小节的鼓点伴奏。

(3)通过了解京韵大鼓的发展现状,懂得对京韵大鼓保护、传承与发展也是一名中学生的责任和义务,对曲艺艺术有进一步学习的兴趣,进而增强民族文化自信。

(二)教学过程

1. 老师演奏京韵大鼓,学生猜表演形式

师:同学们,你们好!我国历史悠久,幅员辽阔,文化艺术种类众多。其中,曲艺因为有着鲜明的地方特色,而深受老百姓喜爱。下面我给大家带来一段曲艺表演,看看你们知不知道京韵大鼓是哪种曲艺形式。

2. 介绍京韵大鼓的重要地位和骆玉笙

(1)重要地位。

师:京韵大鼓,又叫"京音大鼓"。京韵大鼓主要流行于包括北京、天津在内的华北及东北地区,在全国的说唱音乐中京韵大鼓也占有相当重要的地位。京韵大鼓还是国家级非物质文化遗产呢!

(2)骆玉笙简介。

师:刚才老师表演的这段音乐是京韵大鼓著名表演艺术家骆玉笙演唱的《丑末寅初》中的前奏部分。

3. 介绍京韵大鼓打击乐器——书鼓和书板

师:你们看看老师手里的这两件乐器。知道叫什么名字吗?鼓?板?你们只说对了一半。以前,像京韵大鼓这种有说有唱的鼓词类曲艺表演被人们统称为大鼓书。所以,这件乐器标准说法叫书板、书鼓。在京韵大鼓中,打板和击鼓有两套基本鼓点,被称为老七点和双七点。下面我们就一起来试一试如何演奏。

4. 学习老七点

师:首先我们来学习老七点。老七点的口诀请看图片(见图1)。

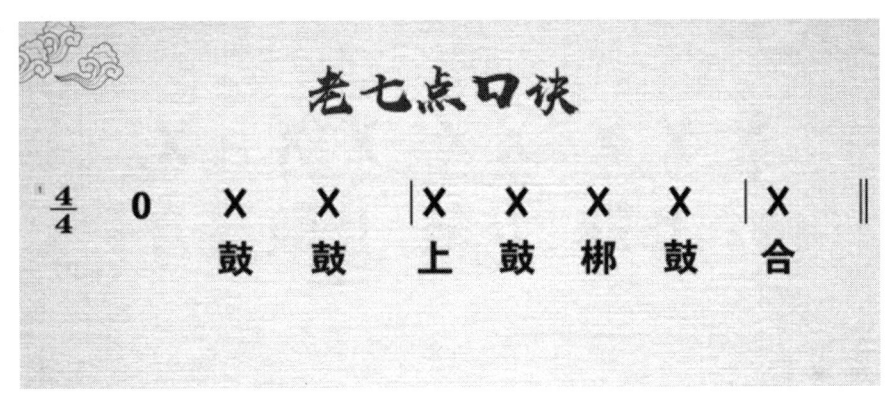

图1 老七点的口诀

(1)老七点鼓点的规律及含义。

师:老七点共有 7 个动作,每拍响一声,共 7 次,所以称为七点,每 8 拍一个周期。

"鼓"是指用鼓棒敲击鼓心；"上"是指上板；"下"是指下板；"梆"是指敲击鼓梆；"合"是指鼓板一起演奏，鼓敲鼓心，板合上。下面请看老师用书鼓和书板演奏老七点。

（2）使用文具制作替代乐器的方法。

师：你们现在肯定没有书鼓和书板。不过没关系，我们可以找点常用的文具代替。可以用尺子自己简单做一个小书板，制作方法很简单：尺子两头用胶带缠上，中间打孔，穿上绳子就好了。我们拿出尺子和笔，左手拿尺子，右手拿笔敲击桌面，模拟书鼓和书板的演奏（见图2）。

图2 用文具制作小书板

（3）学生用文具模拟乐器演奏老七点两遍。

5. 学习双七点

师：接下来我们再来学习双七点。双七点的口诀是这样的（见图3）。

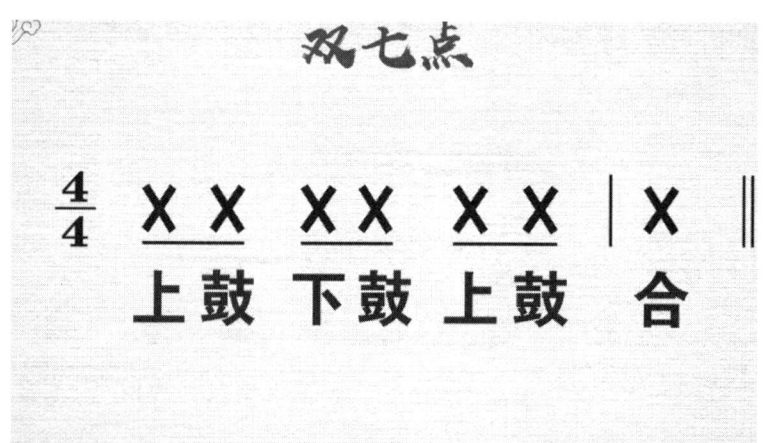

图3 双七点的口诀

（1）双七点的规律与含义。

师：它也是7个动作，每拍响一声，共7次。因为4拍一个周期，所以前面的6个鼓点每拍两声，所以叫作双七点。

（2）念口诀。

师：现在请跟我一起念两遍口诀：上鼓 下鼓 上鼓 ｜合。

（3）学生用文具模拟乐器演奏双七点两遍，并将老七点与双七点连起来演奏。

师：请看老师书板和书鼓配合演奏的双七点。请你们也拿出笔和直尺和老师一起演奏，请一定要记得边做的同时边念口诀。（做两次）下面我们把这两个鼓点连起来试一试，体会一下老七点和双七点的区别。

6. 老七点与双七点的综合运用

（1）标准记谱。

师：现在我们一起来看看《丑末寅初》前奏部分的鼓点特征。这样看也许你们没那么容易找出规律。我换一个排版方式（见图4），现在是不是很清楚了？

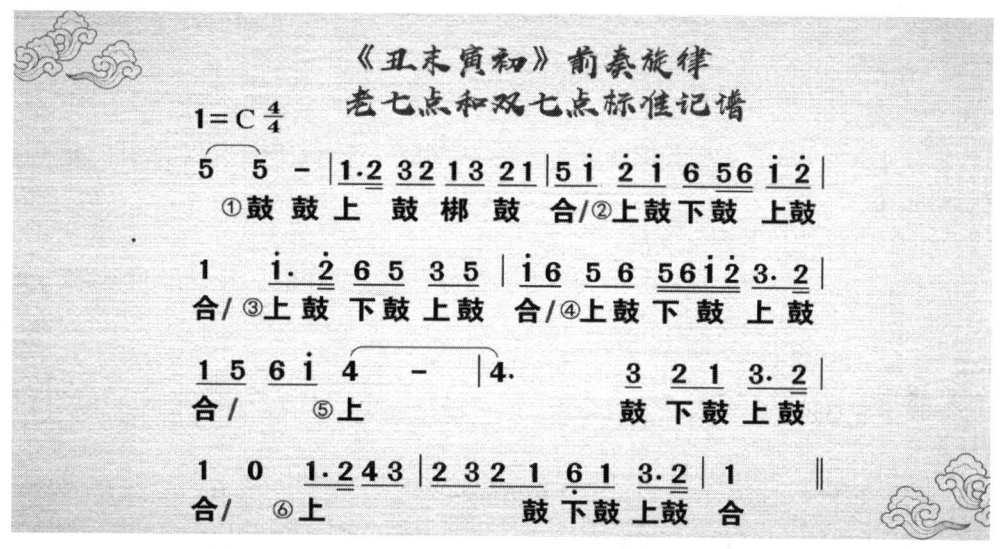

图4 标准记谱

（2）简化记谱。

师：第1行是老七点，第2行是什么呢？对，双七点。第3行、第4行和第2行一样，也是双七点。第5行是什么鼓点呢？对了，从口诀上看，也是双七点，只是板之后有停顿，口诀变成了这样：上 2 3 4 鼓 下鼓 上鼓 合 空 上 2 3 4 鼓 下鼓 上鼓 合。在这里，由于旋律的变化，双七点的鼓点做了小的调整（见图5）。

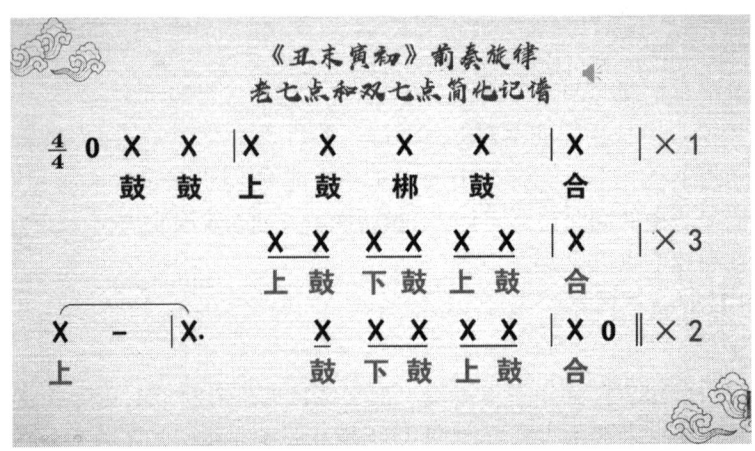

图 5　简化记谱

（3）小结。

师：这段鼓点特征是老七点 1 次，双七点 3 次，变化双七点 2 次。那么现在再看这个谱子，是不是更简单了？下面我们就边念口诀，边跟着音乐来演奏吧。怎么样？是不是有点成就感？

（4）对比不同唱段的前奏旋律。

师：相信你们对《丑末寅初》的前奏音乐旋律有一定的印象了。今天老师还带来其他三段不同曲目的京韵大鼓前奏片段，你们来听听，这三段京韵大鼓的前奏片段符合下列哪个选项？

师：没错，这就是京韵大鼓的前奏特点——固定旋律。让我们一起来用人声模仿三弦的音色用"得儿"来哼唱京韵大鼓的固定旋律。

7．课后延伸

师：我们的课就快结束，但我们对中华传统艺术的追求并没有止步，老师也创建了一个魅力京韵大鼓的公众号，在这个学习交流的平台上面有我今天上课的所有素材，还有上课没有用到的更多资源。中国传统文化博大精深，希望我们一起来完成对它的保护、发扬和传承。同学们，再见！

（微信扫描二维码可观看课例，网页下载链接：
https://portal.scnu.edu.cn/article-13958-466-1.html）

三、教学成效与反思

（一）教学成效

在新媒体大爆炸的今天，教育信息化呈现出与之匹配的新业态。如何运用现在的信息技术优化课堂教学，这是新时代教师面临的机遇与挑战。

我以此案例参加了广州电视台微课堂的 10 分钟微课的录制，课前也录制过完整的微课给学生提前学习，也参与了学校线上 30 分钟音乐鉴赏课的教学。我展示一下在整个线上教学过程中，我主要运用到的一些信息技术软件辅助教学的具体措施和取得的效果。

1. 依托腾讯课堂平台进行线上直播授课

开展线上教学以来，我一直使用腾讯课堂进行直播授课。它能够开展人数较多的大规模直播授课，能够及时传递信息，解答疑惑，而且从电脑端、网页端、手机端 APP、平板端 APP、手机端网页、平板端网页都能进入，学生不受设备限制，听课更加方面快捷。对于教师来说，考勤、连麦、答题卡等线上教学的必备互动功能它都具备，因此在线上教学期间深受追捧。

2. 自建"魅力京韵大鼓"微信公众号

微信公众号是自媒体时代的产物，打开微信随手扫一扫，就能足不出户关注到想获得的资讯。微信公众号（见图6）"魅力京韵大鼓"是我一手创建的，微课视频、京韵大鼓代表人物以及我备课用到的所有相关的音乐素材我都发上公众号，便于学生课前预习、课后复习和拓展。

图6　"魅力京韵大鼓"微信公众号

3. 课中使用雨课堂平台，课堂检测更高效

雨课堂是一款利用微信和 Power Point 插件进行师生互动的平台：课前，将制作好的 PPT 发布到微信端；课中，学生用手机扫描二维码同步显示上课的课件，还可利用平台答题、弹幕功能加强师生线上互动。

4. 依托 UMU 平台进行课后讨论

UMU 互动学习平台能够实时开展互动，还能发起问卷、讨论等，笔者利用 UMU 互动平台开展关于"如何传播京韵大鼓？"的大讨论。它能够促进学生在移动学习中交流和互动，使每个学生都能融入课堂、分享知识、收获知识。

（二）教学反思

这节课受到了广大学生的喜爱，下课后很多学生积极参与 UMU 平台如何传播中华优秀传统文化的大讨论中。他们无疑都沉浸在了学习的快乐中。基础鼓点的学习也是极有魅力的。在课堂中，同学们都积极参与基础鼓点的学习和体验。整节课教学环节清晰、紧凑，实践性强，已经达到了本节课的教学目标。京韵大鼓是一门内容丰富，表演艺术造诣很高的传统艺术，我在学校 30 分钟的线上课堂中还通过微课前置、先学后教的翻转课堂式教学检验基础鼓点的学习。我还采用探究、对比等方式，让学生对京韵大鼓艺术特点有了初步的了解，增强对京韵大鼓的学习兴趣和探究京韵大鼓的热情，学生因此喜爱上京韵大鼓。由于本人也是在不断地学习中，这节课的示范演奏等还不够完善，还需要加强对曲艺艺术的学习和提升，为传播传统曲艺艺术贡献力量。

线上远程互动教学突破了传统教育模式的瓶颈，实现跨区域、跨空间的教育资源共享。借助互联网云平台、音视频通信及直播平台、人工智能等技术，不管学生身在何处，只要有终端，远程互动的教育平台就能把师生联系在一起。一场疫情带来了远程互动教学的春天。也正是有了它，才使得"停课不停学"的要求得到了基本的落实。然而，在这一轰轰烈烈的"新的教学"新形式开展之后，我们还是要冷静下来进一步去反思，去优化。我们一线教师也需要不断地在教学实践中运用和钻研，让这一春天的种子，经过夏天的进一步培育，最终迎来秋的收获。

作者简介

刘丹，广东省音乐骨干教师培养对象，执教的课例曾获"第十届中南六省音乐教育协作交流活动"参评课特等奖；肇庆市音乐优质课一等奖，并参加"2018 年广东省中小学音乐课堂优秀课例展示交流活动"现场教学展示；曾获"肇庆市音乐教师基本功比赛"第一名，"肇庆市优秀音乐家""肇庆市高考优秀指导教师"等各类荣誉。

专家点评

本课例的优点在于：教学设计能够清晰有效地指引学生线上自学；学习活动以学生为中心，设计体现了在线教学与学科特点融合，能够培养学科素养；提供了学习需要的资

源，学习指引方式多样，清晰；教学内容容量合理，能够充分地学习和体验。

本课例的不足在于无前奏的旋律体验，学生在学习伴奏时只是背记，缺少了聆听音乐进行合乐伴奏的意识。

——华南师范大学音乐学院　李婷

"宅家泳"教学课程（一）

肇庆市端州中学　张　健／肇庆市第十二中学　谢文颂

一、案例简介

"体育与健康"是定位在"以身体练习为主要手段，以体育与健康知识、技能和方法为主要学习内容，以增进中小学生身心健康为主要目的"的课程。本课以《义务教育体育与健康课程标准（2011年版）》为依据，结合目前严峻的疫情防控工作部署，以及近期广东省某地市所发生的小学生溺水身亡事件，再加上游泳项目教学的条件局限性，创造性地设计了在家中就可以开展的"宅家泳"练习方法。

一直以来，大部分教师、家长和社会上的各种游泳培训机构对青少年的游泳教学要求都存在着方向性的错误。绝大部分家长要求小孩子去学游泳，最根本的目的其实很简单，就是希望孩子掌握一门水上的求生技能。那么，到底是游得快重要，还是游得久重要？问到这，相信绝大部分的家长都会选择游得久而不是游得快，因为游得久才是求生能力的体现，也是游得快的前提与基础。

既然需求的方向明确了，教学、培训实施的方案方向也就相应明确了。本课以网络线上教学为途径，在教学过程中采用自主探究的学习形式，在教师的引导和组织下，以学生为主体，自我完成学练、自我体会探究及学练、探究过程的自我感受与评价，充分发挥学生的主观能动性，让学生在和谐、理解当中得到自己想学的知识与技能；同时，通过利用家中简单便利的家庭用品对游泳的呼、吸技术和水中睁眼能力及技术动作进行学练与掌握，既调动学生的学习积极性，提高学生的学习兴趣，又能使学生逐渐克服由于呼吸紊乱、闭目及技术动作不正确等引起的心理恐惧。

二、教学设计

（1）结合目前教学所需，教师提前录制教学视频，并在各班群发布将进行家中游泳技术教学的通知，提早引起学生的注意。部分学生会在求知欲的驱使下，提前了解游泳的相关教学内容和知识。

（2）通过网络，利用课堂软件向学生播放预先录制好的教学视频，在学生观看的同时，与学生进行文字或语音的实时沟通，现场解答学生的疑问；也可以通过现场抢答或提问的方式，既了解学生学习情况，调动学生的积极性和学习兴趣，又可以提高学生对运动技能的观察和自练能力。

（3）根据课堂软件中的考勤时间记录，对上课时间少或进出课堂次数频繁的同学进行学习内容的个别了解与辅导，使课堂教学全方位、无死角。

（4）运用课后作业布置软件，安排学生在规定时间内以短视频方式上传作业。老师通过对上传作业的批改，了解每一个学生的学习情况、练习情况以及动作技术质量，并以视频、语音、图片、文字、分数等形式对学生进行一一点评、纠正错误，使学生习得正确的动作技能，建立良好的认知结构，达到课后练习效益最大化。

三、教学实施

（一）教学内容

（1）游泳呼吸技术与节奏。

（2）水中睁眼能力培养。

（二）学习目标

（1）认知目标：培养学习游泳的兴趣，自觉积极地参与游泳锻炼。

（2）技能目标：掌握游泳运动中的呼吸技术与节奏和水中睁眼能力。

（3）情感目标：增强自主学习、探究学习的意识与能力，培养吃苦耐劳的意志品质。

（三）重难点

（1）重点：掌握游泳运动的呼吸技术与节奏，培养水中睁眼能力。

（2）难点：水中用口及鼻子呼气和水上用口吸气的呼吸模式。

（四）准备的器材

（1）脸盆；（2）玻璃珠（若干）；（3）小软管（约20 cm）。

（五）教学与练习流程

1. 闭气练习

（1）陆上闭气练习。

①教师讲解动作要领及示范。

②学生和老师一起进行练习。

③练习量：学生根据自身实际练习，时间由短到长，一般为20秒/组，共4组，组间间歇30秒。

（2）水中闭气练习。

①教师讲解动作要领及示范。

②学生和老师一起进行练习。

③练习量：学生根据自身实际练习，时间由短到长，一般为15秒/组，共4组，组间间歇30秒。

2. 水中睁眼练习

（1）水中利用软管吸气睁眼练习。

①教师讲解动作要领及示范。

②学生和老师一起进行练习。

③练习量：学生根据自身实际，时间逐渐增加，一般为 20 秒/组，共 4 组，组间间歇 10 秒。

（2）水中闭气睁眼练习。

①教师讲解动作要领及示范。

②学生和老师一起进行练习。

③练习量：学生根据自身实际，时间逐渐增加，一般为 10 秒/组，共 4 组，组间间歇 30 秒。

3. 呼、吸练习

（1）陆上呼、吸练习。

①教师讲解动作要领及示范。

②学生和老师一起进行练习。

③练习量：学生根据自身实际，次数逐渐增加，一般为 20 次/组，共 4 组，组间间歇 30 秒。

（2）睁眼水中呼、陆上吸完整练习。

①教师讲解动作要领及示范。

②学生和老师一起进行练习。

③练习量：学生根据自身实际，次数逐渐增加，一般为 20 次/组，共 4 组，组间间歇 30 秒。

4. 课后作业

每天抽时间进行游泳呼吸技术与节奏及水中睁眼能力的练习，以形成动力定型。

5. 防疫寄语

口罩目镜防飞沫，个人卫生保健康，每天锻炼身体棒，宅家旱泳防新冠。

（微信扫描二维码可观看课例，网页下载链接：
https://portal.scnu.edu.cn/article-13956-463-1.html）

四、教学成效与反思

1. 教学成效

通过上传作业的视频数量及上传时间，可以看到学生参与的兴趣及学习情况是不错的，部分学生对呼吸技术有一定的认识，并通过不断的练习后，有了不同程度的进步。

2. 教学反思

但由于网络授课的局限性，未能对正在进行练习的学生给予及时的指导，使学生错失第一时间纠正错误的时机。

作者简介

张健，中共党员，中学高级体育教师，毕业于广州体育学院体育教育系，大学本科，教育学学士学位。1997年到肇庆市端州中学任体育教师至今，具有较强的工作能力和学科管理能力，是肇庆市端州区体育教研理事会副会长、体育术科高考备考组组长及中招体育考务工作组组长。

谢文颂，中学高级体育教师，一级运动员，毕业于广州体育学院体育教育游泳专业。多年从事体育高考和游泳教学的工作与研究，参与游泳公益教学。2018年加入广东省第十五届运动会筹委会，担任水球、跳水与游泳三个项目的主管工作；作为专家担任广东省2019年、2020年乡村中学体育骨干教师（游泳）专项培训的授课工作。

专家点评

创造性地将游泳教学通过网上教学实现，在术科教学上有突破，使学生居家能进行简单学习。

——华南师范大学体育科学学院　杨忠伟

我们怎样运用自己的眼睛

佛山市顺德第一中学 杜永强

一、案例简介

"我们怎样运用自己的眼睛"是湖南教育出版社高中美术鉴赏第一单元第三课的学习内容,学习对象为高一学生。教学课时为1课时。

二、教学设计

(一)教材分析

本单元是美术鉴赏的入门课程,通过对经典美术作品进行尝试性分析,学生系统地获得美术鉴赏的基本意识,掌握科学的鉴赏方法。本课介绍的是美术作品的四种鉴赏方法,这个内容主要包括两个层面。

(1)美术作品是可以从不同的角度来欣赏的,而不同的欣赏角度所获得的感受和认识是不同的。因此,对美术作品的认识并不是固定不变的,随着社会科学的发展和人类文明的进步,我们可以用更新的方式去解读作品的内涵。

(2)理解并掌握美术鉴赏的四种基本方式:①感悟式鉴赏;②形式鉴赏;③社会学式鉴赏;④比较式鉴赏。以上四种鉴赏方式之间有相互渗透的关系,不是彼此对立的,而是由感性向理性深度过渡。

(二)学情分析

(1)学生在之前的课程学习中,对美术的基本概念已经有所了解,同时具有一定的审美能力。

(2)对开国大典这一举国欢庆的重要历史事件,很多学生耳熟能详,但对《开国大典》这一美术作品可能不太熟悉。因此,一方面要鼓励学生丰富对这幅作品的认识,发现以前被忽略的细节;另一方面要鼓励学生提出对这幅作品的个人见解。

(三)教学目标

(1)认知目标:了解美术鉴赏的四种方式。

(2)技能目标：掌握美术鉴赏的四种基本方法，能比较熟练地运用这四种方法对作品的形式特征、社会含义、内在精神以及文化内涵进行具体鉴赏分析。

(3)情感目标：培养学生的审美意识、爱国情怀，学会从多角度、多层面鉴赏美术作品。

（四）教学重难点

如何运用四种鉴赏方法从多个角度去欣赏一幅美术作品。

（五）教学过程

1. 新课导入

教师：我们鉴赏一幅作品，仅仅靠观察外表和浅层次的思考并不能真正理解这幅作品。一幅画的美不但是表面的，还有很多内在东西需要你去细细品味。怎么品味？离不开我们的眼睛。如何运用自己的眼睛？这就是我们这节课要讨论的话题。

PPT揭示课题——我们怎样运用自己的眼睛。

2. 创设情境

教师：我们眼下正在经历一场世纪"瘟疫"，但在我们党和国家以及全体人民的共同努力下，疫情已经好转，社会正在恢复往日的美好。说到我们的国家，不得不感慨新中国的成立来之不易，人民的幸福生活也来之不易。接下来我们一起欣赏一段视频，重温一下那段历史。

播放开国大典视频（约3分钟），进行爱国教育。

教师：刚才我们重温了这一伟大的历史时刻，相信很多人都会感触良多。为了纪念这一事件，著名画家董希文先生创作了这幅油画作品《开国大典》（见图1）。

图1 开国大典现场片断与油画作品

这件作品从诞生起，就注定它要有不凡的经历。它究竟经历过什么呢？现在的国家博物馆里展示的，还是最初的原作么？今天就让我们一起启动时光机，回到开国大典的那一时刻，一起跟随着历史的步伐，去深度鉴赏这一幅经典作品。

3. 赏析探究

（1）感悟式鉴赏。

展示油画作品《开国大典》（董希文），并做简要介绍。

教师：看过了刚才的视频，现在我们一起静下心来观赏这幅作品，你有什么感受？

学生思考并回答。

教师：这幅画的高妙之处就在于用图像来表现声音，仿佛让人置身于画中，听到了所有人激动的心跳声，全国人民的欢呼声，当然，还有毛主席的那句"中华人民共和国今天成立了！"

小结一："观山则情满于山，观海则意溢于海。"要求从观者自身经验出发，充满想象力和无限激情地去欣赏作品，这就是——感悟式鉴赏。

（2）社会学式鉴赏。

PPT展示两幅《开国大典》作品图（见图2），让学生找不同。

对比一：

教师：请同学们对比一下两张图片，有什么不同？

董希文1952年作　　　　　　　　董希文1954年修改后

图2　《开国大典》不同年份对比图1

学生：第二幅少了一个人。

教师：因为在1954年发生了"高饶事件"，也就是高岗与饶漱石的分裂党的活动。事件发生以后，中国革命博物馆要求去掉画面中的高岗，所以就有了1954年的改动后的版本。

对比二：

教师：请同学们再对比一下两张图片（见图3），有什么不同？

董希文1954年改动后　　　　　　董希文1972年第二次改动后

图3　《开国大典》不同年份对比图2

学生：又少了一个人。

教师：1972年是个特殊的年份，当时的中国正处于"文革"时期，发生了刘少奇冤案。所以，中国革命博物馆又要求董希文将我们可敬的刘少奇先生删去。这就有了我们现在看到的1972年的版本。

对比三：

教师：接下来我们对比欣赏一下三个年代的《开国大典》（见图4）。你们发现了什么？

1954年版

1972年版

1978年版

图4 《开国大典》不同年份对比图3

学生：1978年又恢复原貌。

教师：1976年"文革"结束，粉碎了"四人帮"。随着刘少奇的平反，本着实事求是、还历史本来面目的原则，中国革命博物馆征得上级同意，决定将《开国大典》恢复原貌。但是，董希文先生已经去世，原作经过几次改动，也难以恢复。所以，我们现在国家博物馆里看到的《开国大典》，是著名画家阎振铎与叶武林先生合作复制的。

小结二：从这件作品诞生的那一天起，就注定了它的不平凡。画作几经改动，都是与我们国内当时的社会环境分不开的。面对一件美术作品，除了了解它的外在内容、构成形式之外，我们也会不自觉地思考：画家为什么要这么画？它有什么特殊意义？这种提问的方式就是社会学式鉴赏。

（3）形式鉴赏。

继续展示《开国大典》原版图，让学生从画面构图、人物形象、色彩运用等方面观察作品，并分小组进行讨论。

学生总结回答。

教师：毛主席身高被加高了几分，增加伟人气派。当《开国大典》已完成七八成时，董希文先生与朋友经过讨论，发现毛泽东由于站立的位置居中靠前，在画面上显得不够高。大家一致认为，毛泽东的形象不应受立足点造成的透视缩小的限制，有必要加高几分。

教师：去掉毛泽东右前侧的大红柱子，广场顿显阔大，增加画面气势。建筑大师梁思成看后，称赞说："画面右方有一个柱子没有画上去，这在建筑学上是一个大错误，但是在绘画艺术上却是一个大成功。"

对比1952年原作与1954年改动后的作品（见图2）。

教师：你觉得两个版本哪个好看？

学生：改动后的好看。

教师：把高岗去掉之后，画面显得更舒展。董希文先生后来也曾说过："这幅画在构图时,高岗就有挤在边上的局促之感,去掉后反而对构图有好处。"

小结三:通过以上的研究,我们明白了色彩的运用、所绘物象的形象大小以及位置的经营,可以给我们带来更舒适的观感。而从画面的形式上对作品进行鉴赏,这种鉴赏方式我们称之为形式鉴赏。

(4)比较式鉴赏。

展示董希文先生的油画作品《开国大典》与唐勇力先生的国画作品《新中国诞生》(见图5)。

董希文《开国大典》

唐勇力《新中国诞生》

图5 油画与国画对比

教师:请观赏这两幅作品,你认为哪一幅更好?为什么?

学生分组讨论,回答。

小结四:有比较,才有鉴别。用比较的鉴赏方法来鉴赏美术作品,往往会有意想不到的收获。比较式鉴赏的目的是更好地把握每件作品的特色。美术作品的好坏是可以通过比较来确定的。但在很多情况下,作品之间并不存在谁好谁坏的问题,仅仅是表现方式和风格上的不同而已。

4. 巩固与练习

展示《太行铁壁》与《狼牙山五壮士》(见图6)。

《太行铁壁》王迎春、杨力舟

《狼牙山五壮士》詹建俊

图6 对比鉴赏作业

（1）让学生通过刚才学过的几种鉴赏方式去深度鉴赏作品。
（2）学生查找相关资料并思考，教师引导。
（3）学生发言。
（4）教师点评，激发学生的爱国热情，进行爱国教育。

5. 教师总结

真正的欣赏，不仅要用眼看，还有用心去思考，去探索画家的生活经历、作品所处的历史时间段，以及当时的社会环境对作品的影响。美术鉴赏既强调从形式出发欣赏，又要对内容主题进行深入的理解和认识。所以在鉴赏活动中往往是两三种鉴赏方式综合运用。希望今天的课能给同学们以后的学习带来启示和帮助。

三、教学成效与反思

1. 教学成效

（1）教师方面。

教师排除了教材上给出的相关资料，直接选取了更加符合课程内容的《开国大典》这一油画作品，整个教学活动中只需要围绕这幅经典作品进行分析即可，在教学上实现了更加简洁、举一反三的效果。

（2）学生方面。

由于学生掌握了基本的历史知识，同时也不需要阅读更多的美术作品，所以也不会眼花缭乱，产生审美疲劳，真正地做到了轻松学习。

（3）教学过程方面。

由于选择的教学资料的典型性，教学时间的特殊性，课程内容能够贴近学生生活，在整个教学活动中师生沟通无障碍，教学过程较为流畅。

（4）教学结果。

学生能够掌握四种鉴赏方式，且能够举一反三。同时也提高了学生的爱国热情。

2. 教学反思

（1）教学资料的选择。

教材中给出的资料和案例固然能用于教学，但也可以跳出教材之外，寻找更合适学生、更合适教学、更贴近学生生活的教学资料。

（2）教师对课程相关知识的掌握。

教师不仅要掌握扎实的专业基础知识，还要对教学内容的周边知识进行拓展。比如这次教学活动，既需要教师有深厚的美术素养，能够掌握基本的课程知识，同时还要了解一定的历史和政治等其他方面的知识。

（3）教师要敢于创新、敢于突破。

教师教学要突破教材，突破教学大纲，因地制宜，因时制宜，寻找更适合当下的教学资料，采用科学的教学方法。只有这样，才能在教学上做到创新。

作者简介

杜永强，男，毕业于华中师范大学，硕士研究生学历，现任职于佛山市顺德第一中学，高中美术一级教师。广东省美术家协会会员。

作品曾入选第十九届、第二十二届全国版画展，第十六届中国台湾国际版画双年展，2015中国工业版画三年展等。曾获得广东省青年美术作品展优秀奖，广东省美术教师作品展铜奖，多次在佛山市举办的各级美术展览中获奖。

专家点评

《普通高中美术课程标准（2017年版）》在学科价值的导向上做了明确的指向和要求，如"全面贯彻党的教育方针，落实立德树人根本任务"等等。但是，如何在具体美术课程教学中落实，始终是一个难点。本课例的亮点有两处：首先，教师利用当前中国抗击疫情伟大成就作为情境导入课程的学习，再结合视频引导学生学习中国现代绘画名作《开国大典》，非常巧妙地对学生的情感进行爱国主义熏陶。其次，高中美术鉴赏与小学、初中的美术欣赏难度与教学要求都不一样，高中的美术鉴赏教学不仅需要用眼睛去欣赏，还要用脑子去鉴别和评判。课例中善于利用作品比较的方式，带领学生进行感悟式鉴赏、社会学式鉴赏、形式鉴赏、比较式鉴赏，在有限的课时内非常好地从感性到理性的层次完成了本课的教学。

——华南师范大学美术学院　华年